제4판

표본조사

SAS를 이용한 예제 풀이

류제복 · 홍기학 · 이기성 · 손창균 · 김선웅 지음

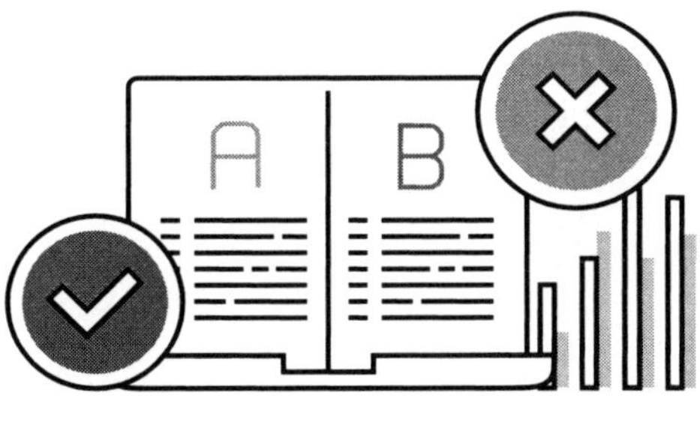

자유아카데미

머리말

국내외를 선도하는 기업들은 대부분 데이터 기반의 사업으로 성장하고 있으며 적절한 데이터의 수집과 활용은 기업의 발전뿐만 아니라 국가의 발전에도 큰 영향을 미치고 있다.

국가의 미래에 대한 의사결정을 위해서 많은 통계가 사용되는데 주로 국가승인통계들이 이러한 역할을 하고 있으며, 2021년 11월 7일 기준으로 1,260종의 통계 중에서 조사통계가 555종으로 전체의 44%를 차지하고 있다. 또한, 대부분의 조사통계는 표본을 대상으로 얻은 통계이므로 다양한 표본조사 기법들이 사용되고 있다. 대표적으로 각종 선거에서 표본을 이용한 선거여론조사가 중요하게 사용되고 있으며 이러한 선거여론조사의 신뢰성 확보를 위해 중앙선거여론조사심의위원회가 설치 운영되고 있다.

통계 조사의 정확성을 높이기 위해서 조사대상 전체를 조사하는 것은 불가능에 가까우며 비효율적이다. 따라서 일부 표본으로부터 얻은 자료를 이용하여 관심 있는 전체 집단의 상태를 파악하는 것이 가능하다면 매우 효율적일 것이다.

이 책은 표본조사론에 대한 사전 지식이 미흡한 학생들과 조사 분야 연구진 및 실무자들이 표본조사 이론을 이해하고 실제 조사에 반영할 수 있도록 집필하였다. 이 책의 내용은 그간 샘플링아카데미에서 발간하여 오랜 기간 사용되었던 『표본조사입문』을 기초로 하였으며, 저자들의 다양한 조사 경험들을 기반으로 실제 조사에서 빈번하게 사용되고 있는 내용을 추가하였다. 또한, 독자들의 관점에서 학습 내용의 이해도를 높이기 위해 예제와 연습문제들을 보완하였고 연습문제에 대한 풀이 과정을 부록에 첨부하여 자신의 풀이 과정을 쉽게 확인할 수 있도록 하였다. 마지막으로 조사자료의 분석은 통계 전문소프트웨어인 SAS V.9.4를 사용하여 실무에서도 편리하게 사용할 수 있도록 하였다.

좋은 책을 위해 최선을 다했지만, 오류나 부족한 부분이 있을 수 있다. 이에 대한 독자 여러분의 많은 조언을 구하며, 출간 후에라도 수정사항이 있다면 자유아카데미 홈페이지(http://www.freeaca.com) 자료실에 제공할 예정이니 참조하길 바란다.

끝으로 이 책은 1993년에 창립한 표본조사론 전공자들의 모임인 '샘플링아카데미' 회원들의 노고에 의해 만들어졌으며 책이 새롭게 출판되기까지 도움을 주신 모든 관계자 여러분께 감사의 말씀을 전한다.

2021년 11월

저자 일동

차례

제1장

표본조사의 개념

1.1 현대사회에서의 표본조사

현대사회에서 통계정보의 필요성은 끊임없이 대두되고 있다. 따라서 통계정보는 특정 원소들의 집합인 모집단에 관한 정보를 잘 대표할 수 있도록 적절히 작성되어야 한다. 예를 들어 조사의 목적이 특정 도시 가구들의 소비성향에 관한 정보를 얻기 위한 것이거나 어느 지역의 농장에서 생산되는 농산물에 관한 정보를 얻기 위한 것일 수도 있다. 또한, 특정 사업체의 매출에 관한 정보이거나 노동자의 수입에 관한 정보를 얻고자 할 수도 있다. 이러한 여러 가지 목적을 위해서 통계조사를 하는 것이다.

통계조사는 통계집단과 관련된 정보를 알기 위해 실시하는 것이므로 통계집단을 구성하고 있는 모든 단위를 조사하는 것이 바람직하다. 그러나 실제로 통계단위 전체를 조사한다는 것은 시간, 비용, 인원 등 많은 제약이 있고 정확한 조사라는 관점에서도 문제점이 있으므로 조사단위 중 일부만을 추출하여 조사하는 경우가 더 합리적이라 할 수 있다. 뿐만 아니라 통계단위 중 일부만을 조사하고서도 통계집단에 관하여 정확한 정보를 얻을 수 있다면 일부만을 조사하는 것이 더 현명할 것이다.

이때, 통계집단을 구성하는 단위의 전체를 조사하는 것을 전수조사(全數調査, complete survey)라 하고, 단위의 일부만을 조사하는 것을 표본조사(標本調査, sample survey)라 한다. 표본조사는 통계집단 일부에 대한 조사관찰을 기초로 하여 집단전체에 관한 모수를 추정해야 하므로 모집단을 잘 대표할 수 있게 표본을 어떻게 추출하는지가 관건이다. 미국을 중심으로 표본조사에 관한 많은 이론이 1930년대 이후 활발하게 연구되어 급속히 발전하였다. 오늘날 우리가 일상적으로 접하게 되는 대부분의 통계조사는 표본조사의 기법을 활용하여 작성하고 있다.

특히, 전 세계 모든 정부에서는 나라의 출산 및 사망과 이동에 관한 인구통계조사, 농산물 생산량에 관한 조사, 고용 및 실업에 관한 노동력조사, 소비자물가 및 도매물가 조사, 주거환경 및 보건에 관한 조사 등을 실시하여 관련 통계를 생산하고 있다. 우리나라의 경우 대부분의 통계조사를 법률로 정하여 반드시 정해진 기간에 일정한 규모의 예산을 들여 조사를 시행하고 있다.

또한, 연구기관이나 개인들도 정치 · 경제 · 사회 · 문화 등의 모든 분야에 대하여 광범위하게 표본조사를 이용하고 있다. 실생활에서 많이 접하는 조사들을 보면 TV 시청률조사, 선거에서 후보자 지지율조사, 여론조사, 시장조사 등을 들 수 있다. 이외에도 조사내용은 매우 다양하다.

1.2 모집단

통계조사에서 필요한 정보를 얻기 위해서는 조사할 때 조사의 대상이 되는 가장 최소의 단위인 **기본단위**(基本單位, elementary unit)의 명확하고 현실적인 선정이 중요하다. 그리고 기본단위는 조사목적이나 조사내용에 따라 각각 다르게 결정되어야 한다.

예를 들어 가계소비조사에서 기본단위는 가구로 지정해야 하고, 여론조사에서는 각 개인이 기본단위가 될 것이며, 업종별 생산량이나 임금조사의 경우는 업종별 사업체가 기본단위가 된다. 또한, 농산물의 생산량 조사인 경우는 일정 면적의 경지가 기본단위가 된다.

통계조사는 기본단위들이 가지고 있는 특성을 알아보고자 하는 것이다. 따라서 모집단을 다음과 같이 정의할 수 있다.

정의

조사대상이 되는 기본단위들의 집합을 **모집단**(母集團, population)이라 한다.

모집단을 구성하는 기본단위가 유한하다면 **유한모집단**(有限母集團, finite population)이라 하고 유한모집단에 속하는 기본단위의 개수를 모집단의 크기 N으로 나타낸다.

그리고 기본단위가 무한하다면 **무한모집단**(無限母集團, infinite population)이라 한다. 일반적으로 표본조사에서 생각하는 모집단은 유한모집단인 경우가 대부분이다. 예를 들어 서울시 가구당 월평균 소득을 조사하고자 한다면 기본단위는 서울시의 각 가구가 될 것이고 모집단은 서울시의 모든 가구가 되어야 한다. 이때 기본단위는 유한개이므로 모집단은 유한모집단이 된다.

따라서 표본조사를 하고자 할 때는 우선 연구대상이 되는 모집단을 명확히 규정하여야 한다.

예제 1.1 경제활동인구 조사

통계청에서는 국민의 경제상태와 경제활동을 조사하여 취업, 실업, 비경제활동 등의 파악을 위해 매월 "경제활동인구조사"를 실시하고 있다. 경제활동인구조사는 가구를 대상으로 가구원의 인적사항, 일에 관한 사항, 구직에 관한 사항 등 가구주 및 가구원들의 경제활동상태를 조사하고 있다. 경제활동인구조사의 모집단은 "대한민국에 거주하는 15세 이상 인구"이다(KOSIS, 통계청). 따라서 경제활동인구 조사의 모집단을 구성하고 있는 기본단위는 "개인"이다.

예제 1.2 전국사업체 조사

통계청에서는 국내 모든 사업체의 상태를 파악하기 위해 전체 사업체를 대상으로 매출액과 종업원의 규모 및 이들의 종사상 지위를 매년 조사하고 있다. 그렇다면, 전국 사업체 조사의 모집단을 구성하고 있는 기본단위는 "사업체"이다.

1.3 추출단위

표본조사에서 "표본으로 어떤 단위를 추출하는 것이 좋은가"라는 것은 표본의 정도(精度, precision) 및 비용과 관련하여 중요한 문제이다. 기본단위와 모집단이 결정되면 모집단으로부터 표본을 추출하게 되는데, 이때 기본단위 그 자체가 표본으로 뽑히는 단위가 될 수도 있고, 기본단위 몇 개가 모인 단위가 표본이 될 수도 있다.

정의

모집단으로부터 표본을 추출하기 위해 설정한 기본단위들의 집합을 **추출단위**(抽出單位, sampling unit)라고 한다.

추출단위는 하나의 기본단위로만 구성되는 경우와 여러 가지의 기본단위들의 집합으로 구성될 수 있으므로 조사내용과 조사의 편리성 등을 고려하여 결정하여야 한다. 예를 들어 여론조사를 위해 개인을 표본으로 선택한다면 기본단위와 추출단위가 모두 개인으로 같다. 그러나 같은 여론조사라 해도 가구를 뽑아 가구 내의 모든 구성원을 조사할 수도 있다. 이 경우는 가구가 추출단위이므로 기본단위와 추출단위가 서로 일치하지 않는다. 따라서 추출단위는 다음과 같은 조건을 만족시켜야 한다.

① 모집단의 기본단위는 모두 어느 한 추출단위에 포함되어야 한다.
② 모집단의 기본단위는 두 개 이상의 추출단위에 동시에 포함되어서는 안 된다.
③ 추출단위는 조사현장에서 확인할 수 있고 추출작업이 편리하여야 한다.

표본조사에서 추출단위를 기본단위와 동일하게 할 것인가 다르게 할 것인가에 따라서 추출틀 작성이 달라지고 표본추출방법과 모수추정방법도 달라진다. 따라서 추출단위의 선택은 표본설계의 중요한 과제라 할 수 있다.

1.4 추출틀

이미 앞에서 정의한 바와 같이 모집단을 구성하는 개체를 기본단위라 하였고, 기본단위 그 자체 또는 기본단위의 집합을 추출단위라 하였다. 표본조사에서 표본은 실제로 추출틀로부터 뽑히므로 표본을 추출하기에 앞서 추출틀이 작성되어야 한다.

정의

표본추출단위들로 구성된 목록을 **추출틀**(sampling frame) 또는 추출대장이라 한다.

추출틀을 작성할 때는 정의된 모집단 내의 모든 추출단위들이 빠짐없이 있어야 하고 또 어느 추출단위도 중복된 것이 없어야 한다. 표본조사를 위한 설계를 하고자 할 때 모집단에 대해 추출틀을 작성하는 작업은 매우 중요한 일이다. 그러나 실제 작업과정에서 모집단을 잘 대표하는 추출틀을 작성하는 일은 쉽지 않다. 따라서 추출단위를 결정할 때부터 미리 추출틀을 작성할 수 있는 추출단위들을 고려하여야 한다.

예를 들어 우리나라의 가구당 월평균 소득을 표본조사를 통해 추정하고자 할 때, 추출단위를 가구로 정하면 추출틀은 우리나라 모든 가구의 목록이 되어야 한다. 그러나 우리나라의 가구목록은 매우 방대하여 추출틀 작성이 쉽지 않다(2020년 약 2천만 가구). 만일 약 100개 가구씩으로 이루어진 인구 센서스의 조사구를 추출단위로 한다면 추출틀 작성이 훨씬 쉽다.

추출틀은 모집단을 나타내는 것이기 때문에 추출틀에 있는 단위들은 1부터 N까지 구별되어야 한다. 여기서 N은 추출단위의 수를 의미한다.

추출틀은 작성 형식에 따라 몇 가지로 구별할 수 있다. 지금까지 설명한 가구나 개인 또는 사업체를 추출단위로 하여 이를 목록이나 명부로 작성할 수 있는 경우를 **명부틀**(list frame)이라 한다. 그러나 개개인의 가구나 개인에 의한 추출틀 작성을 할 수 없어 다른 추출틀을 고려하는 경우가 있다. 그중 하나는 행정구역상으로 시 지역 또는 군 지역과 같이 일정한 지역을 추출단위로 정의하고 그 단위를 표본으로 선택한다면 상대적으로 쉽게 표본으로 추출된 지역 내의 가구를 대상으로 조사할 수 있다. 이처럼 지리적 추출단위에 의해 구성된 추출틀을 **지역추출틀**(area sampling frame)이라 한다. 같은 개념으로 지역추출틀로 사용할 수 있는 것을 보면 시의 약도, 녹지지도, 항공사진 등과 같은 것들이 있다. 이때 지역추출틀을 **집락**(集落, cluster)이라 하고 지역추출틀이 커서 다시 지역추출틀을 부모집단으로 사용하여 소수의 표본을 추출하기도 한다.

한편 이러한 지도나 약도를 사용할 수 없는 경우 지도 대신에 연속적인 일련의 목록을 사용할 수 있다. 예를 들어 대학생들의 정치성향을 조사한다고 하자. 이때 모집단은 대학생들이며 추출틀은 첫 번째 단계에서 지역의 목록으로 구성한다. 두 번째 단계로 뽑힌 지역에 있는 모든 대학교의 목록이 될 수 있고, 세 번째 단계로는 각 학교의 모든 학과의 목록이 되며, 네 번째 단계로는 학과에 재학 중인 학생들 명부를 얻게 된다. 여기서 추출틀은 4개의 연속적인 단계로 이루어진 장치로 설명된다. 지역이 1단계 추출단위가 되며, 다음은 학교가 2단계 추출단위가 되고, 학과가 3단계 추출단위가 된다. 마지막으로 학생 개개인이 네 번째 단계 추출에서의 추출단위가 된다. 다단계로 구성된 추출에서 각각의 단계는 그 단계마다 추출단위를 가지게 된다.

정의

추출틀로부터 뽑은 추출단위의 집합을 **표본**(標本, sample)이라 한다.

표본에 들어 있는 기본단위의 개수 n을 표본의 크기라 한다.

예제 1.3 고용조사

고용노동부에서는 전 국민의 고용현황을 파악하기 위해 만 15세 이상 인구를 대상으로 1년에 2회(상반기, 하반기)에 약 24만여 가구를 대상으로 **지역별 고용조사**를 실시하고 있다. 주요 조사항목으로는 응답자 인적사항(6항목), 일에 관한 사항(15항목), 구직에 관한 사항(4항목), 기타활동에 관한 사항(4항목), 이전 직장에 관한 사항(5항목)으로 구성된다(통계청, KOSIS).

다음의 용어에 적합한 사항들을 정의하시오.

|1| 모집단: 전국 만 15세 이상 인구

|2| 추출틀과 추출단위: 추출틀 - 가구 목록(또는 조사구명부)
추출단위 - 1단계 추출단위: 조사구
- 2단계 추출단위: 가구

1.5 목표모집단과 조사모집단

모집단을 형성할 때 정의된 목표모집단과 실제로 작성된 조사모집단 사이에 차이가 발생할 수 있으므로 이를 구별해 보자.

정의

추정에 필요한 모수와 원하는 정보가 이상적으로 얻어지기를 기대하는 기본단위들의 집합을 **목표모집단**(目標母集團, target population)이라 한다. 이러한 정의로 인해 현실적으로 조사 가능한 기본단위들의 집합을 **조사모집단**(survey population)이라 한다.

추출틀의 정확도는 목표모집단 U와 조사모집단 U_S 간에 존재하는 관계를 통해 연구될 수 있다. 만약 조사모집단에 있는 기본단위들이 목표모집단 중 하나의 기본단위에 대응된다면 $U = U_S$가 되고, 그 추출틀은 목표모집단에 대해 완전하다고 한다. 그러나 대부분의 추출틀이 불완전하게 존재하며, 이러한 불완전한 추출틀은 기본단위의 과소포함, 과대포함, 중복된 목록이 나타난다.

추출틀이 기본단위를 과소포함한 경우는 목표모집단의 일부가 조사모집단에 존재하지 않을 때 발생하며, 반대로 추출틀이 기본단위를 과대포함한 경우는 목표모집단에 존재하지 않는 기본단위가 조사모집단에 존재할 때 발생한다. 중복된 목록은 목표 모집단의 기본단위가 추출틀에 한 번 이상 나타날 때 발생한다.

예를 들어, 만일 기본단위가 사업체로 추출단위와 같다고 할 때 최근에 부도난 사업체가 있다고 가정해 보자. 더 이상 기업활동을 하지 않는 사업체이기 때문에 이러한 회사는 목표모집단에는 포함되지 않지만, 여전히 추출틀의 단위로는 존재한다. 따라서, 이러한 사업체는 과대포함된 부분이 될 수 있다. 또 다른 예로 가장 최근에 설립된 회사는 아직 추출틀에 등재되지 않았기 때문에 과소포함된 부분이라고 할 수 있다.

만일 확률표본이 조사모집단으로부터 추출되었다면 조사모집단에 대한 합당한 통계적 추론을 할 수 있을 것이다. 그러나 조사모집단과 목표모집단이 서로 다르다면, 목표모집단에 대한 적합한 추론은 불가능하며, 조사의 목표가 잘못된 것이다. 특히 이러한 문제는 추출틀이 목표모집단의 일부분인 경우는 더욱 심각하게 된다.

완전한 추출틀을 만드는 데에는 많은 비용이 들기 때문에 어느 정도 불완전한 추출틀이 사용되는 경우가 많이 있다. 따라서 최대한 불완전한 추출틀이 되지 않도록 하는 것이 무엇보다도 필요하다.

목표모집단에 대한 정확한 추출틀을 만드는 것이 조사설계의 측면에서 무엇보다 중요하며, 적절한 작업들이 이러한 활동을 위해 함께 있어야 한다. 목표모집단이 정의되면 실질적인 목표를 설정해야 한다. 주어진 예산하에서 실제적으로 정확한 추출틀을 얻을 수 없다면 목표모집단의 설정은 아무런 의미가 없다. 전체적으로 옳지 않은 결론은 잘못된 추출틀로부터 뽑힌 표본에서 나온다.

예제 1.4 고용형태별 근로실태조사

고용노동부에서는 근로자 1인 이상 사업체에 종사하고 있는 자영업주를 제외한 정규직 및 비정규직 근로자를 대상으로 임금, 근로시간, 고용형태 등에 대한 실태를 파악하기 위해 매년 약 3만 3천여 개의 표본사업체를 대상으로 고용형태별 근로실태조사를 하고 있다(통계청, KOSIS).

다음의 용어에 적합한 사항들을 정의하시오.

|1| 모집단: 1인 이상 전체 사업체에 종사 중인 근로자 전체

|2| 목표모집단과 조사모집단:
목표모집단 – 1인 이상 전체 사업체에 종사 중인 근로자 전체
조사모집단 – 1인 이상 자영업주를 제외한 전체 사업체에 종사 중인 근로자 전체

|3| 추출틀과 추출단위: 추출틀 – 전국사업체 조사 사업체 명부
추출단위 – 1인 이상 종사하는 사업체

1.6 확률추출

확률추출은 모집단으로부터 직접 원소를 뽑을 때, 다음과 같은 조건을 만족하는 표본추출을 의미한다.

① 가능한 모든 표본들의 집합을 $S = \{s_1, s_2, \cdots, s_M\}$라 정의할 수 있고 이들은 추출과정으로부터 얻을 수 있다.
② 기지의 추출확률 $P(S)$는 각각의 가능한 표본 S와 연관되어 있다.
③ 이 과정은 모집단에 있는 모든 원소에 대해 0이 아닌 추출확률을 부여한다.
④ 각각의 가능한 표본 S는 정확하게 추출확률 $P(S)$로 확률설계에 의해 하나의 표본으로 선정된다.

이러한 4가지의 조건에서 추출된 표본을 **확률표본**(確率標本, probability sample)이라 하며, 추출단위인 원소가 표본에 포함될 확률을 원소의 **포함확률**(包含確率, inclusion probability)이라 한다. 확률추출 설계하에서 모든 모집단 원소들은 양(+)의 포함확률을 가진다.

표본추출은 가끔 2단계 이상으로 수행되기도 한다. 이런 경우 먼저 1단계로 원소들의 집락을 추출하고 뽑힌 집락으로부터 최종 표본을 추출하는 과정이다.

확률추출의 두 가지 중요한 특징은 첫 번째, 표본을 추출하는 사람의 편견이나 주관을 배제할 수 있다는 것이며, 두 번째, 확률적으로 추출된 표본은 객관적(objective)이라고 받아들일 수 있다는 점이다. 따라서 이 책에서는 확률추출에 근거하여 표본이론을 전개할 것이다.

1.7 표본오차

통계조사를 할 때 발생하는 오차는 크게 표본오차(標本誤差, sampling error)와 비표본오차(非標本誤差, non-sampling error)로 구분할 수 있다.

표본오차는 모집단으로부터 선정된 표본이 어느 정도까지 정확하게 모집단의 특성을 반영하는가를 측정하는 데 사용된다. 표본조사는 모집단 일부를 추출하여 조사하는 것이므로 모집단을 전부 조사한 내용과 표본조사에서 얻어진 내용이 일치하지 않을 가능성이 있는데 이들 간의 차이를 표본오차라 한다.

정의

모수와 표본추정치의 차이를 **표본오차**라 한다.

만약 모수 θ의 비편향추정량을 $\hat{\theta}$이라 하면 표본오차는 다음과 같이 표현할 수 있다.

$$표본오차 = \hat{\theta} - \theta = \hat{\theta} - E(\hat{\theta}) \tag{1.1}$$

모평균에 대한 추론에서 추정량인 표본평균 $\bar{x}$는 모평균 μ의 비편향추정량이다. 이때 표본으로부터 얻어진 추정치와 추정량의 기댓값 사이의 차이는 다음과 같다.

$$표본오차 = \bar{x} - \mu = \bar{x} - E(\bar{x}) \tag{1.2}$$

그러나 표본오차를 구하기 위해서는 θ를 알아야 하지만 이는 모수로 실제로는 알 수 없기 때문에 표본오차를 계산할 수 없다. 따라서 표본오차를 직접 구할 수 없고 표본통계량의 표본분포 성질을 이용하여 평균적인 표본오차를 구한다. 다시 말하면 가능한 모든 표본에 있어서 표본추정치가 어떻게 분포되어 있는지를 계산하는 것이다.

표본오차는 식(1.2)에서 알 수 있듯이 단 한 가지 표본결과와 모수와의 차이로 설명되는데, 표본오차는 표본의 크기와 밀접한 관계가 있으며 표본의 크기가 커지면 표본오차는 작아진다.

1.8 평균제곱오차

표본조사에서 추정량의 정확도를 측정하는 데 중요하게 사용되는 개념이 **평균제곱오차**(Mean Square Error: MSE)이다.

> **정의**
>
> 모수와 추정량의 편차의 제곱의 기댓값을 **평균제곱오차**라 한다.

모수 θ 의 추정량을 $\hat{\theta}$ 이라 하면 모든 표본에 대하여 이 오차 제곱의 기댓값을 다음과 같이 정의한다.

$$MSE(\hat{\theta}) = E(\hat{\theta} - \theta)^2 \tag{1.3}$$

이를 평균제곱오차라 하며, 평균제곱오차를 추정량 $\hat{\theta}$ 의 **정확도**(正確度, accuracy)라고 말한다.

한편 추정량 $\hat{\theta}$ 의 분산은 다음과 같이 정의한다.

$$V(\hat{\theta}) = E[\hat{\theta} - E(\hat{\theta})]^2 \tag{1.4}$$

$\hat{\theta}$ 의 표본분산을 $\hat{\theta}$ 의 **정도**(精度, precision)라 한다. 여기서 평균제곱오차와 분산과의 관계를 살펴보면 다음과 같다.

$$\begin{aligned} MSE(\hat{\theta}) &= E[\hat{\theta} - E(\hat{\theta}) + E(\hat{\theta}) - \theta]^2 \\ &= E[\hat{\theta} - E(\hat{\theta})]^2 + [E(\hat{\theta}) - \theta]^2 \\ &= V(\hat{\theta}) + (bias)^2 \end{aligned} \tag{1.5}$$

따라서 $\hat{\theta}$ 의 평균제곱오차는 분산과 편향 제곱의 합이 된다. 그리고 추정량 $\hat{\theta}$ 이 θ 의 비편향추정량이면 MSE는 분산과 같다. 분산의 양의 제곱근인 $\sqrt{V(\hat{\theta})} = \sigma(\hat{\theta})$

을 추정량 $\hat{\theta}$ 의 **표준오차**(標準誤差, standard error)라 한다.

정확도와 정도를 비교해 보면, 정확도는 추정량과 모수와의 편차를 의미하나 정도는 추정량과 추정량의 기댓값 사이에 편차를 의미한다는 점이 다르다.

1.9 조사단계와 오차

조사는 수많은 단계를 거쳐 이루어진다. 특별히 대규모 조사에서 이러한 조사단계는 조사 계획단계에서부터 궁극적인 결과의 공표까지 상당한 시간이 소요되기도 한다. 조사단계는 추정량의 품질에 영향을 끼치게 된다. 다음은 5단계의 조사 수행단계를 설명한 것이다.

각 단계에서 추정치에 대한 오차의 원인과 연계할 수 있다.

1. 표본추출

표본추출 단계에서는 사전에 결정된 추출설계를 실행하는 단계이다. 주어진 정도를 만족하는 표본크기를 정한 후, 주어진 추출틀을 사용하여 결정된 추출설계에 의해 표본을 뽑는다. 이때 추출틀은 이미 존재하는 틀일 수도 있고, 조사를 위해 특별히 구성한 것일 수도 있다. 이 단계에서 발생하는 추정치에 대한 오차는 두 가지가 있는데, 과소포함이 특별히 문제가 되는 추출틀 오차와, 전체 모집단을 관찰하는 경우에는 발생하지 않고 표본을 관찰할 때 발생하는 표본오차가 있다.

2. 자료수집

자료수집을 위한 방법은 사전에 결정해야 한다. 개인면접조사, 전화조사, 우편조사 등 조사자를 선정하고, 조사자의 업무배당을 결정하는 등의 실사를 계획한다. 표본에 있는 원소들을 측정 방법에 따라 알맞은 자료를 수집한다. 자료를 기록하고, 중앙의 통계기관에 전달한다. 이러한 단계에서 발생하는 추정치의 오차로는 응답자가 잘못된 답을 하거나, 조사자의 이해 부족과 기록 실수, 조사자가 응답에 영향을 주거나 설문지가 잘못 인쇄되는 등의 측정오차와 무응답(결측된 관찰)에 기인한 오차 등이 있다.

3. 자료처리

자료처리 단계는 수집된 자료를 가지고 추정과 분석을 하는데 도움이 되며 다음과 같은 요소를 포함한다.

① 코딩과 자료 기입: 추정과 자료 분석을 위해 적합한 부호를 부여하고 자료를 입력한다.
② 편집: 일치성 여부를 조사하고 조사에서 허용될 수 없는 값을 처리하고, 이상치를 찾아 처리한다. 필요하다면 정확성을 위해 응답자를 방문(또는 재방문)하여 정보를 새로 얻는다.
③ 대체: 결측치에 대한 인위적인 값으로 대체한다.

이 단계에서 발생하는 오차는 입력오차, 코딩오차, 보정된 값에서의 오차, 편집으로 가미되거나 수집되지 않은 오차 등이다.

4. 추정과 결과분석

추정과 결과분석 단계는 특정한 추정 계산식에 따라 추정치를 계산하게 되는데 무응답에 대한 수정뿐만 아니라 추정치의 정도(분산추정치, 추정치의 변이계수, 신뢰구간)도 함께 계산한다. 모집단의 부차 그룹의 비교, 상관계수, 회귀분석과 같은 통계적인 분석을 수행한다. (1)~(3) 단계에서 발생한 모든 오차는 추정치에 영향을 끼치게 되고 정도 계산에도 고려된다.

5. 결과의 발표와 사후조사평가

이 단계는 조사결과를 발표하는 단계로 조사와 관계된 일반적인 조건과 한계에 대하여 밝힌다. 이는 조사결과의 적절한 이용에 대한 지침서가 된다.

추정상의 오차들은 전통적으로 표본오차와 비표본오차의 범주로 나뉘는데, 언급한 바와 같이 표본오차는 전체 모집단 대신에 표본을 관찰하여 발생하는 오차로 표본 간의 변동에 의존한다. 비표본오차는 그 밖의 모든 오차를 포함하는데 다음과 같은 두 가지의 근본적인 범주로 나눌 수 있다.

① 비관측오차: 목표모집단의 일부분으로부터 자료를 얻지 못한 경우.

② 관측오차: 표본을 뽑고 관찰할 때 발생하는 오차이지만 마지막으로 기록된 단위의 값(추정과 분석 단계에서 사용되는 값)이 실제값과 차이가 있을 때 발생한다. 여기에는 두 가지 유형이 있는데 하나는 자료수집 단계에서 발생하는 측정오차이고 다른 하나는 자료처리 과정에서 발생하는 처리오차이다.

비관측의 근원적인 유형은 2가지가 있다. 첫 번째는 과소포함으로 목표모집단에 포함된 모든 기본단위에 대한 추출틀을 작성하지 못한 경우이다. 이러한 기본단위들은 추출되지 않거나 관측이 전혀 되지 않으므로 포함확률이 0이 된다. 두 번째는 응답거절이나, 부적절한 응답, 부재 등으로 인해 표본으로 뽑힌 단위를 관찰할 수 없어 무응답이 발생하는 경우이다. 무응답은 일반적으로 편향된 추정치를 만들게 된다.

관측오차는 다음의 4가지 주요한 원인으로 인해 발생한다.

① 조사자(면접자)

② 응답자

③ 설문지

④ 면접유형: 전화면접, 개별면접, 자기입식 설문지 등 사용되는 그 밖의 매체

처리오차는 코딩, 입력, 보정, 편집, 이상치의 처리, 그 외의 자료처리 과정에서 발생하는 오차이다. 현재는 컴퓨터를 이용한 자료수집 방법으로 자료수집과 자료처리 단계를 병합하여 실시하고 있으며, 결과적으로 처리오차를 점차 줄이고 있다.

1.10 조사설계

조사설계란 조사상의 전체적인 최적성을 목적으로 전체 조사과정을 기획·수립하는 것을 말한다. 이러한 개념은 조사과정에서 발생하는 모든 오차의 원인을 전체적으로 통제하는 데 필요하다. 조사설계의 목적은 표본오차와 비표본오차를 관리하고 조사상에서 최상의 정도를 얻고자 하는 데 있다.

조사설계는 실험이나 조사 또는 찾고자 하는 사실이 될 문제를 명확히 언급하는 것에서 출발한다. 정확하게 문제가 무엇인가? 정확하게 원하는 정보가 무엇인가? 이를 규정하는 일이다.

예를 들어 노인에 대한 주거 조건을 조사하고자 한다면 이는 애매하거나, 너무 일반적이어서 개념들을 명확하게 정의할 필요가 있다. 정확히 관심을 가진 노인들의 모집단은 무엇인가? 포함되어야 할 연령별 그룹은 무엇인가? 1인 가구나, 2인 가구, 젊은이와 동거하는 가구 등을 분리해서 관찰해야 하는가? 더욱 완전하게 규정하는 주거 조건은 무엇인가? 거주 연도를 의미하거나 주거를 측정할 다른 어떤 것을 의미하는지? 연구기간은 얼마나 되는지? 도시지역의 노인 모집단과 지방의 노인 모집단을 구별해야 하는가? 이러한 의문에 대해 얻은 대답으로 조사에서 사용할 정확한 용어를 재수립하여 연구를 시작한다. 조사설계는 다음과 같은 내용이 포함해야 한다.

① 조사목적의 설정과 해설
② 조사사항과 집계사항의 선정
③ 결과표 양식의 작성
④ 조사시기의 결정
⑤ 조사대상과 조사규모의 결정
⑥ 조사방법의 결정
⑦ 조사표 설계
⑧ 표본설계
⑨ 경비의 산정과 배분

⑩ 심사와 자료처리방법의 결정

⑪ 시험조사의 실시

⑫ 조사원 선발, 훈련, 배치

⑬ 조사지침서 작성

⑭ 조사조직의 구축

⑮ 실지조사(현장조사)

⑯ 자료분석 방법

⑰ 보고서 작성

이상적인 조사계획은 전체적으로 조사에 대한 규정을 최적으로 설정해야 한다. 목표는 고정된 예산하에서 가능한 최상의 정확성을 얻는 것이다. 그러나 대부분의 조사가 너무 복잡하여 정형화된 형태의 문제에 대해 수학적 의미에서 최적의 해를 구하기란 불가능하다. 이는 조사에서 고려해야 할 변수들이나 내부적인 결정 요인들이 너무 많이 존재하기 때문이다.

조사설계의 개념은 조사에 있어 전체적인 최적성을 찾는 하나의 도구가 된다. 조사설계는 정의된 목표를 실현할 수 있는 가장 가능성 있는 설계를 선택하게 된다. 이렇게 선택된 조사설계로부터 일련의 조사가 실시된다.

1.11 연습문제

1 다음의 용어를 간단히 정의하여라.

(1) 추출틀

(2) 추출단위

(3) 목표모집단과 조사모집단

(4) 정도와 정확도

2 표본조사의 장점을 간단히 설명하여라.

3 대학생의 월평균 용돈에 관한 정보를 얻고자 할 때, 다음의 용어를 정의하여라.

(1) 모집단

(2) 관심모집단의 특성치

(3) 추출단위

(4) 추출틀

(5) 표본

4 어떤 도시의 백화점에 근무하고 있는 종업원들의 월평균 임금에 대한 정보를 얻고자 할 때, 다음의 용어를 정의하여라.

(1) 모집단

(2) 관심 모집단의 특성치

(3) 변수

(4) 추출단위

(5) 추출틀

(6) 표본

5 조사설계 과정을 간단히 설명하여라.

제 2 장

단순임의추출법

2.1 기본개념

단순임의추출법은 여러 표본추출방법 중에서 가장 기본이 되며, 그 밖의 다른 추출방법은 단순임의추출법의 응용으로 보아야 한다. 단순임의추출법이 표본조사에서 그대로 쓰이는 경우는 많지 않지만 다른 모든 추출법의 기초가 되기 때문에 이 방법을 정확히 이해하는 것은 매우 중요하다.

단순임의추출법(單純任意抽出法, simple random sampling)을 간단히 임의추출법(任意抽出法, random sampling)이라고 하는데 그 정의는 다음과 같다.

정의

크기 N인 모집단으로부터 크기 n인 표본을 추출할 때, 가능한 모든 표본들을 동일확률로 추출하는 방법을 **단순임의추출법**이라 한다. 이 추출법으로 추출된 표본을 **단순임의표본** 또는 임의표본이라 한다.

2장에서는 우선 단순임의표본을 추출하는 방법을 설명하고, 모수에 대한 추정량, 추정량의 분산, 표본크기 등을 구하는 방법을 배울 것이다.

2.2 추출법

크기 N인 모집단으로부터 크기 n인 표본을 비복원으로 추출한다고 하자. 이때 얻을 수 있는 가능한 모든 경우의 표본은 다음과 같다.

$$ {}_N C_n = \frac{N!}{n!(N-n)!} $$

따라서 각각의 표본이 추출될 확률을 $\frac{1}{{}_N C_n}$ 로 할 때, 이러한 추출을 단순임의추출이라 한다. 일반적으로 실제 조사에서는 비복원으로 표본을 추출하게 된다. 단순임의표본을 추출하기 위하여 첫 번째 해야 할 일은 모집단을 구성하는 N개의 조사단위에서 1부터 N까지 숫자를 부여하는 것이다. 그런 다음 난수표나 컴퓨터를 사용하여 1부터 N까지 숫자 중 서로 다른 n개의 숫자를 뽑고 숫자에 해당하는 조사단위를 표본으로 선정한다. 이때, n개의 표본이 차례로 뽑히는 확률은 비복원추출이므로

$$\frac{1}{N}\times\frac{1}{N-1}\times\cdots\times\frac{1}{N-(n-1)}$$

인데, 이것은 n개의 표본을 1열로 늘어놓는 가지 수 $n!$개의 방법 중 하나이다. 따라서 특정 n개의 표본이 뽑히는 확률은 다음과 같이 계산되어 위에서 언급한 확률이 된다.

$$n!\left(\frac{1}{N}\times\frac{1}{N-1}\times\cdots\times\frac{1}{N-(n-1)}\right)=\frac{1}{{}_N C_n}$$

단순임의표본추출은 난수표를 이용하여 선정된 숫자에 해당되는 단위를 표본으로 선정하는 방법과 컴퓨터 프로그램을 이용하여 의사 난수를 사용한 표본을 선정하는 방법이 있다.

먼저 난수표를 사용하여 단순임의표본을 추출하는 방법을 설명하여 보기로 하자.

난수표는 0 ~ 9까지 10개의 정수가 동일한 확률 1/10로 뽑히게 한 상태에서 이들 숫자를 뽑아 배열한 표로 여기서 나온 난수는 어떤 숫자가 다른 숫자보다 자주 뽑히지 않게 되어 있다.

예제 2.1 난수표 사용사례

200명의 학생으로부터 5명을 임의추출하여 학생들의 평균 체중을 추정하고자 한다. 이때 크기 $N=200$인 모집단에서 크기 $n=5$인 표본을 단순임의추출하기 위해 난수표를 사용해 보자. 먼저 200명 학생 각각에 001부터 200까지의 일련번호를 부여하여 명단을 만든다. 이후 난수표를 사용하여 5명을 뽑기 위하여 부록의 난수표로부터 임의로 선정된 난수표의 일부를 열거해 보면 다음과 같다.

난수표의 예(일부)

10480	15011	01536	02011	81647
22368	46573	25595	85393	30995
24130	48360	22527	97265	76393
42167	93093	06243	61680	07856
37570	39975	81837	16656	06121
77921	06907	11008	42751	27756
99562	72905	56420	69994	98872
96301	91977	05463	07972	18876
89579	14342	63661	10281	17453
85475	36857	53342	53988	53060

학생 200명은 최대 번호가 200인 3자리 수가 부여되므로 위의 난수표에서 처음 3열로부터 차례로 다음 수를 얻어 낼 수 있다.

104	223	241	421	375
779	995	963	895	854

그리고 처음 3열을 제외한 다음 3열(4, 5, 6열)로부터는 다음 수를 얻을 수 있다.

801	684	304	679	703
210	627	019	791	753

또한, 다음 3열(7, 8, 9열)로부터는

501	657	836	309	997
690	290	197	434	685

을 얻는다. 동일하게 다음 3열로부터

501	325	022	306	581
711	556	705	263	753
536	595	527	243	837
008	420	463	661	342
020	853	972	616	166
427	699	079	102	539

을 얻을 수 있다. 이상의 나열된 3자리 숫자 중에서 처음부터 차례로 200 이내의 숫자를 찾아 기록하면 다음과 같다.

104	019	197	022	008
020	166	079	102	

이 중에서 처음 5개의 숫자

104	19	197	22	8

에 해당하는 일련번호의 학생을 뽑아 표본을 구성하는 것이 크기 $N = 200$ 인 모집단으로부터 크기 $n = 5$ 인 표본을 난수표에서 단순임의추출하는 것이 된다. 이때 추출과정에서 복원추출과 비복원추출이 다르다는 것을 이해할 필요가 있다.

많은 학생을 표본으로 뽑아야 하는 경우, 즉 표본크기 n 이 큰 경우에는 제한된 난수표를 절약해서 이용해야 하므로 다음과 같은 방법을 생각할 수 있다. 난수표로부터 얻어진 일련번호 중 200을 초과하는 수가 있으면 그 수에서 200을 빼고, 만약 400을 초과하는 수가 있다면 400을 빼는 방법으로 표본을 선정한다. 예를 들어 처음 3열에서 얻어낸 숫자

104	223	241	21	375

로부터 200을 초과하는 수에 대해 200을 뺀

104	23	41	21	175

에 해당하는 일련번호의 학생을 표본으로 선정하면 난수표를 절약하면서 표본을 추출할 수 있다.

예제 2.2 의사난수로부터 표본을 추출하는 사례

200명의 학생으로부터 5명을 임의추출하여 학생들의 평균 체중을 추정하고자 한다. 이때 크기 $N = 200$ 인 모집단에서 크기 $n = 5$ 인 표본을 SAS에서 단순임의추출하는 방법을 살펴보자.

먼저 200명의 학생에게 1번부터 200번까지 번호를 부여하여 모집단으로 고려하고 SAS 모듈에서 SURVEYSELECT 프로시저를 사용하여 $n = 5$ 를 추출할 수 있다.

```
DATA Ex2_2; /*학생들 번호로 구성된 데이터세트 생성*/
DO i = 1 to 200;
OUTPUT;
END;
/*n = 5인 단순임의 표본추출*/
PROC SURVEYSELECT DATA = EX2_2 M = SRS SAMPSIZE = 5 SEED = 12345 OUT = SRSOUT;
RUN;
```

2.3 모수추정

크기 N인 모집단 원소들의 측정값을

$$y_1, y_2, \cdots, y_i, \cdots, y_N$$

이라 하고 크기 n인 표본의 측정값을 $y_1, y_2, \cdots, y_i, \cdots, y_n$이라 하자.

1. 모집단 평균에 대한 추정

모집단 평균을 μ라 하면 μ는 다음과 같이 정의된다.

$$\mu = \frac{1}{N}\sum_{i=1}^{N} y_i = \frac{1}{N}(y_1 + y_2 + \cdots + y_N)$$

그리고 **모분산**은 일반적으로 σ^2으로 표시하며, 다음과 같이 정의한다.

$$\sigma^2 = \frac{1}{N}\sum_{i=1}^{N}(y_i - \mu)^2$$

때로는 모분산을 S^2으로 나타내고 다음과 같이 정의한다.

$$S^2 = \frac{1}{N-1}\sum_{i=1}^{N}(y_i - \mu)^2$$

모집단 평균 μ의 **추정량** $\bar{y}$와 그 **분산** 및 **분산추정량**은 아래의 식(2.1) ~ (2.5)와 같다. $\bar{y}$는 μ의 추정량으로 μ를 잘 대표할 수 있으므로 $\bar{y}$를 μ의 추정량으로 사용한다. μ의 추정량을 $\hat{\mu}$이라고 하면 $\hat{\mu} = \bar{y}$가 μ의 추정량이 된다. 이때 $\bar{y}$는 μ의 비편향추정량으로 $E(\bar{y}) = \mu$를 만족한다.

■ 모집단 평균 μ의 추정량:

$$\bar{y} = \frac{1}{n}\sum_{i=1}^{n} y_i = \frac{1}{n}(y_1 + y_2 + \cdots + y_n) \tag{2.1}$$

■ $\bar{y}$의 분산:

$$V(\bar{y}) = \frac{N-n}{N-1}\frac{\sigma^2}{n} = \frac{N-n}{N}\frac{S^2}{n} \qquad \text{(비복원)} \tag{2.2}$$

$$V(\bar{y}) = \frac{\sigma^2}{n} = \frac{N-1}{N}\frac{S^2}{n} \qquad \text{(복원)} \tag{2.3}$$

■ 추정분산:

$$\hat{V}(\bar{y}) = \frac{N-n}{N}\frac{s^2}{n} \qquad \text{(비복원)} \tag{2.4}$$

$$\hat{V}(\bar{y}) = \frac{N-1}{N}\frac{s^2}{n} \qquad \text{(복원)} \tag{2.5}$$

여기서, **표본분산** $s^2 = \frac{1}{n-1}\sum_{i=1}^{n}(y_i - \bar{y})^2$, $(n > 1)$이다.

■ 추정오차의 한계:

$$2\sqrt{\hat{V}(\bar{y})} = 2\sqrt{\frac{s^2}{n}\left(\frac{N-n}{N}\right)} \tag{2.6}$$

표본평균 $\bar{y}$를 모평균 μ의 추정량으로 할 때 얼마나 오차가 있는가를 따져 보아야

한다. 이를 위해서 $\bar{y}$ 의 분산을(때로는 $\sigma_{\bar{y}}^2$ 로 나타낸다) 다음과 같이 정의한다.

$$V(\bar{y}) = E[\bar{y} - E(\bar{y})]^2 = E(\bar{y} - \mu)^2$$

위의 정의된 식으로부터 $\bar{y}$ 의 분산식(2.2)와 식(2.3)이 얻어지며 $\frac{N-n}{N-1}$ 와 $\frac{N-n}{N}$ 을 **유한모집단 수정계수**(有限母集團修正, finite population correction: fpc)라 한다. 여기서 $\frac{n}{N}$ 을 **추출률**(抽出率, sampling fraction)이라 하며 $\frac{n}{N} < 0.05(5\%)$일 때 fpc를 무시할 수 있다. 모집단의 크기 N은 실질적으로 표준오차에 영향을 주지 않는다. 실제로

$$\frac{\sigma^2}{n} = \frac{N-1}{N}\frac{S^2}{n}$$

에서 N이 크면 $\frac{N-1}{N} \approx 1$로 볼 수 있기 때문에 $\frac{\sigma^2}{n} \approx \frac{S^2}{n}$ 으로 볼 수 있다. 따라서 $V(\bar{y})$에 대한 식을 비복원일 때는

$$V(\bar{y}) = \frac{N-n}{N}\frac{S^2}{n}$$

을 사용하고, 복원일 때는

$$V(\bar{y}) = \frac{N-1}{N}\frac{S^2}{n}$$

을 사용한다.

모분산 S^2 대신 표본분산 s^2 을 식(2.2)와 식(2.3)에 대입하면 각각 식(2.4)와 식(2.5)와 같은 표본평균 $\bar{y}$ 의 추정분산을 얻는다. 여기서 s^2 은 모분산의 비편향 추정량이 되기 때문에 모분산의 추정량으로 쓰인다. 복원추출일 때는 $E(s^2) = \sigma^2$ 이고 비복원추출일 때는 $E(s^2) = S^2$ 이다. 실용에서는 비복원추출을 하게 되므로 $E(s^2) = S^2$ 인 경우를 염두에 두는 것이 편리하다. 그러나 N이 크면 $N \approx N-1$이 되므로 $\sigma^2 \approx S^2$ 이 된다.

예제 2.3

5명의 학생($N=5$)이 다음과 같은 액수의 돈(단위: 만원)을 가지고 있다 하자.

$$y_1 = 1,\ y_2 = 2,\ y_3 = 3,\ y_4 = 4,\ y_5 = 5$$

이 5명의 학생으로부터 크기 $n=3$인 표본을 추출하고자 한다.

|1| 분산 $V(\bar{y})$를 비복원 및 복원추출의 경우에 대해 구하여라.

|2| 분산 $V(\bar{y})$를 구하기 위한 SAS 프로그램을 작성하여라.

|3| 난수를 이용하여 $n=3$인 단순임의표본을 얻기 위한 SAS 프로그램을 작성하여라.

풀이

|1|

$N=5, n=3$이므로

$$\mu = \frac{1}{5}(1+2+3+4+5) = 3$$

$$\sigma^2 = \frac{1}{5}\{(1-3)^2+(2-3)^2+(3-3)^2+(4-3)^2+(5-3)^2\} = 2$$

① 비복원추출인 경우

$$V(\bar{y}) = \frac{N-n}{N-1}\frac{\sigma^2}{n} = \frac{5-3}{5-1}\frac{2}{3} = \frac{1}{3}$$

② 복원추출인 경우

$$V(\bar{y}) = \frac{\sigma^2}{n} = \frac{2}{3}$$

|2|

```
OPTIONS NODATE;
DATA EX2_3;
INPUT Y @@;
CARDS;
 1 2 3 4 5
RUN;
PROC MEANS DATA = EX2_3 NOPRINT;
VAR Y;
```

```
OUTPUT OUT = EX2_3OUT
          N = POP_N
          MEAN = POP_MEAN
          VAR = S_SQURE;
RUN;

DATA AN2_3;
SAM_N = 3;
SET EX2_3OUT;
POP_VAR = (POP_N-1)/POP_N*(S_SQURE);
V_SAM_WO = (POP_N-SAM_N)/POP_N*(S_SQURE/SAM_N);
V_SAM_W = (POP_N-1)/POP_N*(S_SQURE/SAM_N);
RUN;

PROC PRINT DATA = AN2_3 SPLIT = '*' LABEL NOOBS;
TITLE "SIMPLE RANDOM SAMPLING";
LABEL POP_N = '모집단*크기(N)'
        SAM_N = '표본*크기(n)'
        POP_MEAN = '모집단*평균(Mu)'
        POP_VAR = '모분산1*(일반적인 경우)'
        S_SQURE = '모분산2'
        V_SAM_WO = '표본평균의 분산*(비복원추출)'
        V_SAM_W = '표본평균의 분산*(복원추출)';
VAR POP_N SAM_N POP_MEAN POP_VAR S_SQURE V_SAM_WO
      V_SAM_W;
RUN;
```

▸ 출력결과

SIMPLE RANDOM SAMPLING

모집단 크기(N)	표본 크기(n)	모집단 평균(Mu)	모분산1 (일반적인 경우)	모분산2	표본평균의 분산(비복원추출)	표본평균의 분산(복원추출)
5	3	3	2	2.5	0.33333	0.66667

| 3 |

```
OPTIONS NODATE;
DATA REX2_3;
INPUT Y @@;
CARDS;
```

```
 1 2 3 4 5
;
RUN;

/*비복원추출*/
PROC SURVEYSELECT DATA = REX2_3 METHOD = SRS N = 3
OUT = MYSAMPLE1;
RUN;

PROC SURVEYMEANS DATA = MYSAMPLE1 TOTAL = 5 MEAN VAR;
VAR Y;
ODS OUTPUT STATISTICS = MYSTAT1;
RUN;

/*복원추출*/
PROC SURVEYSELECT DATA = REX2_3 METHOD = URS N = 3
OUT = MYSAMPLE2;
RUN;

PROC SURVEYMEANS DATA = MYSAMPLE2 TOTAL = 5 MEAN VAR;
VAR Y;
ODS OUTPUT STATISTICS = MYSTAT2;
RUN;

/*데이터 결합*/
DATA MY_ALL;
SET MYSTAT1 MYSTAT2;
IF _N_ = 1 THEN METHOD = 'WITHOUT REPLACEMENT(비복원)';
ELSE METHOD = 'WITH REPLACEMENT(복원)';
RUN;

PROC PRINT DATA = MY_ALL NOOBS;
LABEL MEAN = '평균'
      VAR = '분산'
      STDERR = '표준오차'
      METHOD = '추출방법';
RUN;
```

▸ 출력결과

Variable Name	평균	분산	표준오차	추출방법
Y	3.000000	0.533333	0.730297	WITHOUT REPLACEMENT(비복원)
Y	3.000000	0.133333	0.365148	WITH REPLACEMENT(복원)

앞에서 설명한 바와 같이 모분산 σ^2 이나 S^2 이 미지일 때는 그 추정량으로 표본분산 s^2 을 사용하게 된다. 그러나 s^2 을 S^2 이나 σ^2 대신 사용할 때, 가설검정에서 정규분포를 항상 사용할 수 없으며 신뢰구간을 구할 수도 없다. 예를 들면 $V(\bar{y}) = \sigma^2_{\bar{y}}$ 으로 둘 때 통계량

$$Z = \frac{\bar{y} - \mu}{\sigma_{\bar{y}}} = \frac{\bar{y} - \mu}{\sigma / \sqrt{n}}$$

는 표준정규분포 $N(0, 1)$ 을 따르나 S^2 이나 σ^2 이 미지이기 때문에 σ 대신 s 를 추정량으로 사용하면 통계량 $T = \dfrac{\bar{y} - \mu}{s / \sqrt{n}}$ 는 정규분포를 따르지 않게 된다. 이 경우 T는 자유도가 $n-1$인 t 분포로부터 확률계산을 한다. 그런데 표본 수 n이 충분히 크면 t 분포는 정규분포로 근사되므로 정규분포를 적용할 수 있다. 대부분의 표본조사 문제에서는 표본크기 n이 충분히 크다고 볼 수 있으므로 s^2 을 가지고 σ^2 을 대신해도 정규분포를 적용할 수 있다. 그러나 모집단의 분포가 매우 치우쳐 있을 때는 정규분포로 근사시켜도 그 적합도가 좋지 않으므로 그러한 경우에는 치우친 것에 영향을 적게 받도록 모집단의 층화를 생각해야 한다.

한편, 모평균 μ에 대한 $(1-\alpha)100\%$ 신뢰구간은 다음과 같이 구할 수 있다.

$$\bar{y} \pm z_{\alpha/2} \sqrt{\hat{V}(\bar{y})}$$

신뢰수준 95%에서 신뢰계수는 $z_{\alpha/2} = z_{0.025} = 2$(정확히는 1.96)이고, 신뢰수준 99.7%에 대해서는 $z_{\alpha/2} = z_{0.005} = 3$ 이 된다.

예제 2.4

A 대학에 재학 중인 2학년 학생들에게 적성검사를 통해 전공 적합성을 측정하고자 $n=100$ 인 단순임의표본을 뽑았다. 이들의 평균점수는 $\bar{y}=110$ 이고 $s=12$ 일 때, 2학년 전체 학생의 모집단 평균에 대한 95% 신뢰수준하에서 추정오차의 한계와 신뢰구간을 구하고, 이에 대한 SAS 프로그램을 작성하여라.

풀이

$\bar{y}=110,\ z_{\alpha/2}=2,\ n=100$ 이므로 추정오차의 한계는

$$\sqrt{\hat{V}(\bar{y})} = \frac{s}{\sqrt{n}} = \frac{12}{10} = 1.2,\ z_{\alpha/2}\sqrt{\hat{V}(\bar{y})} = 2\times 1.2 = 2.4$$

이다. 따라서 95% 신뢰구간은 다음과 같다.

$$110 \pm 2.4 \text{ 또는 } (107.6,\ 112.4)$$

```
OPTIONS NODATE;
DATA EX2_4;
SAM_N = 100;
Y_BAR = 110;
S = 12;
Z = 2;
S_YBAR = S/SQRT(SAM_N);
Z_S_YBAR = Z*S_YBAR;
RUN;

DATA AN2_4;
SET EX2_4;
LOWBOUND = Y_BAR-Z_S_YBAR;
UPBOUND = Y_BAR+Z_S_YBAR;
RUN;

PROC PRINT DATA = AN2_4 LABEL NOOBS;
TITLE "모집단 평균에 대한 추정오차의 한계와 95% 신뢰구간";
LABEL Z_S_YBAR = '추정오차의 한계'
      LOWBOUND = '신뢰하한값'
      UPBOUND = '신뢰상한값';
```

```
VAR Z_S_YBAR LOWBOUND UPBOUND;
RUN;
```

▸ 출력결과

모집단 평균에 대한 추정오차의 한계와 95% 신뢰구간

추정오차의 한계	신뢰하한값	신뢰상한값
2.4	107.6	112.4

예제 2.5

초등학교 전체 학생들에 대해 $N = 484$명의 병원 진료비에 대한 평균을 추정하기 위해 $n = 9$명의 학생을 단순임의추출하였고 이들의 병원진료비(단위: 만원)는 다음과 같이 조사되었다. 모집단 평균 μ를 추정하고, 신뢰수준 95%하에서 추정오차의 한계를 구하여라. 또한, SAS 프로그램을 작성하여라.

33.5	43.0	45.0
32.0	40.0	42.0
52.0	41.0	39.0

풀이

모평균 추정값은 $\bar{y} = \frac{1}{9}\sum_{i=1}^{9} y_i = \frac{367.5}{9} = 40.83$이며, 분산추정값을 구하기 위한 표본표준편차의 값은 $s^2 = \frac{1}{8}\sum_{i=1}^{9}(y_i - 40.83)^2 = 35.5$이므로 $\hat{V}(\bar{y}) = \left(\frac{484-9}{484}\right)\frac{35.5}{9} = 3.79$이다. 따라서 추정오차의 한계는 $z_{\alpha/2}\sqrt{\hat{V}(\bar{y})} = 2 \times 1.947 = 3.894$이며, 95% 신뢰구간은 40.83±3.894이다.

```
OPTIONS NODATE;
DATA EX2_5;
INPUT Y @@;
CARDS;
 33.5 43.0 45.0 32.0 40.0 42.0 52.0 41.0 39.0
RUN;
PROC SURVEYMEANS DATA = EX2_5 TOTAL = 484 MEAN VAR STDERR CLM;
VAR Y;
RUN;
```

▸ 출력결과

Statistics

Variable	Mean	Std Error of Mean	Var of Mean	95% CL for Mean	
Y	40.833333	1.967510	3.871097	36.2962461	45.3704205

2. 모집단 총계의 추정

단순임의표본을 이용하여 **모집단 총계**(母集團 總計, population total) τ를 추정하여 보자.

예를 들어 어느 농촌지역의 금년도 쌀 총생산량이나, 가구의 총소득 또는 어느 시에서 일정기간 소비하는 우유 총소비량 등을 추정하는 경우가 이에 해당한다.

모집단 총계 τ는 모집단 단위들의 총합계로

$$\tau = \sum_{i=1}^{N} y_i = N\mu = (\text{모집단 크기}) \times (\text{모평균})$$

와 같이 정의된다. 그러면 모집단 총계 τ의 추정량 $\hat{\tau}$과 그 분산 및 분산추정량은 다음과 같다.

$$\hat{\tau} = N\overline{y}$$

식(2.7)의 $\hat{\tau}$은 τ의 비편향추정량으로서 $E(\hat{\tau}) = \tau$이다. 추정량 $\hat{\tau}$의 오차를 평가하는데 이용되는 $\hat{\tau}$의 분산 $V(\hat{\tau})$는 다음과 같이 정의되며, 이 식으로부터 $\hat{\tau}$의 분산식 (2.8)과 식(2.9)가 얻어진다.

$$V(\hat{\tau}) = E(\hat{\tau} - \tau)^2 = E(N\overline{y} - N\mu)^2 = N^2 E(\overline{y} - \mu)^2 = N^2 V(\overline{y})$$

일반적으로 S^2이 미지이므로 추정량인 s^2을 이용한다. 따라서 $V(\hat{\tau})$의 추정량을 $\hat{V}(\hat{\tau})$으로 나타내면 식(2.10)과 식(2.11)이 된다.

모집단 총합 τ의 $(1-\alpha) \times 100\%$ 신뢰구간은 신뢰계수인 $z_{\alpha/2}$에 의하여

$$\hat{\tau} \pm z_{\alpha/2}\sqrt{\hat{V}(\hat{\tau})}$$

와 같이 얻어진다.

- 모집단 총계 τ의 추정량:

$$\hat{\tau} = N\bar{y} \tag{2.7}$$

- $\hat{\tau}$의 분산:

$$V(\hat{\tau}) = N^2 \frac{N-n}{N}\frac{S^2}{n} \qquad \text{(비복원)} \tag{2.8}$$

$$V(\hat{\tau}) = N^2 \frac{N-1}{N}\frac{S^2}{n} \qquad \text{(복원)} \tag{2.9}$$

- 추정분산:

$$\hat{V}(\hat{\tau}) = N^2 \frac{N-n}{N}\frac{s^2}{n} \qquad \text{(비복원)} \tag{2.10}$$

$$\hat{V}(\hat{\tau}) = N^2 \frac{N-1}{N}\frac{s^2}{n} \qquad \text{(복원)} \tag{2.11}$$

여기서, 표본분산 $s^2 = \dfrac{1}{n-1}\sum_{i=1}^{n}(y_i - \bar{y})^2$ 이다.

- 추정오차의 한계:

$$2\sqrt{\hat{V}(\hat{\tau})} = 2N\sqrt{\frac{s^2}{n}\left(\frac{N-n}{N}\right)} \tag{2.12}$$

예제 2.6

A 초등학교에서 학생들이 하루에 마시는 우유 총소비량을 추정하려고 한다. 전체 학생 수는 $N = 2{,}000$ (명)이고 크기 $n = 100$ 명의 학생을 임의로 뽑아서 학생들이 마신 우유량을 조사한 결과 평균 $\bar{y} = 200$(㎖), $s = 4$(㎖)를 얻었다. 우유 총소비량 τ의 95% 신뢰구간을 구하여라.

풀이

τ의 추정치는 다음과 같다.

$$\hat{\tau} = N\bar{y} = 2{,}000 \times 200 = 400{,}000(\text{㎖})$$

비복원추출의 경우, $\hat{\tau}$의 분산추정량 $\hat{V}(\hat{\tau})$는

$$\hat{V}(\hat{\tau}) = N^2 \frac{N-n}{N}\frac{s^2}{n} = (2{,}000)^2 \frac{2{,}000-100}{2{,}000}\frac{16}{100} = 608{,}000$$

과 같다. 따라서 $\hat{\tau}$의 표준오차는

$$\sqrt{\hat{V}(\hat{\tau})} = \sqrt{608{,}000} \approx 780(\text{㎖})$$

이며, $z_{\alpha/2} = 2$이므로 추정오차의 한계는 $z_{\alpha/2}\sqrt{\hat{V}(\hat{\tau})} = 2 \times 780 = 1{,}560$(㎖)이다. 결국, A 초등학교 학생들이 하루에 마시는 우유 총소비량 τ의 95% 신뢰구간은 다음과 같다.

$$400{,}000 \pm 1{,}560 \quad \text{또는} \quad (398{,}440,\ 401{,}560)$$

예제 2.7

예제 2.5에서 초등학생 전체의 진료비 총액 τ를 추정하고, 신뢰수준 95%하에서 추정오차의 한계를 구하여라. 또한, SAS 프로그램을 작성하여라.

풀이

자료를 보면 $\bar{y} = \frac{1}{9}\sum_{i=1}^{9} y_i = \frac{367.5}{9} = 40.83$이므로 모집단 총계에 대한 추정값은 $\hat{\tau} = N\bar{y} = 484 \times 40.83 = 19{,}763.33$이다. 또한, 평균에 대한 분산추정값이 $\hat{V}(\bar{y}) = \left(\frac{484-9}{484}\right)\frac{35.5}{9} = 3.87$이므로 모집단 총계 추정량의 분산추정값은 $\hat{V}(\hat{\tau}) = N^2\frac{N-n}{N}\frac{s^2}{n} = N^2\hat{V}(\bar{y}) = 484^2 \times 3.87 = 906{,}827.78$이다. 따라서 모집단 총합에 대한 추정오차의 한계는 $2N\sqrt{\hat{V}(\bar{y})} = 2 \times 484 \times 3.895 = 1{,}094.55$이며, 95% 신뢰구간은 $19{,}763.33 \pm 1{,}094.55$(만원)이다.

```
OPTIONS NODATE;
DATA EX2_5; INPUT Y @@;
CARDS;
```

```
  33.5 43.0 45.0 32.0 40.0 42.0 52.0 41.0 39.0
 RUN;

 PROC SURVEYMEANS DATA = EX2_5 TOTAL = 484 MEAN VAR STDERR CLM;
 VAR Y;
 ODS OUTPUT Statistics = MYOUT;
 RUN;

 DATA REX;
 SET MYOUT;
 HAT_TOT = 484*MEAN;
 EST_ERROR = 2*484*STDERR;
 LOWBOUND = HAT_TOT-EST_ERROR;
 UPBOUND = HAT_TOT+EST_ERROR;
RUN;
PROC PRINT DATA = REX  LABEL NOOBS;
TITLE '모집단 총계에 대한 추정오차의 한계와 95% 신뢰구간';
LABEL  HAT_TOT = '모집단 총계 추정량'
          EST_ERROR = '추정오차의 한계'
          LOWBOUND = '신뢰하한값'
          UPBOUND = '신뢰상한값';
VAR HAT_TOT EST_ERROR LOWBOUND UPBOUND;
RUN
```

▸ 출력결과

모집단 총계에 대한 추정오차의 한계와 95% 신뢰구간

모집단 총계 추정	추정오차의 한계	신뢰하한값	신뢰상한값
19763.33	1904.55	17858.78	21667.88

3. 모집단 비율

특정 정치집단에 대한 지지자의 규모, 특정 정책에 대한 찬성자 수 등과 같은 계수집단의 조사에서는 비율을 구하는 것이 일반적이므로 여기서는 **모집단 비율**(母集團 比率, population proportion) p를 추정하는 문제를 생각해 보기로 하자.

예를 들어, 정부의 어떤 정책에 대한 국민의 지지율이나 특정 상품의 시장 점유율 또는 제품 생산에 있어 불량률과 같은 예시들이 이에 해당된다.

비율을 구하는 경우에 변수 y가 그 값으로 0과 1만을 취하는 특별한 경우를 생각하는 것이 편리하다. 예를 들어 상표 K가 붙은 화장품(K-화장품)을 쓰는 사람의 비율을 조사한다고 하자. N명의 사람이 있는데 그중에서 어떤 사람이 K-화장품을 쓰지 않으면 $y=0$, K-화장품을 쓰면 $y=1$로 나타내자. 이때 K-화장품을 쓰는 사람의 수 (A)는

$$\begin{aligned}\sum_{i=1}^{N} y_i &= y_1 + y_2 + \cdots + y_N \\ &= 1+0+0+\cdots+1 \\ &= A\end{aligned}$$

이므로 K-화장품을 쓰는 사람의 모집단 비율은 다음과 같다.

$$p = \frac{1}{N}\sum_{i=1}^{N} y_i = \frac{A}{N}$$

모집단 비율 p의 추정량 $\hat{p}$와 그 분산 및 분산추정량은 다음과 같다.

- 모집단 비율 p 의 추정량:

$$\hat{p} = \frac{1}{n}\sum_{i=1}^{n} y_i = \frac{a}{n} \tag{2.13}$$

- $\hat{p}$ 의 분산:

$$V(\hat{p}) = \frac{N-n}{N}\frac{N}{N-1}\frac{pq}{n} = \frac{N-n}{N-1}\frac{pq}{n} \tag{2.14}$$

- 추정분산:

$$\hat{V}(\hat{p}) = \frac{N-n}{N}\frac{\hat{p}\hat{q}}{n-1} \tag{2.15}$$

- 추정오차의 한계:

$$2\sqrt{\hat{V}(\hat{p})} = 2\sqrt{\frac{N-n}{N}\frac{\hat{p}\hat{q}}{n-1}} \tag{2.16}$$

만일 K 대학의 재학생이 봉사활동에 참여하였으면 1, 참여하지 않았으면 0으로 나타낼 때 n 명의 표본 학생 중 a 명이 봉사활동에 참여하였다면, 봉사활동에 참여한 학생의 표본비율은 $\hat{p} = \frac{a}{n}$ 이 된다. 이때, $\sum_{i=1}^{n} y_i = a$ 이므로 표본분산 s^2 은 정의에 의하여

$$s^2 = \frac{1}{n-1}\sum_{i=1}^{n}(y_i - \bar{y})^2 = \frac{n}{n-1}\hat{p}\,\hat{q} \qquad (\hat{p} = 1 - \hat{q})$$

과 같다. 표본비율의 분산을 $V(\hat{p})$으로 나타내면 $V(\hat{p}) = E[\hat{p} - E(\hat{p})]^2 = E(\hat{p} - p)^2$ 이므로 $\hat{p} = \frac{1}{n}\sum_{i=1}^{n} y_i = \bar{y}$, $p = \frac{1}{N}\sum_{i=1}^{N} y_i = \mu$를 고려하여 비복원추출일 때 $V(\hat{p})$를 구하면 식(2.14)와 같이 얻어진다. 이때 $V(\hat{p})$의 추정량 $\hat{V}(\hat{p})$은 $s^2 = \frac{n}{n-1}\hat{p}\,\hat{q}$ 이 $S^2 = \frac{N}{N-1}pq$의 비편향추정량이므로 식(2.15)와 같이 정의할 수 있다.

모비율 p의 $(1-\alpha)100\%$ 신뢰구간은 다음과 같이 설정된다.

$$\hat{p} \pm z_{\alpha/2}\sqrt{\hat{V}(\hat{p})}$$

여기서, 표본비율 $\hat{p}$은 근사적으로 정규분포를 따른다고 가정한다.

n이 크고 $\hat{p}$이 0이거나 1에 가깝지 않으면 $\hat{p}$의 표본분포는 근사적으로 정규분포를 따르는 것으로 알려져 있다. 그러면 n이 얼마나 커야 $\hat{p}$이 근사 정규분포를 따르는가 하는 것은 <표 2.1>에서 알 수 있다(참고 Cochran, 1977).

표 2.1 $\hat{p}$이 근사정규분포를 하기 위한 조건(n의 크기)

$\hat{p}$	n의 크기
0.5	30
0.4 혹은 0.6	50
0.3 혹은 0.7	80
0.2 혹은 0.8	200
0.1 혹은 0.9	600
0.05 혹은 0.95	1,400

예제 2.8

S 시에서는 2대 이상의 자가용을 가지고 있는 가구의 비율을 추정하고자 한다. S시는 전체 $N=8{,}000$ 가구가 있는데, 이로부터 $n=101$ 가구를 단순임의표본으로 추출하여 자가용 소유 여부를 조사한 결과 2대 이상의 자가용을 가지고 있는 비율이 $\hat{p}=0.6$ 로 나타났다. 모비율 p 에 대한 95% 신뢰구간을 구하여라.

풀이

$\hat{p}$ 의 분산추정량 $\hat{V}(\hat{p})$ 를 구하면,

$$\hat{V}(\hat{p})=\frac{N-n}{N}\frac{\hat{p}\,\hat{q}}{n-1}=\frac{8{,}000-101}{8{,}000}\frac{(0.6)(0.4)}{101-1}=0.00237$$

이므로, $\sqrt{\hat{V}(\hat{p})}=0.0486$ 이다. 따라서 신뢰계수는 $z_{\alpha/2}=2$ 이므로 추정오차의 한계는 $z_{\alpha/2}\sqrt{\hat{V}(\hat{p})}=2\times 0.0486=0.0974$ 이다. 따라서 모집단 비율 p 에 대한 95% 신뢰구간은 다음과 같다.

$$0.6\pm 0.0974 \text{ 또는 } (0.503,\ 0.697)$$

```
OPTIONS NODATE;
DATA EX2_8;
POP_N = 8000;SAM_N = 101;
HP = 0.6;
HQ = 1-HP;
HAT_V = ((POP_N-SAM_N)/POP_N )* (HP*HQ)/(SAM_N-1);
STD_ERR = SQRT(HAT_V);
EST_ERROR = 2*STD_ERR;
LOWBOUND = HP-EST_ERROR;
UPBOUND = HP+EST_ERROR;
RUN;
PROC PRINT DATA = EX2_8  LABEL NOOBS;
TITLE '모집단 비율에 대한 추정오차의 한계와 95% 신뢰구간';
LABEL HP = '모집단 비율추정량'
      EST_ERROR = '추정오차의 한계'
      LOWBOUND = '신뢰하한값'
      UPBOUND = '신뢰상한값';
VAR HP EST_ERROR LOWBOUND UPBOUND;
```

```
RUN;
```

▸ 출력결과

모집단 비율에 대한 추정오차의 한계와 95% 신뢰구간

모집단 비율추정	추정오차의 한계	신뢰하한값	신뢰상한값
0.6	0.097359	0.50264	0.69736

2.4 표본크기의 결정

1. 모집단 평균을 추정할 때 필요한 표본크기

모평균 μ를 추정하기 위하여 오차의 한계가 B일 때 표본크기 n을 구해보자.

오차의 한계 B와 신뢰계수 $z_{\alpha/2}$와 표준오차 $\sqrt{V(\bar{y})}$ 사이에는 다음의 관계가 성립한다.

$$B = z_{\alpha/2}\sqrt{V(\bar{y})}$$

$z_{\alpha/2} = 2$로 놓고 위의 식을 이용하여 표본크기를 구해보면 비복원추출 가정하에서 다음과 같이 양변을 제곱하여 n에 대해 정리하면

$$B^2 = z_{\alpha/2}^2 \frac{N-n}{N}\frac{S^2}{n}$$

식(2.17)이 얻어진다.

■ 모평균 μ의 추정을 위한 표본크기:

$$n = \frac{NS^2}{ND + S^2} \qquad \text{(비복원)} \qquad (2.17)$$

여기서, $D = \dfrac{B^2}{4}$

예제 2.9

K 시에 병원 수는 $N = 845$개소이다. 월간 진료 환자 수의 분산은 월간 보고에 의하면 15,000이라 한다. 이 K 시의 병원당 월간 평균 환자 수(μ)를 추정하려고 한다. 최대허용오차를 20명 이내로 할 때, 몇 개의 병원을 추출해서 조사하면 되는가?

풀이

$N = 845$, $S^2 = 15{,}000$, $B = 20$, $z = 2$ (95%의 신뢰수준)로 두면

$$D = \frac{B^2}{4} = \frac{20^2}{4} = 100,$$

$$n = \frac{NS^2}{ND + S^2} = \frac{845 \times 15{,}000}{845 \times 100 + 15{,}000} = 127.4 \approx 128$$

2. 모집단 총계를 추정할 때 필요한 표본크기

모총계 τ를 추정하기 위하여 오차의 한계가 B일 때 표본크기 n을 구하여 보자. 오차의 한계 B와 신뢰계수 $z_{\alpha/2}$와 표준오차 $\sqrt{V(\hat{\tau})}$ 사이에는 다음과 같은 관계가 성립한다.

$$B = z_{\alpha/2}\sqrt{V(\hat{\tau})}$$

위 식을 다음과 같이 양변 제곱한 후

$$B^2 = z_{\alpha/2}^2 N^2 \frac{N-n}{N} \frac{S^2}{n}$$

$z_{\alpha/2} = 2$ 로 놓고 n에 대해 풀면 식(2.18)을 구할 수 있다.

■ 모총계 τ의 추정을 위한 표본크기:

$$n = \frac{N^2 S^2}{D + NS^2} \quad \text{(비복원)} \qquad (2.18)$$

여기서, $D = \frac{B^2}{4}$ 이다.

예제 2.10

A 초등학교에서 학생들이 하루에 마시는 우유의 총량을 추정하려고 한다. 학생 수는 $N = 2,000$ (명)이다. 우유 소비량의 분산은 $S^2 = 60$이라고 할 때, 신뢰수준 95%하에서 최대 허용오차가 600(ml) 이내가 되도록 하기 위해 필요한 표본크기는 얼마인가?

풀이

$N = 2,000$, $S^2 = 60$, $B = 600$, $z = 2$ (95%의 신뢰수준)로 두면

$$D = \frac{B^2}{4} = \frac{600^2}{4} = 90,000$$

$$n = \frac{N^2 S^2}{D + NS^2} = \frac{2,000^2 \times 60}{90,000 + 2,000 \times 60} = 1,142.9 \approx 1,143\text{(명)}$$

3. 모집단 비율을 추정할 때 필요한 표본크기

모집단 비율 p를 추정하기 위해서 오차의 한계가 B일 때 표본크기 n을 구하여 보자. 비복원추출의 경우 오차의 한계 B와 신뢰계수 $z_{\alpha/2}$와 표준오차 $\sqrt{V(\hat{p})}$ 사이의 관계에서 양변을 제곱하여 얻은

$$B^2 = z^2_{\alpha/2}\frac{N-n}{N-1}\frac{pq}{n}$$

으로부터 신뢰계수가 $z^2_{\alpha/2} = 4$로 주어질 때, 표본크기 n에 대해 정리하면 p를 추정하는 데 필요한 표본크기를 구하는 공식은 다음과 같이 얻어진다.

■ 모비율 p의 추정을 위한 표본크기:

$$n = \frac{Npq}{(N-1)D+pq} \tag{2.19}$$

여기서, $D = \frac{B^2}{4}$, $q = 1-p$

식(2.19)에서 실제로 모집단 비율 p를 모르기 때문에 p를 표본비율로 대체하여 근사적인 표본크기를 구한다.

한편 단순임의추출하에서 비율에 대한 사전 정보가 없는 경우, $p=0.5$일 때 분산이 최대가 되기 때문에 오차의 최대 허용치를 가정하여 표본크기를 산정하면 다음과 같이 대체식을 사용할 수 있다.

$$n = \frac{Npq}{(N-1)D+pq} \approx \frac{4(0.5)(0.5)}{B^2+4(0.5)(0.5)/N} = \frac{1}{B^2+\frac{1}{N}} \approx \frac{1}{B^2}$$

예를 들어 단순임의추출에서 특정 후보의 지지율을 추정하기 위해 95% 신뢰수준하에서 허용오차 3.16% 이내가 되도록 하기 위한 표본크기는 비율에 대한 정보가 없기 때문에 $p=0.5$로 가정하여 표본크기를 구하면,

$$n = \frac{1}{B^2} = \frac{1}{0.0316^2} = 1{,}002(\text{명})$$

이 된다.

예제 2.11

S 대학의 전체 학생 수는 $N = 4{,}000$ 명이며, 재학 중 아르바이트 경험이 있는 학생의 비율 p를 추정하기 위해, 크기 $n = 50$ 명의 학생을 예비 표본으로 뽑았다. 그중 30명이 아르바이트 경험이 있는 학생으로 조사되었다면, p를 추정할 때 오차의 한계가 5% 이내가 되도록 95%의 신뢰수준으로 p를 추정하려 할 때 n은 얼마로 하는 것이 좋은가?

풀이

$z_{\alpha/2} = 2$ 이므로 $D = \dfrac{(0.05)^2}{4} = 0.000625$ 이고, $\hat{p} = 0.6$, $\hat{q} = 0.4$ 이다. 따라서

$$n = \frac{4{,}000 \times (0.6)(0.4)}{(4{,}000-1) \times 0.000625 + (0.6)(0.4)} = 350.5 \approx 351\,(\text{명})$$

을 얻게 되어, 결국 예비 표본 50명을 제외하고 추가로 301명의 학생을 더 뽑아야 한다.

2.5 연습문제

1 3명의 학생으로 구성된 모집단을 가정하고, 각각의 학생들이 가지고 있는 돈에 관심이 있다고 하자. 실제로 학생별로 2, 3, 4 만원의 돈을 가지고 있고 이 모집단에서 크기 $n = 2$인 임의표본을 복원과 비복원으로 추출하여 표본평균과 표본분산을 구하고 $E(\bar{y})$와 $E(s^2)$을 구하여라.

2 단순임의비복원추출에서 표본평균 $\bar{y}$의 분산 $V(\bar{y})$가 다음과 같음을 보여라.

$$V(\bar{y}) = \frac{N-n}{N}\frac{S^2}{n}$$

3 다음 식을 증명하여라.

(1) $E(\bar{y}) = \mu$

(2) $E(s^2) = \sigma^2$ (단순임의복원추출일 때)

4 크기가 $N = 4$인 모집단에서 그 구성원의 특성값 y는 다음과 같다.

$$y_1 = 1,\ y_2 = 2,\ y_3 = 3,\ y_4 = 4$$

이 모집단에서 크기 $n = 3$인 임의표본을 복원과 비복원으로 추출했을 때 $E(\bar{y}) = \mu$를 보여라.

5 크기가 $N = 50$인 모집단을 가정한다. 이 모집단으로부터 크기 $n = 10$인 임의표본을 비복원으로 추출하여 다음 자료를 얻었다.

10, 8, 12, 4, 11, 7, 5, 8, 10, 8

(1) $\bar{y}$를 구하여라.

(2) 총계 τ의 추정값을 구하여라.

(3) s^2을 구하여라.

(4) $\hat{\tau}$의 추정분산 $\hat{V}(\hat{\tau})$을 구하여라.

(5) 위의 추정값들을 얻기 위한 SAS 프로그램을 작성하여라.

6 S 시에 있는 전체 가구 수는 $N=10{,}000$이라고 한다. 가구의 월평균 소득을 추정하기 위해 $n=100$가구를 단순임의비복원추출하여 조사한 결과 평균 소득이 $\bar{y}=1{,}300{,}00$원이며, 분산 $s^2=245{,}000$으로 나타났다.

(1) S 시 전체 가구의 월평균 소득에 대한 95% 신뢰구간을 구하여라.

(2) S 시 전체 가구의 월 총소득에 대한 95% 신뢰구간을 구하여라.

7 교육부에서는 청소년들의 인터넷 사용률을 파악하여 진로 교육 자료를 온라인 교육에 활용하기 위해 $n=1{,}000$명을 단순임의추출하여 청소년들의 인터넷 활용률을 조사한 결과 860명이 인터넷을 사용하고 있다고 응답하였다(단, $N=100{,}000$이라고 가정한다).

(1) 청소년들의 인터넷 활용률 p를 추정하여라.

(2) 95% 신뢰수준하에서 추정오차의 한계를 구하여라.

8 연습문제 7의 자료를 이용하여 95% 신뢰수준하에서 모비율에 대한 추정오차의 한계가 3% 이내가 되도록 인터넷 활용도를 추정하고자 한다.

(1) 문제 7의 조사결과를 활용하여 표본크기를 결정하여라.

(2) 만약 비율에 대한 정보가 없을 때, 표본크기를 결정하여라.

9 크기 $N=6{,}000$명인 대학생으로 이루어진 모집단으로부터 크기 $n=50$인 예비 표본을 단순임의추출하여 조사한 결과 $a=10$명의 학생이 자가용을 가지고 있다고 한다. 대학생의 자가용 소유 비율 p를 신뢰수준 95%에서 오차의 한계가 5% 이내가 되도록 추정하려면 실제로 표본크기를 얼마로 해야 하나?

제 3 장

층화추출법

3.1 기본개념

표본추출과정에서 모집단에 관한 어떤 정보를 가지고 있을 때 이 정보를 이용하면 그만큼 모집단을 잘 대표할 수 있는 표본을 추출할 수 있다. 예를 들어 사업체 조사에서 각 사업체의 종업원 수와 매출액 규모 또는 업종에 관한 정보를 알고 있다면 사업체를 규모나 업종별로 구분할 수 있다.

이처럼 모집단에 속하는 모든 단위를 어떤 지표를 이용해 몇 개의 집단으로 분할하되 분할된 집단의 각 단위들을 동질적으로 만드는 것을 **층화**(層化, stratification)라고 한다. 분할된 집단을 **층**(層, stratum)이라 하며 이 층을 **부차모집단**(副次母集團, subpopulation)이라고도 한다. 층화할 때는 층 내는 동질적(等質的, homogeneous)이 되도록 하고 층과 층간에는 이질적(異質的, heterogeneous)이 되도록 하여야 한다. 다시 말해 한 층에 속하는 단위들은 유사한 특성을 갖는 단위들로 구성되어야 하고, 층과 층은 서로 다른 특성을 갖도록 해야 한다.

정의

모집단을 어떤 층화기준에 의하여 여러 개의 층으로 분할한 다음 각 층에서 독립적으로 일정한 수의 표본을 단순임의추출하는 방법을 **층화추출법**(層化抽出法, stratified sampling) 또는 층화임의추출법(層化任意抽出法, stratified random sampling)이라 한다.

층화추출법은 다음과 같은 이유 때문에 실제로 많이 적용되는 방법 중 하나가 된다.

첫 번째, 모집단 전체의 조사결과뿐만 아니라 층별 결과도 필요한 경우가 있다. 지역별로 지방자치가 시행되면서 전국의 결과뿐만 아니라 시도별 또는 시, 군, 구별의 자료가 필요하고, 조사결과분석을 위한 도시·농촌별과 같은 지역별 자료가 요구되는 경우가 많이 있다. 또 업종별 임금통계 작성의 경우 제조업, 광업, 건설업 등에 대한 자료가 필요하게 되는데 이러한 목적을 달성하기 위하여 모집단을 조사목적에 맞게 업종별로 층을 설정하면 된다.

두 번째, 조사를 실시할 때 조사 관리의 편의상 모집단을 층으로 설정할 필요가 있다. 그렇게 되면 표본 관리나 조사 인력의 관리 등 조사업무관리에 있어서 행정적으로 매우 편리하다.

세 번째, 추정값의 정도를 높일 수 있다. 모집단의 각 추출단위가 변이성이 클 때 이것이 표본의 정도에 미치는 영향을 가능한 감소시켜 단순임의추출법보다 조사결과의 정도를 높일 수 있다. 층화할 때 층 내가 동질적이 되도록 하는 것은 층 내의 단위들의 값의 변동이 적게 되도록 하기 위한 것이며, 이렇게 하면 층화의 효율이 더욱 커지게 된다.

3.2 층화의 기준

모집단을 몇 개의 층으로 나누고자 할 때 각각의 단위가 어느 층에 속하는지를 구분하기 위해 구분 기준으로 삼는 변수를 **층화변수**(stratification variable)라 한다. 층화추출법에서 층화변수를 무엇으로 정하는지에 따라서 추정의 효율이 달라진다. 그러므로 효과적인 층화변수를 정하여 모집단을 잘 층화하는 일은 층화추출법에서 매우 중요한 작업이라 할 수 있다. 실제 표본조사를 위한 표본설계 시에는 모집단에 관해서 가능한 많은 정보를 얻어 효과적인 층화기준을 마련하는 것이 필요하다.

조사항목이 단순한 조사에서는 조사항목과 상관도가 높은 과거의 자료나 정보를 이용하여 유사한 것끼리 모으면 되나 조사항목이 복잡하고 다양한 경우에는 어떠한 점에 초점을 맞추느냐가 어려운 문제이다. 이러한 경우에는 층화기준으로 다음과 같은 조건을 고려하여 결정하면 효과적이다.

첫 번째, 조사항목에서 가장 중심이 되는 항목과 관계가 깊은 특성을 기준으로 한다.

두 번째, 양적인 특성에 대해서는 모집단의 분포가 편향된 것 또는 표준편차가 큰 것을 기준으로 한다. 단, 표준편차 대신 변이계수를 이용하는 경우도 많다.

세 번째, 질적 속성에 대한 계수적인 것은 모집단에 있어서 비율이 낮은 것을 기준으로 한다.

네 번째, 시간적인 안정성이 없는 특성은 기준으로 삼지 않는다.

이처럼 층화추출법의 본질은 얼마만큼의 보조 정보를 근거로 모집단을 층으로 분할하고 분할된 각 층으로부터 독립적인 표본을 추출하느냐 하는 문제이다. 그러므로 모집단의 각 층에 대한 정확한 정보가 필요한데, 정보가 없을 때는 오차가 커지게 되고, 모집단에 대한 층화된 목록이 없는 경우에는 그것을 만들기 위한 많은 노력이 요구된다. 단순임의추출법과 달리 완전한 표본추출틀이 각각의 층별로 필요하고 각 층 내에서 표본이 추출되어야 하므로 역시 단순임의추출법보다 시간과 비용이 더 든다.

일반적으로 성별, 연령, 학력, 지역, 종업원 수, 매출액, 주택유형, 주택면적, 직업 등이 층화변수로 널리 쓰인다. 층화변수는 조사목적, 조사내용, 분석내용 등에 따라서 적절하게 달리 사용할 수 있다.

전국단위 가구조사의 경우 17개 광역단위가 층화변수로 활용되며, 사업체 조사의 경우 업종별 표준산업분류나 종업원 규모 또는 매출액 등이 층화변수로 활용된다.

3.3 모수추정

크기가 N인 모집단의 평균과 분산을 각각 μ와 σ^2이라 하고, 어떤 속성에 대한 모집단 비율을 p라 하자. 모집단 평균 μ와 모집단 비율 p를 추정하기 위해서 표본을 추출한다. 이미 설명한 바와 같이 층화추출법은 모집단을 일정한 층화기준에 의해 L개의 층으로 나누고 각 층에서 독립적으로 일정한 표본을 추출하는 방법이다. 이때 N_h $(h = 1, 2, \cdots, L)$는 h층에 속하는 조사단위의 크기이고, μ_h와 σ_h^2은 h층의 모집단 평균과 분산이다. 그리고 p_h는 h층의 조사단위 중 어떤 속성 A를 갖는 모집단 비율이다.

층화임의추출법은 각 층마다 독립적으로 크기가 n_h인 표본을 비복원 또는 복원으로 단순임의추출하는 것이다. 이때 $n_h\,(h = 1, 2, \cdots, L)$는 h층의 표본크기이고, $\bar{y}_h$는 h층의 표본평균이며 $\hat{p}_h$는 속성 A에 대한 h층의 표본비율이다.

앞서 층화추출법은 모집단을 먼저 L개의 층으로 나눈 후 각 층에서 단순임의추출법을 적용하는 추출법이라고 하였다. 그러므로 각각의 층에 대해 독립적으로 단순임의추출법의 이론이 그대로 적용된다. 이제 층화추출법에서의 모집단 특성을 추정하는 문제를 살펴보기로 하자.

1. 모집단 평균의 추정

크기 N인 모집단이 크기 $N_1, N_2, \cdots, N_L$과 같이 L개의 층으로 나누어졌다. 이때 $N_1 + N_2 + \cdots + N_L = \sum_{h=1}^{L} N_h = N$이 된다. h 번째 층인 경우 크기가 N_h 인 모집단에서 n_h 개의 표본을 단순임의추출하여 층의 모집단 평균 μ_h 의 추정값 $\bar{y}_h$ 를 다음과 같이 구한다.

$$\bar{y}_h = \frac{1}{n_h} \sum_{i=1}^{n_h} y_{hi}$$

모집단 평균 μ 의 추정량을 $\bar{y}_{st}$ 라고 표시하며, 이를 **층화추정량**(層化推定量, stratified estimator)이라 한다.

모집단 평균 μ 의 추정량 $\bar{y}_{st}$ 와 그 분산 및 분산추정량은 다음과 같다.

■ 모집단 평균 μ 의 추정량:

$$\begin{aligned} \bar{y}_{st} &= W_1\bar{y}_1 + W_2\bar{y}_2 + \cdots + W_L\bar{y}_L \\ &= \frac{1}{N}\sum_{h=1}^{L} N_h\bar{y}_h \end{aligned} \tag{3.1}$$

여기서, $W_h = \dfrac{N_h}{N}$ 으로 층별 가중값을 의미한다.

■ $\bar{y}_{st}$ 의 분산:

$$V(\bar{y}_{st}) = \frac{1}{N^2}\sum_{h=1}^{L} N_h^2 \frac{N_h - n_h}{N_h - 1} \frac{\sigma_h^2}{n_h} \tag{3.2}$$

$$= \frac{1}{N^2} \sum_{h=1}^{L} N_h^2 \frac{N_h - n_h}{N_h} \frac{S_h^2}{n_h} \tag{3.3}$$

- 추정분산:

$$\hat{V}(\bar{y}_{st}) = \frac{1}{N^2} \sum_{h=1}^{L} N_h^2 \frac{N_h - n_h}{N_h} \frac{s_h^2}{n_h} \tag{3.4}$$

- 추정오차의 한계:

$$2\sqrt{\hat{V}(\bar{y}_{st})} = 2\sqrt{\sum_{h=1}^{L} W_h^2 \left(\frac{N_h - n_h}{N_h}\right) \frac{s_h^2}{n_h}} \tag{3.5}$$

식(3.1)에서 W_h 는 모집단에 대한 h 번째 층의 가중값이고, $\bar{y}_h$ 는 h 번째 층의 표본평균을 나타낸다. 이때 식(3.2)와 식(3.3)의 비복원추출인 경우 층화추정량 $\bar{y}_{st}$ 의 분산에 대해 살펴보기로 하자. 먼저 $V(\bar{y}_{st})$는 다음과 같이 쓸 수 있다.

$$\begin{aligned} V(\bar{y}_{st}) &= \frac{1}{N^2}\left[N_1^2 V(\bar{y}_1) + N_2^2 V(\bar{y}_2) + \cdots + N_L^2 V(\bar{y}_L)\right] \\ &= \frac{1}{N^2} \sum_{h=1}^{L} N_h^2 V(\bar{y}_h) = \sum_{h=1}^{L} W_h^2 V(\bar{y}_h) \end{aligned} \tag{3.6}$$

식(3.6)에서 $V(\bar{y}_h)$는 h 번째 층에 대한 단순임의추출의 분산을 의미하므로 다음 식과 같다.

$$V(\bar{y}_h) = \frac{N_h - n_h}{N_h - 1} \frac{\sigma_h^2}{n_h} \quad \text{, 여기서 } \sigma_h^2 = \frac{1}{N_h} \sum_{i=1}^{N_h} (y_{hi} - \mu_h)^2 \tag{3.7}$$

식(3.7)을 식(3.6)에 대입하면 식(3.2)를 얻는다. 식(3.3)은 층의 모집단 평균을 σ_h^2 대신 S_h^2 으로 바꿔서 사용하여 구한 것이며, 식(3.7)은 식(3.8)과 같이 바꿔 쓸 수 있다.

$$V(\bar{y}_h) = \frac{N_h - n_h}{N_h} \frac{S_h^2}{n_h}, \text{ 여기서 } S_h^2 = \frac{1}{N_h - 1} \sum_{i=1}^{N_h} (y_{hi} - \mu_h)^2 \tag{3.8}$$

다음으로 신뢰구간 추정을 위해서는 추정량의 분산의 추정값을 구해야 한다. 다시 말하면 식(3.2)에 포함된 σ_h^2 과 식(3.3)에 포함된 S_h^2 은 층의 모집단 분산으로 알려지지 않은 값이다. 따라서 이들의 추정량을 이용해서 $V(\bar{y}_{st})$ 의 추정량을 구해야 한다.

S_h^2 의 추정량을 구하기 위해 h 층의 표본분산을 다음과 같이 정의한다.

$$s_h^2 = \frac{1}{n_h - 1} \sum_{i=1}^{n_h} (y_{hi} - \bar{y}_h)^2 \tag{3.9}$$

이때, $E(s_h^2) = S_h^2$ 이므로 s_h^2 을 식(3.3)에 대입하여 식(3.4)와 같은 $V(\bar{y}_{st})$ 의 추정량을 구할 수 있다.

모집단 평균의 추정량과 이의 분산추정량인 식(3.4)를 이용하여 평균에 대한 신뢰구간을 구할 수 있다. n_h 가 클 때 모집단 평균 μ의 $(1-\alpha)\times 100\%$ 신뢰구간은 다음과 같다.

$$\bar{y}_{st} \pm z_{\alpha/2} \sqrt{\hat{V}(\bar{y}_{st})} \tag{3.10}$$

2. 모집단 총계에 대한 추정

모집단 총계 τ의 추정량 $\hat{\tau}_{st}$ 과 그 분산 및 분산추정량은 다음과 같다.

$$\begin{aligned}
\tau &= (\text{모집단 내의 모든 } y \text{값의 합계}) \\
&= (\text{층 1에서 } y \text{값의 합계}) + (\text{층 2에서 } y \text{값의 합계}) \\
&\qquad + \cdots + (\text{층 } L \text{에서 } y \text{값의 합계}) \\
&= \sum_{i=1}^{N_1} y_{1i} + \sum_{i=1}^{N_2} y_{2i} + \cdots + \sum_{i=1}^{N_h} y_{hi} + \cdots + \sum_{i=1}^{N_L} y_{Li} \\
&= \tau_1 + \tau_2 + \cdots + \tau_h + \cdots + \tau_L = \sum_{h=1}^{L} \tau_h
\end{aligned}$$

각 층은 독립된 부차모집단으로 간주할 수 있다. 왜냐하면 표본이 각 층별 독립적으로 단순임의추출법에 의해 추출되었기 때문이다. 층 1에서 변수 y 값의 총계는 단순임의추정량인 $N_1\bar{y}_1$ 이고, 층 2에서도 y 값의 단순임의추정량인 $N_2\bar{y}_2$ 이며, 층 L 도 마찬가지인 $N_L\bar{y}_L$ 이 단순임의추정량이다. 그러므로 모든 층의 추정량 합계가 모집단 총계의 추정량이다. 즉,

$$\hat{\tau}_{st} = N_1\bar{y}_1 + N_2\bar{y}_2 + \cdots + N_L\bar{y}_L$$

가 총계 추정량이며 다음 식에서 이를 확인할 수 있다.

$$\begin{aligned}\hat{\tau}_{st} &= N\bar{y}_{st} \\ &= N(W_1\bar{y}_1 + W_2\bar{y}_2 + \cdots + W_L\bar{y}_L) \\ &= N\left(\frac{N_1}{N}\bar{y}_1 + \frac{N_2}{N}\bar{y}_2 + \cdots + \frac{N_L}{N}\bar{y}_L\right) \\ &= N_1\bar{y}_1 + N_2\bar{y}_2 + \cdots + N_L\bar{y}_L \\ &= \sum_{h=1}^{L} N_h\bar{y}_h\end{aligned} \tag{3.11}$$

따라서 변수 y 의 모집단 평균 추정량은 다음과 같이 구할 수 있다.

$$\bar{y}_{st} = \hat{\tau}_{st} / N \tag{3.12}$$

- 모집단 총계 τ 의 추정량:

$$\hat{\tau}_{st} = N\bar{y}_{st} \tag{3.13}$$

- $\hat{\tau}_{st}$ 의 분산:

$$\begin{aligned}V(\hat{\tau}_{st}) &= N^2 V(\bar{y}_{st}) \\ &= \sum_{h=1}^{L} N_h^2 \frac{N_h - n_h}{N_h}\frac{S_h^2}{n_h}\end{aligned} \tag{3.14}$$

■ 추정분산:

$$\hat{V}(\hat{\tau}_{st}) = \sum_{h=1}^{L} N_h^2 \frac{N_h - n_h}{N_h} \frac{s_h^2}{n_h} \tag{3.15}$$

■ 추정오차의 한계:

$$2\sqrt{\hat{V}(\hat{\tau}_{st})} = 2\sqrt{\sum_{h=1}^{L} N_h^2 \left(\frac{N_h - n_h}{N_h}\right) \frac{s_h^2}{n_h}} \tag{3.16}$$

예제 3.1

전국에 있는 $N=10{,}000$개의 서점을 매장 면적에 따라 대형, 중형, 소형서점으로 분류하여 한 달 서적 판매량을 조사한 결과가 다음과 같다. 전국의 서점당 평균 판매 부수와 전국의 총판매 부수를 추정하고, 이에 대한 SAS 프로그램을 작성하여라.

층구분	모집단		표본	
	N_h	$W_h = N_h/N$	n_h	$\bar{y}_h$
대형	1,000	0.1	500	240
중형	3,000	0.3	200	120
소형	6,000	0.6	100	40
합계	10,000	1.0	800	-

풀이

① 전국 서점당 평균판매 부수의 추정치:

$$\begin{aligned}\bar{y}_{st} &= W_1\bar{y}_1 + W_2\bar{y}_2 + \cdots + W_L\bar{y}_L \\ &= (0.1)(240) + (0.3)(120) + (0.6)(40) \\ &= 84\end{aligned}$$

② 전국 판매량의 총계 추정치:

$$\hat{\tau}_{st} = N\bar{y}_{st} = (10{,}000)(84) = 840{,}000$$

③

```
OPTIONS NODATE;
```

```
DATA EX3_1;
INPUT SIZE $ POP_N WEIGHTS YBAR @@;
CARDS;
 LARGE 1000  0.1 240  MEDIUM 3000 0.3 120  SMALL 6000 0.6 40
RUN;

PROC SURVEYMEANS DATA = EX3_1 TOTAL = 10000;
VAR YBAR;
WEIGHT WEIGHTS;
ODS OUTPUT STATISTICS = MYSTAT;
RUN;

DATA EX3_1_1;
SET MYSTAT;
N_POP = 10000;
TOT_BOOK = N_POP*MEAN;
RUN;

PROC PRINT DATA = EX3_1_1 SPLIT = '*'LABEL NOOBS;
TITLE 'STRATIFIED RANDOM SAMPLING';
LABEL MEAN = '모집단 평균의* 추정값'
      TOT_BOOK = '모집단 총계의* 추정값';
VAR MEAN TOT_BOOK;
RUN;
```

▸ 출력결과

STRATIFIED RANDOM SAMPLING

모집단 평균 추정값	모집단 총계 추정값
84.000000	840000

예제 3.2

다음 자료는 특정학과 학생들이 소유하고 있는 서적의 수를 학년별로 나타낸 것이다.

1학년: 3, 4, 4, 2, 1, 1, 0, 3, 6, 3

2학년: 4, 8, 3, 6, 4, 9, 9, 3

3학년: 12, 13, 14, 14, 10, 9, 8, 12, 11

4학년: 12, 11, 16, 18, 14, 12, 12, 20, 15, 11, 19

각 층으로부터 동일하게 $n_h = 4$ 인 표본을 추출하는 SAS 프로그램을 작성하여라.

풀이

```
DATA EX3_2;
INPUT GRADE $ ID BOOKS @@;
CARDS;
 1 1 3 1 2 4 1 3 4 1 4 2 1 5 1 1 6 1 1 7 0 1 8 3 1 9 6 1 10 3
 2 1 4 2 2 8 2 3 3 2 4 6 2 5 4 2 6 9 2 7 9 2 8 3
 3 1 12 3 2 13 3 3 14 3 4 14 3 5 10 3 6 9 3 7 8 3 8 12 3 9 11
 4 1 12 4 2 11 4 3 16 4 4 18 4 5 14 4 6 12 4 7 12 4 8 20 4 9 15 4 10 11 4 11 19
RUN;

/*학년별로 정렬하기*/
PROC SORT DATA = EX3_2 OUT = EX3_2OUT;
BY GRADE;
RUN;

/*모집단 평균을 학년별로 구하기*/
PROC SURVEYMEANS DATA = EX3_2OUT;
VAR BOOKS;
BY GRADE;
RUN;

/*각각의 층별로 크기가 4인 표본추출하기*/
PROC SURVEYSELECT DATA = EX3_2OUT METHOD=SRS SEED=12345
      SAMPSIZE = (4 4 4 4)   OUT = SAMPLE_EX;
 STRATA GRADE;
RUN;

/*학년별 층화추출 결과 출력*/
PROC PRINT DATA = SAMPLE_EX NOOBS;
TITLE 'STRATIFIED RANDOM SAMPLING';
VAR  ID BOOKS;
BY GRADE;
RUN;
```

예제 3.3

예제 3.2에서 각 학년별로 4명씩 추출된 층화표본을 이용하여 학과 학생 전체의 평균 서적 수와 추정오차의 한계를 구하고, SAS 프로그램을 작성하여라.

풀이

예제 3.2로부터 추출된 표본은 각각 다음과 같다.

1학년: 1 1 3 6

2학년: 4 4 9 9

3학년: 14 14 9 8

4학년: 11 16 18 12

위의 모집단과 표본에 대한 통계값들을 정리하면 다음과 같다.

층구분	모집단		표본		
	N_h	W_h	n_h	$\bar{y}_h$	s_h^2
1학년	10	0.26	4	2.75	5.58
2학년	8	0.21	4	6.50	8.33
3학년	9	0.24	4	11.25	10.25
4학년	11	0.29	4	14.25	10.92
합계	38	1.00	16	-	-

모집단 평균에 대한 추정량 $\bar{y}_{st}$은 다음과 같이 구할 수 있다.

$$\begin{aligned}\bar{y}_{st} &= \sum_{h=1}^{L} W_h \bar{y}_h \\ &= (0.26)2.75 + (0.21)6.50 + (0.24)11.25 + (0.29)14.25 \\ &= 8.88\end{aligned}$$

또한, 평균에 대한 분산추정값은 층별 분산을 이용하여 다음과 같이 구할 수 있다.

$$\begin{aligned}\hat{V}(\bar{y}_{st}) &= \sum_{h=1}^{L} W_h^2 \frac{N_h - n_h}{N_h} \frac{s_h^2}{n_h} \\ &= 0.26^2 \times \left(\frac{10-4}{10}\right)\frac{5.58}{4} + 0.21^2 \times \left(\frac{8-4}{8}\right)\frac{8.33}{4} \\ &\quad + 0.24^2 \times \left(\frac{9-4}{9}\right)\frac{10.25}{4} + 0.29^2 \times \left(\frac{11-4}{11}\right)\frac{10.92}{4} \\ &= 0.3293\end{aligned}$$

따라서 추정오차의 한계는

$$2\sqrt{\hat{V}(\bar{y}_{st})} = 2 \times \sqrt{0.3293} = 1.148$$

이다.

```
/*층별 정보*/
DATA SAMP;
INPUT GRADE $ _TOTAL_ @@;
CARDS;
1 10 2 8 3 9 4 11
RUN;

/*표본추출된 자료*/
PROC SORT DATA = SAMPLE_EX;
BY GRADE;
RUN;

/*모집단 평균에 대한 층화 추정*/
PROC SURVEYMEANS DATA = SAMPLE_EX MEAN VAR STDERR CLM TOTAL = SAMP;
STRATA GRADE/LIST;/*층 구분 h = 1,2,3,4*/
VAR BOOKS;
WEIGHT SAMPLINGWEIGHT /*층별 가중치 Wh*/;
RUN;
```

▸ 출력결과

Stratum Information

Stratum Index	GRADE	Population Total	Sampling Rate	N Obs	Varible	N
1	1	10	40.0	4	BOOKS	4
2	2	8	50.0	4	BOOKS	4
3	3	9	44.4	4	BOOKS	4
4	4	11	36.4	4	BOOKS	4

Statistics

Variable	Mean	Std Error of Mean	Var of Mean	95% CL for Mean	
BOOKS	8.881579	0.574067	0.329553	7.63079364	10.1323643

3. 모집단 비율의 추정

단순임의추출법에서와 마찬가지로 층화임의추출법에도 모집단 비율 p 추정은 모집단 평균 추정의 특수한 경우에 해당된다. 모집단 평균의 추정값과 같은데 각 조사단위의 관찰값이 0과 1중에 하나의 값을 갖는다는 점만이 다르다. 층화추출법에서 모집단 비율 p의 추정량은 식(3.17)과 같다.

모집단 비율추정량 $\hat{p}_{st}$의 분산은 다음과 같이 층별 분산식에

$$V(\hat{p}_h) = \frac{N_h - n_h}{N_h}\frac{S_h^2}{n_h}$$

$S_h^2 = \dfrac{N_h}{N_h - 1} p_h q_h$를 대입하여 식(3.18)을 얻을 수 있다.

또한, 모집단 비율 p에 대한 신뢰구간도 평균과 마찬가지로 식(3.18)에 포함된 p_h가 층의 모집단 비율이므로 알려지지 않은 값이다. 따라서 p_h의 추정량 $\hat{p}_h$을 이용해서 $V(\hat{p}_{st})$의 추정량을 식(3.19)와 같이 구할 수 있다.

■ 모집단 비율 p의 추정량:

$$\begin{aligned}\hat{p}_{st} &= W_1\hat{p}_1 + W_2\hat{p}_2 + \cdots + W_L\hat{p}_L \\ &= \frac{1}{N}\sum_{h=1}^{L} N_h\hat{p}_h = \sum_{h=1}^{L} W_h\hat{p}_h\end{aligned} \quad (3.17)$$

여기서, $\hat{p}_h = \dfrac{1}{n_h}\sum_{i=1}^{n_h} y_{hi} = \dfrac{a_h}{n_h}$는 h번째 층의 표본비율이다.

■ $\hat{p}_{st}$의 분산:

$$V(\hat{p}_{st}) = \frac{1}{N^2}\sum_{h=1}^{L} N_h^2 \frac{N_h - n_h}{N_h - 1}\frac{p_h q_h}{n_h} \quad (3.18)$$

여기서, $q_h = 1 - p_h$

■ 추정분산:

$$\hat{V}(\hat{p}_{st}) = \frac{1}{N^2}\sum_{h=1}^{L} N_h^2 \frac{N_h - n_h}{N_h}\frac{\hat{p}_h \hat{q}_h}{n_h - 1} \tag{3.19}$$

여기서, $\hat{q}_h = 1 - \hat{p}_h$

■ 추정오차의 한계:

$$2\sqrt{\hat{V}(\hat{p}_{st})} = 2\sqrt{\frac{1}{N^2}\sum_{h=1}^{L} N_h^2 \frac{N_h - n_h}{N_h}\frac{\hat{p}_h \hat{q}_h}{n_h - 1}} \tag{3.20}$$

식(3.19)는 모집단 평균의 분산추정량의 식에서 관찰값이 0이거나 1을 갖는다는 성질을 이용하여 $\hat{p}_h$의 식으로 바꿔 쓴 것이다.

식(3.19)를 이용한 모비율 p에 대한 $100(1-\alpha)\%$의 신뢰구간은 다음과 같다.

$$\hat{p}_{st} \pm z_{\alpha/2}\sqrt{\hat{V}(\hat{p}_{st})} \tag{3.21}$$

예제 3.4

국세청에서는 매년 보고되는 부가가치세 환급자를 대상으로 부정신고 여부를 심사하고 있다. 심사대상 환급자는 층화추출에 의해 선정된 표본이 된다. 대체로 소득액, 공제기준, 개인직업, 소득원천 등을 층화기준으로 개인별 서류를 분류하여 층을 구성한다. 한 지방세무서에서 작성된 자료가 다음과 같을 때, 부정신고에 의한 부가가치세 환급자의 모집단 비율과 추정오차의 한계, 환급자 총수와 추정오차의 한계를 각각 구하여라.

층	N_h	W_h	n_h	$\hat{p}_h$
1	10,000	0.067	400	0.085
2	30,000	0.200	200	0.051
3	40,000	0.267	100	0.032
4	70,000	0.466	100	0.010
합계	150,000	1.000	800	-

풀이

① 부정신고에 의한 부가가치세 환급비율의 추정치:

$$\begin{aligned}\hat{p}_{st} &= W_1\hat{p}_1 + W_2\hat{p}_2 + W_3\hat{p}_3 + W_4\hat{p}_4 \\ &= (0.067)(0.085) + (0.2)(0.051) + (0.267)(0.032) + (0.466)(0.01) \\ &= 0.0291\end{aligned}$$

② 추정오차의 한계를 구하기 위해서는 분산추정값을 구해야 한다. 따라서 $\hat{p}_{st}$의 분산추정값은 식 (3.19)로부터 다음과 같이 구할 수 있다.

$$\begin{aligned}\hat{V}(\hat{p}_{st}) &= \sum_{h=1}^{L} W_h^2 \frac{N_h - n_h}{N_h}\frac{\hat{p}_h\hat{q}_h}{n_h - 1} \\ &= 0.067^2 \times \left(\frac{10000-400}{10000}\right)\frac{(0.085)(0.915)}{399} + 0.2^2 \times \left(\frac{30000-200}{30000}\right)\frac{(0.051)(0.949)}{199} \\ &\quad + 0.267^2 \times \left(\frac{40000-100}{40000}\right)\frac{(0.032)(0.968)}{99} + 0.466^2 \times \left(\frac{70000-100}{70000}\right)\frac{(0.01)(0.99)}{99} \\ &= 0.00000084 + 0.00000962 + 0.00002203 + 0.00002147 = 0.00005395\end{aligned}$$

따라서 추정오차의 한계는 $2\sqrt{\hat{V}(\hat{p}_{st})} = 2 \times 0.00734494 = 0.01469$이다.

② 부정신고에 의한 부가가치세 환급자의 총수 추정치:

$$\hat{\tau}_{st} = N\hat{p}_{st} = (150{,}000)(0.0291) = 4{,}365\,(\text{명})$$

총환자 수에 대한 추정오차의 한계는 앞에서 구한 $\hat{p}_{st}$의 분산추정값을 이용하여 구할 수 있다.

$$\hat{V}(\hat{\tau}_{st}) = \hat{V}(N\hat{p}_{st}) = N^2\hat{V}(\hat{p}_{st})$$

이므로

$$\hat{V}(\hat{\tau}_{st}) = (150{,}000)^2 \times 0.00005395 \approx 1{,}213{,}835$$

따라서, 추정오차의 한계는

$$2\sqrt{\hat{V}(\hat{\tau}_{st})} = 2 \times 1{,}101.74 = 2{,}204(\text{명})$$

이다. 결과적으로 전체 150,000명 중 부가가치세에 대한 부정 세무신고자는 최소 2,161명이며, 최대 6,569명으로 추정되었다.

예제 3.5

A 택배 업체에서는 하루에 약 47,500건의 택배를 처리하고 있다고 한다. 그중에서 근거리(약 100km 이내)와 장거리(100km 이상)로 택배를 분류하여 처리하고 있으며, 이때 택배처리 소요 비용(y, 단위: 백만 원)의 평균과 택배 주문 중 식료품의 비율을 파악하기 위해 각각 장거리에서는 100건의 택배를 근거리에서는 450개의 택배 주문을 조사한 결과가 다음과 같다(단, 운송수단은 모두 동일하다고 가정한다). 그러면 택배 처리비용의 평균과 식료품 비율에 대한 95%의 신뢰구간을 추정하고 이에 대한 SAS 프로그램을 작성하여라.

층	N_h	W_h	n_h	$\bar{y}_h$	s_h	$\hat{p}_h$
1(장거리)	2,500	0.053	100	92	46.26	0.17
2(단거리)	45,000	0.947	450	12	9.28	0.12
합계	47,500	1.000	550	-	-	-

풀이

모평균 μ에 대한 추정값은

$\bar{y}_{st} = (0.053)(92) + (0.947)(12) = 16.24$ (백만 원) 이다.

① 모집단 평균의 95% 신뢰구간:

$$\hat{V}(\bar{y}_{st}) = W_1^2 \frac{N_1 - n_1}{N_1} \frac{s_1^2}{n_1} + W_2^2 \frac{N_2 - n_2}{N_2} \frac{s_2^2}{n_2}$$

$$= (0.053)^2 \frac{2{,}500 - 100}{2{,}500} \frac{(46.26)^2}{100} + (0.947)^2 \frac{45{,}000 - 450}{45{,}000} \frac{(9.28)^2}{450}$$

$$= 0.2286$$

이다. 따라서 모집단 평균의 95% 신뢰구간은

$$16.24 \pm 2 \times \sqrt{0.2286} = 16.24 \pm 0.9562 \text{ 또는 } (15.28,\ 17.20)$$

이다.

② 모집단 비율의 95% 신뢰구간:

모비율 p에 대한 추정값은

$$\hat{p}_{st} = (0.053)(0.17) + (0.947)(0.12) = 0.1226 \text{ 이고,}$$

분산추정값은

$$\hat{V}(\hat{p}_{st}) = W_1^2 \frac{N_1 - n_1}{N_1} \frac{\hat{p}_1(1-\hat{p}_1)}{n_1 - 1} + W_2^2 \frac{N_2 - n_2}{N_2} \frac{\hat{p}_2(1-\hat{p}_2)}{n_2 - 1}$$

$$= (0.053)^2 \frac{2{,}500 - 100}{2{,}500} \frac{(0.17)(1-0.17)}{100-1}$$

$$+ (0.947)^2 \frac{45{,}000 - 450}{45{,}000} \frac{(0.12)(1-0.12)}{450-1} = 0.000213$$

이다. 따라서 모집단 비율에 대한 95% 신뢰구간은

$$0.1226 \pm 0.029 \quad \text{또는} \quad (0.0934\ ,\ 0.1519)$$

이다.

③

```
OPTIONS NODATE;
DATA EX3_5;
INPUT SIZE $ POP_Nh SAM_Nh BAR_Yh Sh HAT_Ph @@;
N = 47500;
Wh = POP_Nh/N;
CARDS;
 LARGE 2500 100 92 46.26 0.17  SMALL 45000 450 12 9.28 0.12
RUN;

DATA AN3_5;
SET EX3_5;
BARST = 0;BARVAR = 0;PST = 0;VARPST = 0;
DO I = 1 TO 2;
BARST = BARST+Wh*BAR_Yh;
Fh = SAM_Nh/POP_Nh;
BARVAR = BARVAR+(POP_Nh/N)**2*(Sh**2/SAM_Nh)*(1-Fh);
PST = PST+Wh*HAT_Ph;
VARPST = VARPST+Wh**2*(HAT_Ph*(1-HAT_Ph)/(SAM_Nh-1))*
                    (POP_Nh-SAM_Nh)/(POP_Nh);
END;
RUN;

PROC MEANS DATA = AN3_4 NOPRINT;
VAR BARST BARVAR PST VARPST;
```

```
OUTPUT OUT = BARST MEAN = YST VARST HATPST HATVAR;
RUN;

DATA A;
SET BARST;
Z = 2;
LOWB_Y = YST-Z*SQRT(VARST);
UPPB_Y = YST+Z*SQRT(VARST);
LOWB_P = HATPST-Z*SQRT(HATVAR);
UPPB_P = HATPST+Z*SQRT(HATVAR);
RUN;

PROC PRINT DATA = A SPLIT = '*' LABEL NOOBS;
VAR YST VARST LOWB_Y UPPB_Y HATPST
     HATVAR LOWB_P UPPB_P;
TITLE '모집단 평균과 모집단 비율에 대한 95%의 신뢰구간';
LABEL YST = '모집단 평균의*추정값'
      VARST = '추정분산*V(YST)'
      LOWB_Y = '모집단 평균의* 신뢰하한'
      UPPB_Y = '모집단 평균의* 신뢰상한'
      HATPST = '모집단 비율의* 추정값 '
      HATVAR = '추정분산*V(PST)'
      LOWB_P = '모집단 비율의* 신뢰하한'
      UPPB_P = '모집단 비율의* 신뢰상한';
RUN;
```

▸ 출력결과

모집단 평균과 모집단 비율에 대한 95% 신뢰구간

모집단 평균의 추정값	추정분산V (YST)	모집단 평균의 신뢰하한	모집단 평균의 신뢰상한	모집단 비율의 추정값	추정분산V (PST)	모집단 비율의 신뢰하한	모집단 비율의 신뢰상한
16.2105	0.22695	15.2577	17.1633	0.12263	.000212763	0.093459	0.15180

3.4 층화추정량의 비편향성

한 도시에 6개의 회사가 4개(A, B, C, F)는 동부에 있고 2개(D, E)는 서부에 있다고 가정하자. 모집단을 지역적인 위치에 따라 2개의 층으로 나눌 수 있고, 2개의 층에 관한 정보가 <표 3.1>에 나타나 있다. 전체 회사 종업원의 모집단 평균(μ)은 5.167명이며, 모분산(σ^2)은 8.472이다. 그리고 신입사원 채용계획을 가지고 있는 회사의 모집단 비율(p)은 0.333이다. 예를 들어 μ_1은 9, 8, 6, 5의 평균이며 σ_1^2은 이들의 분산이고, p_1은 Y, Y, N, N 중 Y의 비율이다.

이처럼 알려진 모집단에서 층화추출에 의해 2개 회사를 표본으로 뽑는다면 어떻게 되는가를 살펴보자.

우선 층 1에 존재하는 4개의 회사 중에서 한 회사를 임의로 뽑고 층 2에 존재하는 2개의 회사 중에서 한 회사를 임의로 뽑아 크기 2인 표본을 만들면 된다. 뽑는 과정은 첫 번째 항아리에는 A, B, C, F가 적힌 카드를 넣고 두 번째 항아리에는 D, E가 적힌 카드를 넣어 잘 흔든 후, 첫 번째 항아리에서 임의의 카드 하나를 뽑고 두 번째 항아리에서 임의의 카드 하나를 뽑으면 된다.

<그림 3.1>에 나타난 바와 같이 첫 번째 항아리 속의 A, B, C, F가 뽑힐 확률은 각각

표 3.1 지역별 층화에 따른 층별 특성

구 분	층 1 (동부)			층 2 (서부)		
	회사	종업원 수	채용여부	회사	종업원 수	채용여부
조사단위	A	9	Y	D	2	N
	B	8	Y	E	1	N
	C	6	N			
	F	5	N			
층의 크기	$N_1 = 4$			$N_2 = 2$		
층의 평균	$\mu_1 = 7$			$\mu_2 = 1.5$		
층의 분산	$\sigma_1^2 = 2.5$			$\sigma_2^2 = 0.25$		
층의 비율	$p_1 = 0.5$			$p_2 = 0.0$		

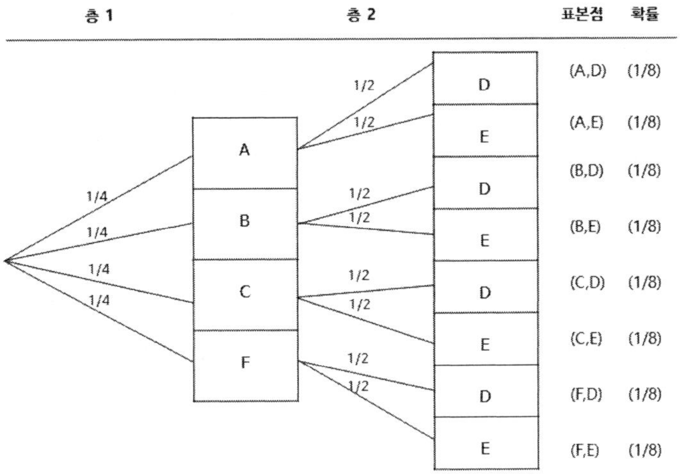

그림 3.1 층화추출법의 확률나무

$1/4$씩이며, 두 번째 항아리 속의 D, E가 뽑힐 확률은 각각 $1/2$임을 알 수 있다.

그리고 크기가 2인 표본에서 경우의 수는 층 1에서 A가 뽑히고 층 2에서 D가 뽑히는 표본 (A, D)와 마지막 표본 (F, E)까지 모두 8개이며, 각 표본점이 표본으로 뽑힐 확률은 $(1/4)(1/2) = 1/8$이다. 모집단의 크기 6에서 표본크기 $n = 2$를 비복원추출하는 경우 위의 층화추출법에 의하면 8개의 표본이 가능하나, 단순임의추출법에 의하면 $\binom{6}{2} = 15$개의 비복원표본이 가능하므로 두 방법 간에 차이가 있음을 알 수 있다.

그러면 층화추출법에서 비편향추정량을 얻을 수 있을까? 각 층에서 얻은 층별 표본평균과 층별 표본비율에서 층의 상대적 크기를 가중값으로 가중평균과 가중비율이 모집단 평균과 모집단 비율의 비편향추정량이 됨을 보일 수 있다. <표 3.1>의 자료를 이용하여 각 층에서 한 회사씩을 뽑아 크기가 2인 표본을 선정한 자료가 <표 3.2>에 나타나 있다. 이때 한 층에서 하나의 표본만이 추출되었기 때문에 관찰값 자체가 표본평균이 되며 또한 표본비율이 된다. 즉, 첫 번째 층에서 A가 표본으로 추출되면 관찰값 9가 첫 번째 층의 표본평균이며, 표본비율은 Y이므로 1이다. 가중평균과 가중비율은 각각 $\bar{y}_{st} = 6.67$와 $\hat{p}_{st} = 2/3$가 된다.

따라서 <표 3.2>에서 $E(\bar{y}_{st}) = 5.167 = \mu$이고 $E(\hat{p}_{st}) = 0.333 = p$임을 알 수 있다. 그러므로 층화추정량은 모집단 평균과 모집단 비율의 비편향추정량이 된다고 결론을 내릴 수 있다.

표 3.2 층화추출법에 의한 크기 2인 비복원표본(지역별)

표본점	확률	층별 표본평균		가중평균	층별 표본비율		가중비율
		$\bar{y}_1$	$\bar{y}_2$	$\bar{y}_{st}$	$\hat{p}_1$	$\hat{p}_2$	$\hat{p}_{st}$
(A, D)	1/8	9	2	6.67	1	0	2/3
(A, E)	1/8	9	1	6.33	1	0	2/3
(B, D)	1/8	8	2	6.00	1	0	2/3
(B, E)	1/8	8	1	5.67	1	0	2/3
(C, D)	1/8	6	2	4.67	0	0	0
(C, E)	1/8	6	1	4.33	0	0	0
(F, D)	1/8	5	2	4.00	0	0	0
(F, E)	1/8	5	1	3.67	0	0	0

$E(\bar{y}_{st}) = 5.167$ $V(\bar{y}_{st}) = 1.139$

$E(\hat{p}_{st}) = 0.333$ $V(\hat{p}_{st}) = 0.111$

한편 표본크기가 $n = 2$로 동일할 때 층화추출법에서의 층화추정량 $\bar{y}_{st}$ 및 $\hat{p}_{st}$과 단순임의추출법에서의 단순추정량 $\bar{y}$ 및 $\hat{p}$을 비교하는 것도 흥미있는 일이다. 4개 추정량 모두 비편향추정량이다. 두 추출방법의 평균과 비율의 분산을 비교하면, $\bar{y}_{st}$의 분산 $V(\bar{y}_{st}) = 1.139$는 $\bar{y}$의 분산 $V(\bar{y}) = 3.389$보다 작지만, $\hat{p}_{st}$의 분산 $V(\hat{p}_{st}) = 0.111$은 $\hat{p}$의 분산 $V(\hat{p}) = 0.089$보다 크다. 따라서 $\bar{y}_{st}$는 $\bar{y}$보다 좋은 추정량이며 $\hat{p}$은 $\hat{p}_{st}$보다 좋은 추정량이다. 이때 층화추출법이 단순임의추출법보다 항상 좋은 추정량인지 확인해 보자.

앞에서 예를 들은 6개 회사를 지역별 층화기준에 의한 것이 아닌 산업별 층화기준에 의해 제조업과 비제조업으로 층을 나눌 수 있다고 가정하여 작성된 층 특성이 <표 3.3>과 같다고 하자.

지금 우리가 관심이 있는 것은 <표 3.3>의 층 1에서 하나의 회사를 임의로 뽑고 또 층 2에서 하나의 회사를 임의로 뽑아 크기가 $n = 2$인 표본을 비복원추출을 하였을 때 <표 3.2>에서 계산된 결과와 같은가이다. 이때도 층별 표본평균은 층에서 표본이 하나씩이기 때문에 관찰값과 일치하고, 층별 표본비율도 마찬가지로 0이거나 1이 된다. 각 층의 가중치는 $3/6$씩이며 크기 2인 비복원추출표본에 대한 층화추정량 계산결과가

<표 3.4>와 같다.

이 계산결과를 보면, 층화추정량 $\bar{y}_{st}$ 와 $\hat{p}_{st}$ 의 기댓값은 <표 3.2>의 결과와 마찬가지로 비편향추정량임을 알 수 있지만, $\bar{y}_{st}$ 의 분산값은 다르게 나타났다. 또한, 동일한 표본크기일 때 단순임의추출법에 의한 평균 $\bar{y}$ 의 분산보다 큰 것을 알 수 있다. 따라서 층화추출법의 경우 다음과 같은 사실을 확인할 수 있다.

표 3.3 산업별층화에 의한 층특성

구분	층 1(제조업)			층 2(비제조업)		
	회사	종업원 수	채용계획	회사	종업원 수	채용계획
조사단위	A	9	Y	B	8	Y
	F	5	N	C	6	N
	D	2	N	E	1	N
층의 크기	$N_1 = 3$			$N_2 = 3$		
층의 평균	$\mu_1 = 5.333$			$\mu_2 = 5.000$		
층의 분산	$\sigma_1^2 = 8.222$			$\sigma_2^2 = 8.667$		
층의 비율	$p_1 = 0.333$			$p_2 = 0.333$		

표 3.4 층화추출법에 의한 크기 2인 비복원표본(산업별)

표본점	확률	표본평균		가중평균	표본비율		가중비율
		$\bar{y}_1$	$\bar{y}_2$	$\bar{y}_{st}$	$\hat{p}_1$	$\hat{p}_2$	$\hat{p}_{st}$
(A, B)	1/9	9	8	8.5	1	1	1.0
(A, C)	1/9	9	6	7.5	1	0	0.5
(A, E)	1/9	9	1	5.0	1	0	0.5
(F, B)	1/9	5	8	6.5	0	1	0.5
(F, C)	1/9	5	6	5.5	0	0	0.0
(F, E)	1/9	5	1	3.0	0	0	0.0
(D, B)	1/9	2	8	5.0	0	1	0.5
(D, C)	1/9	2	6	4.0	0	0	0.0
(D, E)	1/9	2	1	1.5	0	0	0.0

$E(\bar{y}_{st}) = 5.167$ $V(\bar{y}_{st}) = 4.222$

$E(\hat{p}_{st}) = 0.333$ $V(\hat{p}_{st}) = 0.111$

첫 번째, 층의 크기를 가중치로 한 가중표본평균과 가중표본비율은 모집단 평균과 모집단 비율의 비편향추정량이다.

두 번째, 층화추정량 $\overline{y}_{st}$ 와 $\hat{p}_{st}$ 의 분산을 동일한 표본크기의 단순임의추출법에 의한 단순임의추정량의 분산과 비교하면 때로는 크고 때로는 작다. 그러므로 층화표본은 단순임의표본과 동일한 표본크기가 필요하지 않다.

3.5 표본배분

지금까지 모수추정에 관한 내용을 살펴보면서 표본크기 n 과 층의 표본크기 n_h 를 이미 알고 있는 것으로 가정하였다. 그런데 이것은 표본설계의 주요 내용이며 가능한 적은 비용으로 가능한 작은 분산을 얻을 수 있도록 결정되어야 한다. 층화추출법을 사용하여 표본조사를 하고자 할 때 결정된 표본크기 n 을 각 층에 배분하는 문제를 우선 살펴보기로 한다. 실제로는 표본크기 n 을 먼저 결정한 다음 각 층에 $n_1, n_2, \cdots, n_L$ 을 배분한다. 주어진 표본크기를 각 층에 어떻게 배분하여야 비용이 적게 들면서 분산이 작은 추정량을 구할 수 있을까? 이미 3.4절에서 살펴본 바와 같이 층을 어떻게 형성하고 표본을 배분하느냐에 따라 분산이 달라짐을 알았고 따라서 비용도 달라지게 된다. 그러므로 표본설계 시 주어진 분산에 대해서 비용을 최소로 할 수 있는 방법이나 주어진 비용의 분산을 최소화할 수 있는 방법을 고려하게 된다.

가장 효과적인 표본의 배분방법을 결정하는 데 영향을 미치는 요인으로 첫 번째는 각 층에 있는 조사단위의 크기 N_h, 두 번째는 각 층 내의 관찰값의 변동(S_h^2), 즉 층 내의 각 관찰값들의 동질성, 세 번째는 각 층의 조사단위들을 조사하는 데 드는 조사비용(c_h) 등이다.

첫 번째 요인은 표본에 있는 정보의 양에 영향을 미치게 된다. 예를 들어 모집단이 100개의 단위로 구성되어 있을 때 10개의 표본을 뽑는 경우는 모집단의 단위가 1,000인 경우에 10개의 표본을 선택하는 것보다 훨씬 많은 정보를 얻을 수 있다. 따라서 층의 크기 N_h 가 클수록 더 많은 표본을 배분한다.

두 번째는 층 내의 관찰값들이 서로 이질적이어서 변동이 크게 되면 모수에 대한 좋은 추정량을 얻기 위해 더 많은 표본이 배분되어야 한다.

마지막으로 층마다 조사비용이 크게 다르면 조사비용이 많이 드는 층에 대해서는 가능한 적은 표본을 배분하여야 한다.

이러한 사항을 고려하여 표본을 배분하는 방법으로 가장 단순한 방법으로 **등배분**(等配分, equal allocation)을 비롯하여 **비례배분**(比例配分, proportional allocation), **최적배분**(最適配分, optimum allocation), **네이만배분**(Neyman allocation) 등이 있다.

1. 모집단 평균 추정을 위한 표본배분

(1) 등배분

등배분(等配分, equal allocation)은 모집단 층별로 이용가능한 정보가 하나도 없을 경우 단순하게 전체 표본을 층의 개수에 따라 동등하게 나누어 층별로 배분하는 방법이다. 즉, 모집단을 $h=1,2,\cdots,L$개의 층으로 나누어졌을 때 층의 개수 L개로 전체 표본의 수 n을 나누어 배분하면

■ 등배분:

$$n_h = \frac{n}{L}, \quad h=1,2,\cdots,L \tag{3.22}$$

와 같이 배분되도록 한다.

■ 등배분에 대한 모집단 평균 μ 의 추정량:

$$\bar{y}_{eq} = \frac{L}{N}\sum_{h=1}^{L} N_h\left(\frac{1}{n}\sum_{i=1}^{n_h} y_{hi}\right) \tag{3.23}$$

■ $\overline{y}_{eq}$의 분산:

$$V(\overline{y}_{eq}) = \frac{L}{N^2}\sum_{h=1}^{L} N_h^2 S_h^2 - \frac{1}{N^2}\sum_{h=1}^{L} N_h S_h^2 \tag{3.24}$$

■ 추정분산:

$$\hat{V}(\overline{y}_{eq}) = \frac{L}{N^2}\sum_{h=1}^{L} N_h^2 s_h^2 - \frac{1}{N^2}\sum_{h=1}^{L} N_h s_h^2 \tag{3.25}$$

(2) 비례배분

비례배분법은 표본의 층별 규모가 모집단의 층별 규모와 동일하도록 표본층의 크기를 정하는 원리로 각 층 내의 조사단위들의 크기에 비례하여 층 마다의 표본크기를 배분하는 방법이다. 예를 들어 각 층의 크기가 $N_h\,(h=1,2,\cdots,L)$일 때 n개의 표본을 각각의 층별로 다음과 같이 배분한다.

■ 비례배분:

$$n_h = n\left(\frac{N_h}{N}\right) \tag{3.26}$$

비례배분법은 단순하게 층의 크기만을 고려하는 것이기 때문에 쉽고 간편하여 가장 널리 사용되는 방법이다. 따라서 층별 변동의 차가 그다지 심각하지 않고 또 층별 조사비용이 비슷하게 드는 경우에는 이 방법을 사용하는 것이 효과적이다.

비례배분을 사용할 때 모집단 평균 μ의 추정량 $\overline{y}_{prop}$는 주어진 표본에 대해서 단순하게 구한 표본평균이며 분산 및 분산추정량은 다음과 같다.

■ 비례배분의 모집단 평균 μ의 추정량:

$$\overline{y}_{prop} = \frac{1}{n}\sum_{h=1}^{L}\sum_{i=1}^{n_h} y_{hi} \tag{3.27}$$

- $\bar{y}_{prop}$ 의 분산:

$$V(\bar{y}_{prop}) = \frac{N-n}{N}\sum_{i=1}^{L}\frac{N_h}{N}\frac{S_h^2}{n} \tag{3.28}$$

- 추정분산:

$$\hat{V}(\bar{y}_{prop}) = \frac{N-n}{N}\sum_{h=1}^{L}\frac{N_h}{N}\frac{s_h^2}{n} \tag{3.29}$$

식(3.28)은 $\bar{y}_{prop}$ 의 분산을 구하기 위하여 식(3.3)에서 n_h 대신 $n(N_h/N)$ 을 대입하여 얻은 것이다.

예제 3.6

전국의 10,000개 서점을 대, 중, 소형으로 분류한 예제 3.1의 자료를 이용하여 800개의 표본을 각 층에 비례배분하고 모집단 평균을 추정하여라.

층	모 집 단		표 본	
	N_h	W_h	n_h	$\bar{y}_h$
층 1(대형)	1,000	0.1	80	240
층 2(중형)	3,000	0.3	240	120
층 3(소형)	6,000	0.6	480	40
합계	10,000	1.0	800	-

풀이

① 표본의 비례배분결과가 위의 표 4란에 수록되어 있다. 즉,

$$n_1 = n(N_1/N) = (800)(1,000/10,000) = 80$$
$$n_2 = n(N_2/N) = (800)(3,000/10,000) = 240$$
$$n_3 = n(N_3/N) = (800)(6,000/10,000) = 480$$

② 모집단 평균의 추정치:

$$\bar{y}_{prop} = \frac{1}{n}\sum_{h=1}^{L}\sum_{i=1}^{n_h} y_{hi}$$

$$= \frac{1}{800}\{(240)(80)+(120)(240)+(40)(480)\} = 84$$

(3) 최적배분

표본배분 시 각 층별 조사단위의 조사비용이 달라 조사비용까지 고려해야 하는 경우에 주어진 비용하에서 추정량의 분산을 최소화하거나 주어진 분산의 범위하에서 조사비용을 최소화시키는 방법을 **최적배분**이라 한다. 다시 말하면 최적배분은 층의 크기와 층 내 변동의 크기 그리고 층별 조사비용 등 3가지 요인을 모두 고려하여 각각의 층별 표본을 배분하는 방법이다.

여기서 층화추출방법에서의 **비용함수**(費用函數, cost function)를 다음과 같이 정의한다.

$$C = c_0 + \sum_{h=1}^{L} c_h n_h \tag{3.30}$$

이때 c_0는 고정비용이고, c_h는 h번째 층의 각 단위당 조사비용이다.

따라서 h번째 층에서 n_h개의 표본추출단위를 선택할 때 드는 비용은 다음과 같은 비용함수로 나타낼 수 있다.

$$C' = C - c_0 = \sum_{h=1}^{L} c_h n_h \tag{3.31}$$

일정한 비용 C'가 식(3.24)와 같이 주어질 때 식(3.3)의 $V(\bar{y}_{st})$가 최소가 되게 각각의 층별 표본크기 n_h의 값을 결정하면 다음과 같다.

■ 최적배분:

$$n_h = n \frac{N_h S_h / \sqrt{c_h}}{\sum_{h=1}^{L} N_h S_h / \sqrt{c_h}} \tag{3.32}$$

식(3.32)를 보면 층별 표본크기 n_h는 N_h와 S_h에 비례하고, $\sqrt{c_h}$에 반비례함을 알 수 있다. 다시 말하면 층의 크기와 표준편차가 크면 클수록 더 많은 표본이 배분되고 비용이 많이 드는 층일수록 표본이 더 적게 배분된다는 의미이다.

층별로 최적배분을 적용할 때, 모집단 평균 μ의 추정량 $\overline{y}_{opt}$의 분산 $V(\overline{y}_{opt})$는 식(3.3)의 분산 $V(\overline{y}_{st})$에서 n_h 값에 식(3.32)의 값을 대입하여 다음과 같이 얻을 수 있다.

■ $\overline{y}_{opt}$의 분산:

$$V(\overline{y}_{opt}) = \frac{1}{N^2}\frac{1}{n}\left(\sum_{h=1}^{L} N_h S_h \sqrt{c_h}\right)\left(\sum_{h=1}^{L} \frac{N_h S_h}{\sqrt{c_h}}\right) - \frac{1}{N^2}\sum_{i=h}^{L} N_h S_h^2 \tag{3.33}$$

■ 추정분산:

$$\hat{V}(\overline{y}_{opt}) = \frac{1}{N^2}\frac{1}{n}\left(\sum_{h=1}^{L} N_h s_h \sqrt{c_h}\right)\left(\sum_{h=1}^{L} \frac{N_h s_h}{\sqrt{c_h}}\right) - \frac{1}{N^2}\sum_{h=1}^{L} N_h s_h^2 \tag{3.34}$$

또한, 식(3.34)의 $\hat{V}(\overline{y}_{opt})$은 식(3.33)에서 S_h^2 대신 표본분산 s_h^2를 대입하면 얻을 수 있다.

예제 3.7

예제 3.5의 자료에서 다음과 같은 값을 얻었다면 표본크기 $n = 550$을 최적배분에 의해 층별 표본 수를 구하여라.

층	N_h	S_h	c_h	$N_h S_h / \sqrt{c_h}$	$\frac{N_h S_h / \sqrt{c_h}}{\sum_{h=1}^{L} N_h S_h / \sqrt{c_h}}$
층 1(장거리)	2,500	46.26	1,000	3,657	0.0805
층 2(근거리)	45,000	9.28	100	41,760	0.9195
합계	47,500	-	1,100	45,417	1.0000

풀이

$$n_h = n \frac{N_h S_h / \sqrt{c_h}}{\sum_{h=1}^{L} N_h S_h / \sqrt{c_h}}$$ 이므로

$$n_1 = (550)(0.0805) = 44$$
$$n_2 = (550)(0.9195) = 506$$

과 같이 배분된다.

(4) 네이만배분

어떤 표본조사의 경우에는 각 층마다 조사비용 c_h 가 크게 다르지 않고 거의 비슷한 경우가 있다. 다시 말하면 모든 층에 대해서 조사비용 c_h 가 같으므로 $c_1 = c_2 = \cdots = c_L$ 이 된다. 이처럼 층마다 조사비용이 일정할 때 분산 $V(\bar{y}_{st})$를 최소화하도록 층별 표본크기 n_h 를 배분하는 방법을 **네이만배분**이라 한다.

■ 네이만배분:

$$n_h = n \frac{N_h S_h}{\sum_{h=1}^{L} N_h S_h} \tag{3.35}$$

이 경우는 각 층의 분산이 모두 같으면 비례배분과 일치하게 된다. 네이만배분에 대

해 모집단의 평균 μ의 추정량 $\bar{y}_{Ney}$의 분산 $V(\bar{y}_{Ney})$는 $V(\bar{y}_{st})$의 식(3.3)에서 n_h 값에 식(3.36)의 값을 대입하여 다음과 같이 구할 수 있다.

- $\bar{y}_{Ney}$의 분산:

$$V(\bar{y}_{Ney}) = \frac{1}{N^2}\frac{1}{n}(\sum_{h=1}^{L} N_h S_h)^2 - \frac{1}{N^2}\sum_{h=1}^{L} N_h S_h^2 \tag{3.36}$$

- 추정분산:

$$\hat{V}(\bar{y}_{Ney}) = \frac{1}{N^2}\frac{1}{n}(\sum_{h=1}^{L} N_h s_h)^2 - \frac{1}{N^2}\sum_{h=1}^{L} N_h s_h^2 \tag{3.37}$$

또한, 식(3.37)의 $\hat{V}(\bar{y}_{Ney})$는 식(3.36)에서 S_h^2 대신 표본분산 s_h^2을 대입하여 구할 수 있다.

예제 3.8

앞의 예제 3.7의 자료를 이용하여 표본크기 $n=550$개를 네이만배분에 의해 층별로 배분하고 서로 비교하여라.

층	N_h	S_h	$N_h S_h$	$N_h S_h / \sum_{h=1}^{L} N_h S_h$
층 1(장거리)	2,500	46.26	115,650	0.2169
층 2(근거리)	45,000	9.28	417,600	0.7831
합계	47,500	-	533,250	1.0000

풀이

식(3.28)을 이용하여

$$n_1 = (550)(0.2169) = 119$$
$$n_2 = (550)(0.7831) = 431$$

와 같이 배분되며 예제 3.7에서는 층의 조사비용이 큰 층에는 적은 표본이 배분되었으나, 네이만배분의 경우 조사비용이 일정하다는 가정하에서 상대적으로 변동이 큰 층에 더 많은 표본이 배분되어 예제 3.7에 비해 층 1의 표본이 상대적으로 많이 배분되었다.

앞에서 살펴본 바와 같이 네이만배분의 경우 층별 모집단 분산을 아는 경우 배분이 가능하다. 하지만 모집단이 정규분포를 따른다고 가정할 경우 표준편차는 근사적으로 범위(Rang: R)의 약 25%가 된다. 즉,

$$S \approx \frac{R}{4}$$

가 성립한다. 따라서 층별 변동을 나타내는 분산 대신 범위를 사용하여 표본배분에 사용할 수 있다.

(5) 제곱근 비례배분

모집단 층의 규모가 차이가 많이 나거나, 규모가 작은 층에 대해서도 표본을 배분하고자 할 때에는 앞서 살펴보았던 배분방법과 달리 모집단의 각각 층별 규모의 제곱근에 비례하도록 배분하여 규모가 작은 층까지 표본을 배분할 수 있다. 즉, 모집단 각 층의 크기가 $N_h \ (h=1,2,\cdots,L)$일 때 n개의 표본을 각각의 층별로 다음과 같이 배분한다.

■ 제곱근 비례배분:

$$n_h = n\left(\frac{\sqrt{N_h}}{\sum_{h=1}^{L}\sqrt{N_h}}\right) \tag{3.38}$$

식 (3.38)과 같이 모집단 층의 제곱근 값에 비례하도록 하는 경우뿐만 아니라 관심변수 y_{hi}의 모집단 총합인 τ_h의 제곱근에 비례하도록 표본을 배분하는 방법도 고려할 수 있다.

예제 3.9

앞의 예제 3.7의 자료를 이용하여 표본크기 $n=550$개를 제곱근 비례배분에 의해 층별로 배분하고 이를 비례배분과 비교하여라.

층	N_h	$\sqrt{N_h}$	제곱근 비례배분(n_h)	비례배분 (n_h)
층 1(장거리)	2,500	50	105	29
층 2(근거리)	45,000	212.132	445	521
합계	47,500	262.132	550	550

풀이

식(3.26), (3.38)을 이용하여 각각 2개의 층에 표본을 배분한 결과 다음과 같다.

(비례배분) $n_1 = 550(2500/47500) = 29$

$n_2 = 550(45000/47500) = 521$

(제곱근 비례배분) $n_1 = 550(50/262.132) = 105$

$n_2 = 550(212/262.132) = 445$

비례배분의 경우 층 1에는 상대적으로 작게 배분되는 반면 제곱근 비례배분의 경우 비례배분보다 많은 표본이 배분되었음을 알 수 있다.

2. 모집단 비율추정을 위한 표본배분

모집단 비율추정을 위한 경우에는 등배분이나 비례배분일 때에는 식(3.22)와 (3.26)을 그대로 사용할 수 있다. 그러나 최적배분과 네이만배분일 때에는 모집단 비율의 p_h를 사용하여 S_h 대신 $\sqrt{\frac{N_h}{N_h-1}p_h q_h} \approx \sqrt{p_h q_h}$ 를 대입한다.

모집단 비율추정을 위한 표본배분

■ 최적배분:

$$n_h = n\frac{N_h\sqrt{p_h q_h}\ /\ \sqrt{c_h}}{\sum_{h=1}^{L} N_h\sqrt{p_h q_h}\ /\ \sqrt{c_h}} \tag{3.39}$$

■ 네이만배분:

$$n_h = n \frac{N_h \sqrt{p_h q_h}}{\sum_{h=1}^{L} N_h \sqrt{p_h q_h}} \tag{3.40}$$

식(3.31)과 식(3.32)에서 실제로 모집단 비율 p_h를 모르기 때문에 $\hat{p}_h$을 추정값으로 대체시켜 근사적인 표본크기를 구한다.

예제 3.10

모집단 비율추정을 위해 예제 3.7의 자료를 이용하여 표본크기 $n = 550$개를 네이만배분 하여라.

층	N_h	$\hat{p}_h$	$N_h \sqrt{\hat{p}_h \hat{q}_h}$	$\frac{N_h \sqrt{\hat{p}_h \hat{q}_h}}{\sum_{h=1}^{L} N_h \sqrt{\hat{p}_h \hat{q}_h}}$
층 1 (장거리)	2,500	0.17	939	0.0603
층 2 (근거리)	45,000	0.12	14,625	0.9397
합계	47,500	-	15,564	1.0000

풀이

식(3.39)를 이용하여

$$n_1 = (550)(0.0603) = 33$$

$$n_2 = (550)(0.9397) = 517$$

이다.

3.6 표본크기의 결정

모집단으로부터 단순임의추출된 표본에 포함되어 있는 정보의 양은 대체로 표본크기에 따라 달라진다. 추정량의 분산식을 살펴보면 모두 표본크기 n의 함수로 표현되어 있어서 n이 커질수록 $V(\bar{y}_{st})$는 작아지게 된다. 그러나 표본크기 n이 커지면 그에 따른 조사비용이 증가하게 된다. 이처럼 표본크기 n이 분산과 조사비용에 서로 상반된 영향을 미치고 있다. 그러므로 가장 적절한 표본크기 n을 정하는 것은 표본조사에서 매우 중요한 일이다.

모수를 추정하기 위해서 필요한 정보를 얻기 위해 표본크기를 결정하는 방법에 대해 알아보자. 표본크기를 정하려면 먼저 표본조사에서 얻고자 하는 추정량의 정도를 정해주어야 한다. 조사자가 $(1-\alpha)100\%$ 신뢰수준하에서 모집단 평균의 추정량의 오차의 한계가 B가 되도록 조사계획을 수립한다면 이를 수식으로 표현하면 다음과 같다.

$$B = z_{\alpha/2}\sqrt{V(\bar{y}_{st})} \tag{3.41}$$

그러면 식(3.41)을 다음과 같이 다시 쓸 수 있다.

$$V(\bar{y}_{st}) = \left(\frac{B}{z_{\alpha/2}}\right)^2 = D \tag{3.42}$$

이때 식(3.42)는 오차의 한계와 신뢰수준이 주어졌을 때 얻어지는 분산이며, 이 분산을 **목표분산**(目標分散, desired variance)이라 하고 D로 표현한 것이다. 따라서 표본크기 n은 층화분산 $V(\bar{y}_{st})$가 D와 같게 되도록 구하면 된다. 다시 말하면 식(3.42)의 $V(\bar{y}_{st})$에는 이미 알고 있는 바와 같이 표본크기 n이 포함되어 있으므로 식(3.42)를 n에 대해서 풀면 추정오차의 한계 B로 모집단 평균 추정에 필요한 적절한 표본크기를 얻을 수 있다.

1. 모집단 평균 추정을 위한 표본크기의 결정

층화추출의 경우 모집단 평균 추정을 위한 표본크기는 표본배분 방법에 따라 분산식이 다르게 나타나므로 식(3.40), 식(3.33), 식(3.37)을 사용하여 다음과 같이 얻어진다.

모집단 평균 μ를 추정하기 위한 표본크기의 결정

- 비례배분:

$$n = \frac{N \sum_{h=1}^{L} N_h S_h^2}{N^2 D + \sum_{h=1}^{L} N_h S_h^2} \tag{3.43}$$

- 최적배분:

$$n = \frac{(\sum_{h=1}^{L} N_h S_h \sqrt{c_h})(\sum_{h=1}^{L} N_h S_h / \sqrt{c_h})}{N^2 D + \sum_{h=1}^{L} N_h S_h^2} \tag{3.44}$$

- 네이만배분:

$$n = \frac{(\sum_{h=1}^{L} N_h S_h)^2}{N^2 D + \sum_{h=1}^{L} N_h S_h^2} \tag{3.45}$$

2. 비율추정을 위한 표본크기의 결정

비율추정을 위한 경우의 표본크기 결정 과정도 모집단 평균 추정을 위한 표본크기 결정 방법과 같다. 다만 S_h가 $\sqrt{\frac{N_h}{N_h - 1} p_h q_h} \approx \sqrt{p_h q_h}$로 바뀔 뿐이다.

모집단 비율 p를 추정하기 위한 표본크기의 결정

- 비례배분:

$$n = \frac{N \sum_{h=1}^{L} N_h p_h q_h}{N^2 D + \sum_{h=1}^{L} N_h p_h q_h} \tag{3.46}$$

- 최적배분:

$$n = \frac{(\sum_{h=1}^{L} N_h \sqrt{c_h p_h q_h})(\sum_{h=1}^{L} N_h \sqrt{p_h q_h} / \sqrt{c_h})}{N^2 D + \sum_{h=1}^{L} N_h p_h q_h} \tag{3.47}$$

- 네이만배분:

$$n = \frac{(\sum_{h=1}^{L} N_h \sqrt{p_h q_h})^2}{N^2 D + \sum_{h=1}^{L} N_h p_h q_h} \tag{3.48}$$

위의 식에서 실제로 모집단 비율 p_h 를 모를 경우에는 $\hat{p}_h$ 을 추정값으로 대체시켜 근사적인 표본크기를 구한다.

예제 3.11

예제 3.7을 이용하여 비복원표본을 추출할 때 택배주문당 평균 비용을 추정하고 한다. 택배주문당 평균 비용 추정값에 대한 오차의 한계가 1 이내가 되게 95% 신뢰수준하에서 표본배분 방법 별로 각각의 표본크기를 결정하여라.

풀이

① 비례배분의 경우:

식(3.35)에서

$$N\sum_{h=1}^{L} N_h S_h^2 = N\{N_1 S_1^2 + N_2 S_2^2\}$$

$$= 47{,}500\{(2{,}500)(46.26)^2 + (45{,}000)(9.28)^2\}$$

$$= 4.382016075 \times 10^{11}$$

$$N^2 D + \sum_{h=1}^{L} N_h S_h^2 = N^2 D + N_1 S_1^2 + N_2 S_2^2$$

$$= (47{,}500)^2 \left(\frac{1}{2}\right)^2 + (2{,}500)(46.26)^2 + (45{,}000)(9.28)^2$$

$$= 573{,}287{,}797$$

이다. 따라서

$$n = \frac{4.382016075 \times 10^{11}}{573{,}287{,}797} = 764.36 \approx 765\,(\text{건})$$

이다.

② 최적배분의 경우:

식(3.44)에서

$$\sum_{h=}^{L} N_h S_h \sqrt{c_h} = N_1 S_1 \sqrt{c_1} + N_2 S_2 \sqrt{c_2}$$

$$= (2{,}500)(46.26)(\sqrt{1{,}000}) + (45{,}000)(9.28)(\sqrt{100})$$

$$= 3{,}657{,}174.114 + 4{,}176{,}000 = 7{,}833{,}174{,}114$$

$$\sum_{h=1}^{L} N_h S_h / \sqrt{c_h} = N_1 S_1 / \sqrt{c_1} + N_2 S_2 / \sqrt{c_2}$$

$$= \frac{(2{,}500)(46.26)}{\sqrt{1{,}000}} + \frac{(45{,}000)(9.28)}{\sqrt{100}}$$

$$= 45{,}417.174$$

이므로

$$n = \frac{(7833174.114)(45{,}417.174)}{573{,}287{,}797} = 620.562 \approx 621(\text{건})$$

이다.

③ 네이만배분의 경우:

식(3.45)로부터

$$
\begin{aligned}
(\sum_{h=1}^{L} N_h S_h)^2 &= (N_1 S_1 + N_2 S_2)^2 \\
&= \{(2{,}500)(46.26) + (45{,}000)(9.28)\}^2 \\
&= 2.843555625 \times 10^{11}
\end{aligned}
$$

이므로

$$
n = \frac{2.843555625 \times 10^{11}}{573{,}287{,}797} = 496.008 \approx 497\,(\text{건})
$$

이다.

3.7 사후층화 추정

층화표본에 대한 조사에서 주요 변수에 대한 층화기준에 따라 사전에 모집단을 층화하고, 이를 바탕으로 층화 추정을 하게 된다. 하지만, 표본으로 추출된 단위들이 포함된 층화기준이 조사 이후 해당 층화기준이 변경되는 경우가 발생할 수 있다. 예를 들어 가구조사의 경우 모집단에서 표본추출 시 읍면지역에 포함되었던 조사지역이 조사 이후 동지역으로 변경되는 경우가 대표적인 사례이다. 또한, 사업체 조사에서 모집단 층에서는 종업원 수가 1~4인 층에 속한 사업체였으나, 조사과정에서 5~9인 층으로 변경되어 표본설계과정에서의 분류기준이 조사 이후 변경되는 경우가 발생하는 경우가 있다. 이 경우 해당 사업체의 주업종이 변경되어 조사과정에서 기존의 업종 분류가 바뀌는 사례로 종종 존재한다. 또한, 여론조사에서는 전화를 걸어 응답자의 성별을 조사하기 전까지는 응답자를 남성 또는 여성으로 사전에 층화하기 곤란하다. 한편 가구소득조사에서 가구원들의 직종별, 연령별 평균 소득을 추정할 경우 이러한 정보는 사전에 알 수 없기 때문에 표본을 추출하여 그 값들을 관찰한 다음 그 특성에 따라 층화하는 방법을 사후층화(事後層化, post stratification)라고 한다.

사후층화에서 모집단의 층의 크기 N_h는 보조정보를 통해 쉽게 얻을 수 있다. 이때의 표본은 층화추출과 동일하게 취급하여 모평균 μ의 추정량을 $\bar{y}_{post}$는 다음과 같이 표현된다.

$$\bar{y}_{post} = \sum_{h=1}^{L} \frac{N_h}{N} \bar{y}_h = \sum_{h=1}^{L} W_h \bar{y}_h \tag{3.49}$$

$\bar{y}_{post}$의 분산은 사전층화의 경우와 다르다. 즉, 표본의 층별 규모인 n_h가 사후적으로 결정되기 때문에 확률변수로 취급해야 한다. 확률변수 n_h의 기댓값은 $E(n_h) = n W_h$이므로 사후층화 추정량은 $n_h = n W_h$로 배분되는 비례배분에 의한 층화 추정량과 같다. 따라서 만일 n_h가 고정이라면, 비례배분에 의한 분산추정량은

$$V(\bar{y}_{post}) = \sum_{i=1}^{L} W_h^2 \left(\frac{N_h - n_h}{N_h} \right) \frac{S_h^2}{n_h} = \sum_{i=1}^{L} W_h^2 \frac{S_h^2}{n_h} - \frac{1}{N} \sum_{h=1}^{L} W_h S_h^2 \tag{3.50}$$

로 표현할 수 있다.

하지만 사후층화 추정에서는 n_h가 확률변수이므로 식(3.50)에서 $1/n_h$을 직접 적용할 수 없으며, 기댓값인 $E(1/n_h)$을 적용해야 한다. 그러나 $E(1/n_h)$은 직접적으로 계산하기 어렵기 때문에 다음과 같은 근사적인 값을 적용하여 식(3.50)에 기댓값을 취하여 구하게 된다.

$$E\left(\frac{1}{n_h}\right) \approx \frac{1}{n W_h} + \frac{1 - W_h}{(n W_h)^2} \tag{3.51}$$

사후층화 추정량의 분산은 다음과 같이 쓸 수 있다.

$$V(\bar{y}_{post}) = \left(\frac{N-n}{N}\right) \sum_{i=1}^{L} W_h^2 \frac{S_h^2}{n} - \frac{1}{n^2} \sum_{h=1}^{L} (1 - W_h) S_h^2 \tag{3.52}$$

식(3.52)로부터 첫 번째 항은 비례배분에 의한 층화 추정량 $\bar{y}_{st}$의 분산을 의미하며, 두 번째 항은 사후층화로 인해 n_h가 확률변수이기 때문에 발생하는 분산의 증가분이다. 표본의 규모가 큰 경우 두 번째 항은 무시할 수 있기 때문에 결과적으로 n이 큰 경우 사후층화 추정은 비례배분에 의한 추정에 근사하게 된다.

3.8 층화추출의 효율

층화추출법은 추정량의 정도를 높이기 위하여 층화를 효율적으로 하고 층별 표본배분에 있어서도 합리적인 방법을 적용한다는 것을 알았다. 그러면 층화추출이 단순임의추출보다 더 효율적인 표본추출방법이 되는가? 일반적으로 층화추출이 단순임의추출보다 효율이 높지만 3.4절에서 살펴본 바와 같이 항상 층화추출에 의한 추정량의 분산이 단순임의추출에 의한 추정량의 분산보다 작은 것이 아니라는 사실을 확인하였다.

그러나 층화작업이나 표본배정을 효율적으로 하면 층화추출이 단순임의추출보다 효율적이다. 다시 말하면 층 내가 동질적이 되도록 하고 층간은 이질적이 되도록 층화하며, 각 층에 대한 표본을 합리적으로 배분하면 단순임의추출보다 더 효율적인 방법이 된다.

먼저 단순임의추출과 층화비례추출의 분산을 비교해 보면 층간의 변동이 클수록, 즉 층간이 이질적일수록 층화추출의 효과는 커져서 층화비례추출의 분산이 작아지게 된다. 예를 들어 사업체를 규모에 따라 대·중·소로 층화하면 층간의 이질성이 커져서 σ_h^2의 변동이 증가하므로 층화비례추출이 단순임의추출보다 효율이 높아진다.

또 비례배분과 네이만배분을 비교하기 위해서 두 분산을 비교하면 층의 크기 N_h의 차가 크고 층별 분산 S_h^2 간의 차가 커질수록 네이만배분이 비례배분보다 효율이 높다.

따라서 대부분의 표본조사에서 적절한 층화기준에 따라 모집단을 층화하면 층화추출이 단순임의추출보다 효율이 높아지지만 층화를 잘못하여 층간 변동이 층 내 변동보다 작게 되면 효율이 떨어진다는 점을 유념해야 한다.

만약 $1/N_h$을 무시한다면 동일한 표본크기 n에 대한 단순임의추출, 층화비례추출, 층화 네이만추출의 관계는 다음과 같다.

$$V(\bar{y}_{Ney}) \le V(\bar{y}_{prop}) \le V(\bar{y}) \tag{3.53}$$

3.9 연습문제

1 크기 $N=7$인 모집단이 다음과 같이 2개의 층으로 나누어졌다.

층 1	2, 4, 6
층 2	9, 12, 18, 21

(1) 크기가 각각 $n_1 = 2$, $n_2 = 3$인 가능한 모든 표본을 뽑고 $\overline{y}_{st}$를 구하여라.

(2) $V(\overline{y}_{st})$를 구하여라.

(3) 크기 $n = 5$인 임의표본에 대한 $V(\overline{y})$를 계산하여 (2)의 결과와 비교하여라.

2 어떤 동아리가 남녀 8,000명으로 구성되어 있다. 이를 성별로 층화하여 남녀 각각 100명, 200명씩 표본으로 추출하여 평균 소장도서 수와 안경 착용비율을 조사한 자료이다.

층	N_h	n_h	$\overline{y}_h$	$\hat{p}_h$
1(남)	5,000	100	400	0.25
2(여)	3,000	200	450	0.36

(1) 평균 소장도서와 안경 착용비율에 대한 추정량 $\overline{y}_{st}$와 $\hat{p}_{st}$을 구하여라.

(2) 총소장도서 수와 안경착용 학생 수를 추정하여라.

3 다음 자료는 농촌지역과 도시지역에 대해 시민들의 평균 여가시간과 일주일간 병원방문 비율을 요약한 것이다.

층	N_h	n_h	$\overline{y}_h$	s_h	$\hat{p}_h$
농촌	5,000	200	95	50	0.15
도시	45,000	300	15	10	0.11

(1) 모평균 μ에 대해 평균 여가시간 $\overline{y}_{st}$을 구하여라.

(2) $\hat{V}(\overline{y}_{st})$를 구하여라.

(3) 모집단 평균에 대한 95% 신뢰구간을 구하여라.

(4) 모집단 비율에 대한 95% 신뢰구간을 구하여라.

(5) 위의 결과들을 구하기 위한 SAS 프로그램을 작성하여라.

4 연습문제 3의 자료를 이용하여 800명을 표본으로 추출하고자 한다. 다음의 각 표본배분 방법에 따라 표본을 배분하고, 서로 비교하여라.

(1) 비례배분

(2) 네이만배분

(3) 최적배분(단, 층별 조사비용은 각각 $c_1 = 1{,}000$원, $c_2 = 100$원임)

5 대학입시 제도를 새로 마련하기 위하여 3개 도시에서 찬성여부를 예비조사한 결과가 다음과 같다. 표본크기 2,000명을 각 층에 배분하여라.

도시	N_h	$\hat{p}_h$
1	60,000	0.40
2	10,000	0.80
3	30,000	0.60

(1) 비례배분

(2) 네이만배분

6 A 도시는 두 개의 구로 나누어졌다. 각 구의 인구는 100,000명과 150,000명이고 대학생의 비율은 30%와 70%이다. 95%의 신뢰수준으로 오차의 한계가 5% 이내가 되도록 대학생의 모집단 비율을 추정하고자 한다. 비례배분과 네이만배분을 적용하려면 각각 얼마의 표본을 선정하여야 하는가?

7 어떤 도시의 3개 아파트에서 주차공간을 마련하기 위하여 2대 이상의 자동차 소유가구를 예비조사한 결과가 다음과 같다.

층 구분	N_h	$\hat{p}_h$
1	2,000	0.10
2	3,000	0.15
3	5,000	0.20

(1) 95% 신뢰수준하에서 모집단 비율에 대한 오차의 한계가 3% 이내가 되도록 표본 수를 결정하여라.

(2) 비례배분에 의하여 표본을 배분하여라.

(3) 위의 결과를 얻기 위한 SAS 프로그램을 작성하여라.

8 어느 사업체 종사자들의 사고로 인해 손실된 총근로시간을 추정하기 위해 층 1은 노동자, 층 2는 기술자, 층 3은 관리자층으로 구분하여 $n=30$을 층화임의추출하려고 한다. 이를 위해 지난해에 조사된 결과가 다음과 같을 때, 다음의 배분방법에 따라 표본을 배분하라.

층 구분	N_h	s_h^2
노동자	132	36
기술자	92	25
관리자	27	9

(1) 비례배분

(2) 네이만배분

9 다음 데이터는 초등학교 3학년 학생들의 읽기 능력을 평가하기 위해 학생들을 각각 3개의 그룹으로 나누어 읽기능력 시험을 실시한 결과이다. 각 그룹은 각각 55명, 80명, 65명의 학생이 참여하였고, 이 중 $n_1=14$, $n_2=20$, $n_3=16$을 추출하였다.

층 1	80, 92, 68, 85, 72, 87, 85, 91, 90, 81, 62, 79, 61, 83
층 2	85, 82, 48, 75, 64, 67, 73, 78, 49, 69, 81, 53, 59, 68, 68, 52 71, 61, 59, 42
층 3	42, 32, 36, 31, 65, 29, 43, 19, 53, 14, 61, 32, 43, 30, 39, 32

(1) 초등학교 3학년 학생들의 평균 읽기 점수를 추정하고, 95% 신뢰수준하에서 추정오차의 한계를 구하여라.

(2) 각 그룹별 읽기 평균 점수를 추정하고, 각 그룹별로 차이가 있는지를 평가하여라.

(3) 위의 자료를 이용하여 $n=$ 60명을 추출하여 읽기 능력을 재평가하려고 할 때, 네이만배분으로 표본을 배분하여라.

(4) 3학년 학생들의 평균 읽기 성적을 추정하기 위해 비례배분방법을 적용하여 95% 신뢰

수준하에서 허용오차의 한계가 4점 이내가 되도록 표본크기를 결정하여라.

10 특정 은행에 정기적금 상품에 가입한 가구의 비율과 적금 금액(단위: 만원)을 추정하기 위해 층화추출설계를 고려하였다. 층의 수는 $L=3$으로 결정하였으며, 층별 비율과 적금액의 층별 분산의 추정값들이 각각 다음과 같다.

층 구분	W_h	$\hat{p}_h$	s_h^2
1	0.6	0.2	90
2	0.3	0.4	180
3	0.1	0.7	520

다음을 만족시키는 n 과 n_h의 최솟값을 각각 구하여라.

(1) 정기적금 상품 가입 가구의 비율의 표준오차(se)=2(%)로 하고, 평균 적금 금액의 표준오차(se)=5(만원)로 하는 경우

(2) 정기적금 상품 가입 가구의 비율의 표준오차(se)=1.5(%)로 하고, 평균 적금 금액의 표준오차(se)=5(만원)로 하는 경우

11 크기 N인 모집단에서 크기 n인 층화표본을 복원추출하여 모집단 평균을 추정하려 한다. 모집단 평균의 추정량 $\bar{y}_{st}$ 의 분산이 다음과 같아지게 유도하여라.

$$V(\bar{y}_{st}) = \frac{1}{N^2}\sum_{h=1}^{L} N_h^2 \frac{S_h^2}{n_h}$$

12 크기 N인 모집단에서 크기 n인 층화표본을 비복원추출할 때 모집단 평균의 층화추정량을 $\bar{y}_{st}$ 라 하면 모집단 총계 추정량 $\hat{\tau}_{st}$ 의 분산이 다음과 같아지게 유도하여라.

$$V(\hat{\tau}_{st}) = \sum_{h=1}^{L} N_h^2 \frac{N_h - n_h}{N_h} \frac{S_h^2}{n_h}$$

13 주어진 비용함수 $C = c_0 + \sum_{h=1}^{L} n_h c_h$ 에 대해서 모집단 평균 추정량 $\bar{y}_{st}$ 의 분산 $V(\bar{y}_{st})$를 최소화하는 층별 표본배분 방법이 식(3.44)와 같음을 증명하여라.

14 단순임의추출, 층화비례배분, 네이만배분의 분산이 각각 $V(\overline{y})$, $V(\overline{y}_{prop})$, $V(\overline{y}_{Ney})$ 일 때 다음과 같은 관계가 성립함을 증명하여라.

$$V(\overline{y}) \geq V(\overline{y}_{prop}) \geq V(\overline{y}_{Ney})$$

제4장

계통추출법

4.1 기본개념

앞에서 다룬 단순임의추출법과 층화임의추출법은 추출단위들에 일련번호를 붙여 작성한 표본추출틀에 대해 난수표나 프로그램을 이용하여 의사적 난수 발생 방법으로 표본을 추출하였다. 이러한 과정에서는 적절한 표본추출틀이 필요하며, 정리된 표본추출틀로부터 확률적 방법을 이용하여 표본추출이 이루어진다. 이와는 다르게 이러한 과정을 좀 더 단순하고 편리하게 출발점을 임의로 선택한 후 적절한 크기의 추출 간격을 정하고 매번 그 간격에 해당하는 표본을 추출하는 방법을 생각할 수 있다.

정의

모집단으로부터 첫 번째 추출단위를 임의추출하고, 두 번째 추출단위부터는 일정한 간격으로 표본을 추출하는 방법을 **계통추출법**(系統抽出法, systematic sampling)이라고 한다.

실질적으로 이 방법은 n개의 층으로 구성되어있는 모집단으로부터 각 층에서 하나의 표본을 추출하는 방법과 같다. 따라서 계통추출법은 정도의 수준은 층화추출법에서 표본을 각 층에서 하나씩만 추출하는 경우와 비슷하다. 그러나 이 두 방법의 차이점은 계통추출과정에서는 표본들이 일정한 위치에 놓이지만, 층화추출과정에서는 표본들이 완전히 임의적(任意的, random)으로 위치하게 된다.

4.2 표본추출법

계통추출과정을 단계별로 살펴보면 다음과 같다.

첫 번째, 단순임의추출법과 같이 모집단의 크기 N에 대하여 일련번호를 부여하여 표본추출틀을 작성한다.

두 번째, 크기 n인 표본을 추출한다고 가정할 때, 추출률 $\frac{n}{N}$의 역수인 $k=\frac{N}{n}$를 **추출 간격**(抽出間隔, sampling interval)으로 한다. 일반적으로 모집단의 크기 N으로부터 계통표본을 추출할 때 k는 $\frac{N}{n}$과 같거나 작아야 한다. 모집단의 크기를 알 수 없는 경우에는 k를 정확히 정할 수 없다. 따라서 k를 대략적으로 결정하고 표본크기 n을 얻는데 필요한 k를 정해야 한다.

세 번째, 난수표 등을 이용하여 임의적인 방법으로 k보다 작은 수 r을 첫 번째 단위로 선택한다. 이때, r을 **임의출발점**이라고 한다.

네 번째, 두 번째부터 단위의 선택은 일정한 간격으로 k만큼 증가시킨 $r+k$, $r+2k$, $\cdots$, $r+(n-1)k$에 해당하는 단위를 선택한다. 예를 들어 특정 자치구(區)에서 외제 수입 자동차를 보유한 가구의 수를 추정한다고 가정하자. 이 지역의 총가구수를 $N=10{,}000$ 가구라고 할 때 표본크기를 $n=500$가구를 계통추출법을 사용해 추출하려면, 추출 간격 $k=10{,}000/500=20$이므로 이보다 작은 정수 $r(1\le r\le 20)$을 난수표로부터 결정한다. $r=15$라고 가정할 때 표본은 다음 번호에 해당하는 가구가 된다. 즉, 일련번호가 15, 35, 55, 75, $\cdots$, 9975, 9995인 500개 가구가 표본으로 추출된다. 이러한 과정을 통해 계통추출을 시행할 때에는 모집단의 표본추출틀을 주의 깊게 검토하여야 한다. 즉, 표본추출틀은 일정한 순서 없이 임의로 배열되어야 하는데, 표본추출틀이 어떤 특성에 의하여 주기성을 가지고 있고, 이 주기가 추출 간격과 일치할 때에는 편향된 결과를 얻게 된다. 우선 계통추출법은 단순임의추출법에 비해 조사현장에서 대체할 수 있기 때문에 다음과 같은 장점을 가진다.

첫 번째, 계통추출법은 단순임의추출법보다 표본추출작업이 수월하여 비전문가도 쉽게 이용할 수 있다.

두 번째, 모집단의 단위들이 고르게 분산되어 있을 때 단순임의추출법보다 모집단의 대표성을 유지할 가능성이 높으며, 이런 경우 표본의 정도가 높게 나타난다.

세 번째, 실제 조사현장에서 직접 적용될 수 있다. 이러한 장점으로 인해 계통추출법이 많이 사용되고 있지만, 다음과 같은 문제점도 가지고 있다.

첫 번째, 모집단의 단위들이 고르게 분산되어 있지 않을 때 모집단의 대표성이 편향될 우려가 있다.

두 번째, 단순임의추출법과 마찬가지로 모집단의 표본추출틀을 구성하는 데 많은 시간과 노력이 든다.

계통추출법을 **선형계통추출법**(線型系統抽出法, linear systematic sampling)과 **순환계통추출법**(循環系統抽出法, circular systematic sampling)으로 나누어 설명해 보기로 하자.

선형계통추출법은 추출 간격 k보다 작은 수 r을 임의로 선택하여 매번 k 번째에 위치한 단위들을 선택하는 방법이다. 이 방법에서 $N=nk$일 때, 각 표본크기가 n인 k개의 가능한 표본이 있게 되고, k개 중 한 개의 표본을 선택하는 확률은 $1/k$이 된다. 이렇게 얻어진 표본을 $1/k$ 계통표본(1-in-k systematic sample)이라고 한다.

정의

표본추출틀에 있는 처음 k개의 단위로부터 확률적으로 하나의 단위를 선택한 후, 매번 k 번째 순서에 해당하는 단위를 표본으로 선택하는 방법을 $1/k$ **계통표본**이라 한다.

한편 순환계통추출법은 1부터 N 사이에서 난수 r을 선택하여 이를 임의출발점으로 지정하고 순환식으로 매번 k 번째에 위치한 단위들을 n개 선택하는 방법으로 계통표본을 추출할 확률이 $\frac{1}{k}$이 아니고, $\frac{n}{N}$이 되는 방법이다.

선형계통추출법과 순환계통추출법을 비교해보면 선형계통추출법에 있어서 계통표본평균 $\overline{y}_{sy}$는 $N=nk$일 때, 모집단 평균 μ의 비편향추정량이지만 $N \neq nk$일 때는 편향추정량이 된다. 그러나 순환계통추출법은 항상 n이 일정하며, $N \neq nk$일 때도 비편향추정량이 된다.

Lahiri(1952)에 의해 고안된 순환계통추출법은 $N \neq nk$인 경우 모든 단위가 표본에 선출될 확률이 $1/N$이 된다.

정의

$N \neq nk$ 일 때 모집단의 N개 단위에서 n개의 표본을 추출하는 경우 모든 가능한 표본 수는 N개 있고, 각 표본의 추출확률은 $1/N$이 되며, 모집단의 각 단위는 N개의 표본 중 n개 표본에 포함되도록 하는 방법이 **순환계통추출**이다.

계통표본을 선출하는 방법으로는 앞에서와 같이 추출 간격 k보다 작은 정수를 시작점으로 정한 후, 이 값을 r로 하여 $r,\ r+k,\ r+2k, \cdots$ 와 같이 표본을 선정하는 방법이다. 한편 시작점을 선정하는데 있어서 1부터 N 사이의 난수 r을 선택하여 이에 대응하는 단위를 임의의 출발점으로 지정한 후 순환식으로 매 k 번째 단위를 n개 선정하는 방법을 고려할 수 있다.

예를 들어 $N=nk=15$이고, 표본 $n=5$개를 추출하고자 한다면 $k=3$이 된다. 이 경우 두 가지 방법을 고려할 수 있다.

우선, 추출 간격이 $k=3$이므로 1~3 사이의 정수 하나를 임의의 출발점으로 선정하여 일정 간격으로 표본을 선정하면 된다. 즉, $r=2$라고 하면, 표본단위는 2, 5, 8, 11, 14가 된다.

다음으로 순환식을 고려할 경우 1~15 사이의 난수로 초깃값 $r=8$이 선택되었다면, 표본은 8, 11, 14, 2, 5 에 해당하는 5개의 단위가 된다.

두 방법 모두 $N=nk=15$ 인 경우 선형계통이나 순환계통의 경우 동일한 표본이 선정됨을 알 수 있다.

하지만 $N=nk=14$이고, $n=5$인 표본을 선정하고자 한다면 $k=14/5=2.8 \approx 3$으로서 $N=14 \neq nk=5(3)=15$가 되어 초깃값을 $r=3$으로 정하는 경우 표본단위는 3, 6, 9, 12가 되어 $n=4 \neq 5$로써 표본 수를 만족하지 못하게 된다. 하지만 순환계통 표본을 고려할 경우 초깃값으로 $r=3$일 때 3, 6, 9, 12, 1이 표본으로 선정되어 $n=5$를 만족하게 된다. 이와 다르게 만일 1~14가지의 숫자 중에서 $r=9$가 초기표본으로 선정되었다면, 9, 12, 1, 4, 7이 표본으로 선정되어 $n=5$을 만족하게 된다.

결과적으로 앞에서 언급한 바와 같이 순환계통추출의 경우에는 항상 표본 수 n을 일정하게 유지할 수 있는 장점을 가진다.

한편 순환계통추출법은 항상 모집단의 크기 N을 알고 있어야 사용할 수 있는 방법이지만, 선형계통추출법은 N을 모르더라도 추출 간격 k를 알면 사용할 수 있는 방법이다. 이 장에서는 모집단의 크기가 $N=nk$인 선형계통추출법에 대해서만 다루기로 한다.

4.3 모수추정

1. 모집단 평균의 추정

모집단의 크기를 $N=nk$, 추출 간격을 k라 하면 표본크기가 n인 k개의 가능한 표본들이 있게 된다. 이에 대한 이해를 돕기 위해 다음과 같이 모집단 단위들을 각각의 크기가 n인 k개의 집단으로 구분할 수 있다.

표 4.1 크기가 n인 k개의 가능한 계통표본

1	2	$\cdots$	r	$\cdots$	k	
y_1	y_2	$\cdots$	y_r	$\cdots$	y_k	n개
y_{k+1}	y_{k+2}	$\cdots$	y_{k+r}	$\cdots$	y_{2k}	
$\vdots$	$\vdots$	$\cdots$	$\vdots$	$\cdots$	$\vdots$	
$y_{(n-1)k+1}$	$y_{(n-1)k+2}$	$\cdots$	$y_{(n-1)k+r}$	$\cdots$	y_{nk}	

y_{ij}를 i번째 표본 내의 j번째 단위에 대한 관심변수의 값이라 할 때, 모집단 평균 μ는 다음과 같이 정의된다.

$$\mu=\frac{1}{N}\sum_{i=1}^{N}y_i=\frac{1}{k}\frac{1}{n}\sum_{i=1}^{k}\sum_{j=1}^{n}y_{ij}$$

모집단 평균 μ의 추정량 $\bar{y}_{sy}$와 그 분산 및 분산추정량은 다음과 같다.

■ 모집단 평균 μ의 추정량:

$$\bar{y}_{sy}=\bar{y}_i=\frac{1}{n}\sum_{j=1}^{n}y_{ij},\quad i=1,2,\cdots,k \tag{4.1}$$

■ $\overline{y}_{sy}$ 의 분산:

$$V(\overline{y}_{sy}) = \frac{1}{k}\sum_{i=1}^{k}(\overline{y}_i - \mu)^2 \tag{4.2}$$

■ 추정분산:

$$\widehat{V}(\overline{y}_{sy}) = \frac{N-n}{N}\frac{s^2}{n} \tag{4.3}$$

여기서, $s^2 = \frac{1}{n-1}\sum_{j=1}^{n}(y_{ij} - \overline{y}_{sy})^2$ 이며, 임의모집단을 가정한다.

■ 추정오차의 한계:

$$2\sqrt{\widehat{V}(\overline{y}_{sy})} = 2\sqrt{\frac{N-n}{N}\frac{s^2}{n}} \tag{4.4}$$

식(4.1)의 $\overline{y}_{sy}$ 를 계통표본평균이라 하며, $N = nk$ 일 때 $\overline{y}_{sy}$ 는 모집단 평균 μ의 비편향추정량이지만, $N \neq nk$ 일 때는 비편향추정량이 아니다.

식(4.3)에서 모집단의 단위들이 랜덤한 순서로 되어 있을 때, 단순임의추출법과 계통추출법의 추정분산이 동일함을 알 수 있다. 그러나 이 결과가 계통표본평균 $\overline{y}_{sy}$ 의 분산이 단순임의표본평균 $\overline{y}$ 의 분산과 같다는 것을 의미하지는 않는다.

만약 식(4.3)에서 모집단의 크기 N이 명확하게 정의되지 않거나 모르지만 매우 큰 경우 유한모집단 수정계수 $\frac{N-n}{N}$ 을 무시할 수 있다.

계통표본평균 $\overline{y}_{sy}$ 의 분산을 계통표본 내 단위 쌍들에 대한 상관계수 ρ를 이용하여 표현해 보면 다음과 같다.

$$V(\overline{y}_{sy}) = \frac{N-1}{N}\frac{S^2}{n}[1 + (n-1)\rho] \tag{4.5}$$

이때, $S^2 = \frac{1}{N-1}\sum_{i=1}^{k}\sum_{j=1}^{n}(y_{ij} - \mu)^2$ 이며, ρ는 계통표본 내 단위들 사이의 동질성의 정도를 나타내는 측도로서 **급내상관계수**(級內相關係數, intraclass correlation coefficient:

ICC)라고 하며 다음과 같다.

$$\rho = \frac{2}{n-1}\sum_{i=1}^{k}\sum_{j<u}^{n}(y_{ij}-\mu)(y_{iu}-\mu)\frac{1}{N-1}\frac{1}{S^2} \tag{4.6}$$

ρ는 $-\left(\frac{1}{n-1}\right)$과 1 사이의 값을 가지면서, 계통표본 내의 단위들이 서로 동질적이면 양수값을 가지고, 서로 이질적이면 음수값을 갖는다.

식(4.2)에서 $V(\overline{y}_{sy})$는 모든 k개의 계통표본에 대한 정보를 필요로 한다. 실제 응용을 위해서는 하나의 계통표본으로 $V(\overline{y}_{sy})$의 추정량을 구해야 하지만, $V(\overline{y}_{sy})$의 비편향추정량은 오직 하나의 계통표본의 자료를 사용하여 구할 수가 없다.

따라서 어떤 조건으로 계통표본이 단순임의표본과 근사적으로 같다면, $\hat{V}(\overline{y})$를 $\hat{V}(\overline{y}_{sy})$ 대신 사용할 수 있을 것이다. 따라서 식(4.5)와 단순임의추출법의 분산식(2.2)로부터 그 조건을 찾아보면 다음과 같다.

$$\rho = -\frac{1}{N-1} \tag{4.7}$$

N은 일반적으로 크므로 ρ가 식(4.7)을 만족하기 위해서는 작은 값을 가져야 한다. 이는 계통표본 내 단위들이 이질적일 때, 계통추출법의 정도가 단순임의추출법의 정도와 근사적으로 같게 된다는 것을 의미한다.

예제 4.1

다음과 같은 랜덤모집단이 있다고 가정하자.

5, 2, 7, 4, 1, 10, 11, 8, 9, 6, 3, 12

|1| 추출 간격 $k=4$인 추출 가능한 계통표본을 나열하여라.

|2| $\overline{y}_{sy}$가 모집단 평균 μ의 비편향추정량임을 보여라.

|3| $\overline{y}_{sy}$의 분산 $V(\overline{y}_{sy})$를 계산하여라.

|4| 추출 가능한 표본 중에서 두 번째 계통표본이 임의로 추출되었다고 가정할 때 모집단 평균 μ를 추정하고 추정오차의 한계를 구하여라.

|5| 급내상관계수 ρ를 계산하여라.

|6| ρ를 이용하여 분산 $V(\overline{y}_{sy}) = \frac{N-1}{N}\frac{S^2}{n}[1+(n-1)\rho]$를 계산하여라.

|7| $k = 4$인 계통표본을 추출하기 위한 SAS 프로그램을 작성하여라.

풀이

|1|

계통표본 1	계통표본 2	계통표본 3	계통표본 4
5	2	7	4
1	10	11	8
9	6	3	12

|2|

$$\mu = (5+2+\cdots+12)/12 = 6.5$$

$$\overline{y}_1 = (5+1+9)/3 = 5,\ \overline{y}_2 = (2+10+6)/3 = 6,$$

$$\overline{y}_3 = (7+11+3)/3 = 7,\ \overline{y}_4 = (4+8+12)/3 = 8$$

이므로 모든 가능한 표본들의 평균은 다음과 같다.

$$E(\overline{y}_{sy}) = \frac{1}{4}(5+6+7+8) = 6.5\,(=\mu)$$

|3|

$$V(\overline{y}_{sy}) = \frac{1}{4}\sum_{i=1}^{4}(\overline{y}_i - 6.5)^2$$

$$= \frac{1}{4}\{(5-6.5)^2+(6-6.5)^2+(7-6.5)^2+(8-6.5)^2\} = 1.25$$

|4|

두 번째 계통표본이 표본으로 선정되었기 때문에 $\overline{y}_{sy} = \overline{y}_2 = 6$이며 추정오차의 한계는

$$2\sqrt{\widehat{V}(\overline{y}_{sy})} = 2\sqrt{\frac{N-n}{N}\frac{s^2}{n}} \text{ 에서}$$

$$\begin{aligned} s^2 &= \frac{1}{3-1}\sum_{j=1}^{3}(y_{ij}-\overline{y}_{sy})^2 \\ &= \frac{1}{2}\{(2-6)^2+(10-6)^2+(6-6)^2\} \\ &= 16 \end{aligned}$$

이므로

$$2\sqrt{\frac{N-n}{N}\frac{s^2}{n}} = 2\sqrt{\frac{12-3}{12}\frac{16}{3}} = 4$$

가 된다.

|5|

$$\rho = \frac{2}{3-1}\sum_{i=1}^{4}\sum_{j<u}^{3}(y_{ij}-\mu)(y_{iu}-\mu)\frac{1}{12-1}\frac{1}{S^2} \text{ 에서}$$

$i=1$ 일 때, 첨자의 순서에 따라 $(y_{1j}-\mu)(y_{1u}-\mu)$에 해당하는 첨자는 (1,2), (1,3), (2,3)으로 $(y_{11}-\mu)(y_{12}-\mu)$, $(y_{11}-\mu)(y_{13}-\mu)$, $(y_{12}-\mu)(y_{13}-\mu)$에 대한 값들을 더하면 된다. 즉, 다음과 같이 순서쌍들에 대한 값들을 계산하여 첫 번째 계통표본인 $i=1$에 대해 공분산값을 계산할 수 있다.

$$\begin{aligned} &\sum_{j<u}^{3}(y_{1j}-\mu)(y_{1u}-\mu) \\ &= (5-6.5)(1-6.5)+(5-6.5)(9-6.5)+(1-6.5)(9-6.5) \\ &= -9.25 \end{aligned}$$

이고, 마찬가지 방법으로 각각의 계통표본에 대한 공분산값은

$$i=2 \text{ 일 때 } \sum_{j<u}^{3}(y_{2j}-\mu)(y_{2u}-\mu) = -15.25$$

$$i=3 \text{ 일 때 } \sum_{j<u}^{3}(y_{3j}-\mu)(y_{3u}-\mu) = -15.25$$

$$i=4 \text{ 일 때 } \sum_{j<u}^{3}(y_{4j}-\mu)(y_{4u}-\mu) = -9.25$$

가 된다. 그리고

$$S^2 = \frac{1}{12-1}\sum_{i=1}^{4}\sum_{j=1}^{3}(y_{ij}-\mu)^2$$

$$= \frac{1}{11}\{(5-6.5)^2 + (1-6.5)^2 + \cdots + (12-6.5)^2\}$$

$$= 13$$

이므로, 결과적으로 급내상관계수는 다음과 같다.

$$\rho = \frac{2}{3-1}(-9.25-15.25-15.25-9.25)\frac{1}{11}\frac{1}{13}$$

$$= -0.343$$

| 6 |

$$V(\bar{y}_{sy}) = \frac{N-1}{N}\frac{S^2}{n}[1+(n-1)\rho]$$

$$= \frac{12-1}{12}\frac{13}{3}[1+(3-1)(-0.343)]$$

$$= 1.25$$

| 7 |

```
OPTIONS NODATE;
DATA EX4_1;
INPUT X @@;
ID = _n_;/*일련번호*/
CARDS;
 5 2 7 4 1 10 11 8 9 6 3 12
RUN;

/*출발점 r = 2(= ID)로 하여 n = 3인 계통표본추출*/
PROC SURVEYSELECT DATA = EX4_1 M = SYS(START = 2)
      SAMPSIZE = 3 OUT = MYSAMPLE;
RUN;

/*출발점 r = 2인 계통표본*/
PROC PRINT DATA = MYSAMPLE;
RUN;

/*모평균 추정*/
PROC SURVEYMEANS DATA = MYSAMPLE TOTAL = 12;
```

```
VAR X;
ODS OUTPUT STATISTICS = MYSYS;
RUN;

PROC PRINT DATA = MYSYS NOOBS LABEL;
VAR N MEAN StdErr LowerCLMean UpperCLMean;
TITLE '계통표본을 이용한 모평균 추정';
LABEL N = '표본 수'
      MEAN = '모평균 추정값'
      StdErr = '표준오차'
      LowerCLMean = '신뢰하한'
      UpperCLMean = '신뢰상한';
RUN;
```

▸ 출력결과

계통표본을 이용한 모평균 추정

표본 수	모평균 추정값	표준오차	신뢰하한	신뢰상한
3	6.000000	2.000000	-2.6053055	14.6053055

출력결과로부터 모평균 추정값과 표준오차는 (4)번의 계산결과와 일치함을 알 수 있다. 하지만, 표본 수가 작기 때문에 근사적인 z 값 대신 소표본 분포인 t 값을 이용하여 산출한 결과이므로 신뢰구간이 추정오차한계값을 적용한 것과는 차이가 있다.

2. 모집단 총계의 추정

모집단의 크기 N이 알려져 있다고 가정할 때, 모집단 총계 τ의 추정량 $\hat{\tau}_{sy}$와 그 분산 및 분산추정량은 다음과 같다.

■ 모집단 총계 τ의 추정량:

$$\hat{\tau}_{sy} = N\bar{y}_{sy} \tag{4.8}$$

■ $\hat{\tau}_{sy}$ 의 분산:

$$V(\hat{\tau}_{sy}) = N^2 V(\overline{y}_{sy}) = \frac{N^2}{k}\sum_{i=1}^{k}(\overline{y}_i - \mu)^2 \tag{4.9}$$

■ 추정분산:

$$\widehat{V}(\hat{\tau}_{sy}) = N^2 \widehat{V}(\overline{y}_{sy}) = N^2 \frac{N-n}{N}\frac{s^2}{n} \tag{4.10}$$

여기서, 랜덤모집단을 가정한다.

■ 추정오차의 한계:

$$2\sqrt{\widehat{V}(\hat{\tau}_{sy})} = 2N\sqrt{\frac{N-n}{N}\frac{s^2}{n}} \tag{4.11}$$

예제 4.2

예제 4.1에서 사용한 랜덤모집단을 이용하여 다음의 물음에 답하여라.

|1| 모집단 총계 τ를 구하여라.

|2| 계통표본 3이 랜덤하게 추출되었다고 가정할 때 모집단 총계의 추정량 $\hat{\tau}_{sy}$ 을 구하여라.

|3| 모집단 총계 τ의 95% 신뢰구간을 구하여라.

|4| SAS 프로그램을 작성하여 계통표본 3을 추출하고, 모집단 총계 τ를 추정하고, 95% 신뢰구간을 구하여라.

풀이

|1|

$$\tau = N\mu = 12 \cdot 6.5 = 78$$

|2|

$\hat{\tau}_{sy} = N\overline{y}_{sy}$ 에서 $\overline{y}_{sy} = \overline{y}_3 = 7$ 이므로 $\hat{\tau}_{sy} = 12 \cdot 7 = 84$ 가 된다.

| 3 |

$$2\sqrt{\widehat{V}(\hat{\tau}_{sy})} = 2\sqrt{N^2\frac{N-n}{N}\frac{s^2}{n}} \text{ 에서}$$

$$s^2 = \frac{1}{3-1}\sum_{j=1}^{3}(y_{ij}-\bar{y}_{sy})^2$$

$$= \frac{1}{2}\{(7-7)^2 + (11-7)^2 + (3-7)^2\}$$

$$= 16$$

이므로 추정오차의 한계는

$$2\sqrt{N^2\frac{N-n}{N}\frac{s^2}{n}} = 2\sqrt{12^2\frac{12-3}{12}\frac{16}{3}} = 2 \cdot 24 = 48$$

가 된다.

따라서 모집단 총계 τ의 95% 신뢰구간은 84 ± 48 또는 (36, 132)이다.

| 4 |

```
OPTIONS NODATE;
DATA EX4_2;
INPUT X @@;
ID = _n_;/*일련번호*/
CARDS;
 5 2 7 4 1 10 11 8 9 6 3 12
RUN;

/*출발점 r = 3(= ID)로 하여 n = 3인 계통표본추출*/
PROC SURVEYSELECT DATA = EX4_2 M = SYS(START = 3)
        SAMPSIZE = 3 OUT = MYSAMPLE2;
RUN;

/*출발점 r = 3인 계통표본*/
PROC PRINT DATA = MYSAMPLE2;
RUN;

/*모평균 추정값 산출*/
PROC SURVEYMEANS DATA = MYSAMPLE2 TOTAL = 12;
VAR X;
ODS OUTPUT STATISTICS = MYSYS2;
```

```
RUN;

/*총계 추정*/
DATA MYSYS2;
SET MYSYS2;
POP_N = 12;
HAT_TAU = POP_N * MEAN; /*총계 추정*/
EST_ERROR = 2*POP_N*StdErr; /*추정오차한계*/
LOWERCLTOT = HAT_TAU-EST_ERROR; /*신뢰하한*/
UPPERCLTOT = HAT_TAU+EST_ERROR; /*신뢰상한*/
RUN;

PROC PRINT DATA = MYSYS2 NOOBS LABEL;
VAR N HAT_TAU EST_ERROR LOWERCLTOT UPPERCLTOT;
TITLE '계통표본을 이용한 모집단 총계 추정';
LABEL N = '표본 수'
      HAT_TAU = '모총계 추정값'
      EST_ERROR = '추정오차한계'
      LowerCLTOT = '신뢰하한'
      UPPERCLTOT = '신뢰상한';
RUN;
```

▸ 출력결과

계통표본을 이용한 모집단 총계 추정

표본 수	모총계 추정값	추정오차한계	신뢰하한	신뢰상한
3	84	48	36	132

참고로 보다 정확한 추정오차의 한계와 신뢰구간을 구하기 위해서는 t 분포를 이용하여 t 값을 적용하면 된다. 즉, 앞의 프로그램에서 총계 추정 부분의 추정오차의 한계를 구하는 내용을 다음과 같이 수정하여 출력하면 된다.

```
/*총계 추정*/
DATA MYSYS2;
SET MYSYS2;
POP_N = 12;
HAT_TAU = POP_N * MEAN; /*총계 추정*/
EST_ERROR = tinv(0.975,2)*POP_N*StdErr; /*추정오차한계*/
LOWERCLTOT = HAT_TAU-EST_ERROR; /*신뢰하한*/
```

```
UPPERCLTOT = HAT_TAU+EST_ERROR;  /*신뢰상한*/
RUN;
```

▸ 수정 후 출력결과

계통표본을 이용한 모집단 총계 추정

표본 수	모총계 추정값	추정오차한계	신뢰하한	신뢰상한
3	84	103.264	-19.2637	187.264

3. 모집단 비율의 추정

단순임의추출법과 마찬가지로 i 번째 단위가 어떤 특정한 속성을 가지고 있지 않으면 $y_i = 0$, 가지고 있다면 $y_i = 1$ 로 정의하자. 이때 계통표본에 의한 모집단 비율 p 의 추정량 $\hat{p}_{sy}$ 와 그 분산 및 분산추정량은 다음과 같다.

■ 모집단 비율 p 의 추정량:

$$\hat{p}_{sy} = \frac{1}{n}\sum_{j=1}^{n} y_{ij} \tag{4.12}$$

■ $\hat{p}_{sy}$ 의 분산:

$$V(\hat{p}_{sy}) = \frac{N-n}{N-1}\frac{pq}{n} \tag{4.13}$$

여기서, $q = 1 - p$

■ 추정분산:

$$\hat{V}(\hat{p}_{sy}) = \frac{N-n}{N}\frac{\hat{p}_{sy}\hat{q}_{sy}}{n-1} \tag{4.14}$$

여기서, $\hat{q}_{sy} = 1 - \hat{p}_{sy}$

■ 추정오차의 한계:

$$2\sqrt{\hat{V}(\hat{p}_{sy})} = 2\sqrt{\frac{N-n}{N}\frac{\hat{p}_{sy}\hat{q}_{sy}}{n-1}} \tag{4.15}$$

모집단 평균에 대한 추정에서와 마찬가지로 만약 식(4.14)에서 모집단의 크기 N이 명확하게 정의되지 않거나 모르지만 매우 큰 경우에는 유한모집단 수정계수 $\frac{N-n}{N}$을 무시할 수 있다.

예제 4.3

어느 여론조사기관에서 1/5 계통추출법을 이용하여 여성들의 경제활동참여에 대한 찬·반 여부를 조사하기 위하여 전화조사를 실시한 결과가 다음과 같았다.

응답자 번호	응답값
5	1
10	0
15	1
⋮	⋮
5,000	0
(찬성: 1, 반대: 0)	$\sum_{i=1}^{1000} x_i = 600$

표에서 찬성은 1, 반대는 0을 나타낸다.

|1| 여성의 경제활동 참여에 대한 찬성률을 추정하여라.

|2| 찬성률에 대한 95% 신뢰구간을 구하여라.

풀이

|1|

$N = 5{,}000$, $r = 5$, $k = 5$, $n = 1{,}000$ 인 계통추출법에서 여성의 경제활동 참여에 대하여 찬성한다고 응답한 사람의 수는 600명으로 나타났다. 따라서 찬성률을 추정해 보면

$$\hat{p}_{sy} = \frac{1}{1{,}000}\sum_{i=1}^{1000} y_i = \frac{600}{1{,}000} = 0.6$$

이고, 반대율은 $\hat{q}_{sy} = 1 - \hat{p}_{sy} = 1 - 0.6 = 0.4$ 이다.

| 2 |

찬성률에 대한 추정오차의 한계가

$$\begin{aligned} 2\sqrt{\hat{V}(\hat{p}_{sy})} &= 2\sqrt{\frac{N-n}{N}\frac{\hat{p}_{sy}\hat{q}_{sy}}{n-1}} \\ &= 2\sqrt{\frac{5{,}000-1{,}000}{5{,}000}\frac{(0.6)(0.4)}{1{,}000-1}} \\ &= 0.01386 \end{aligned}$$

이므로, 신뢰구간은 0.6 ± 0.01386 또는 $(0.58614,\ 0.61386)$ 이 된다.

4.4 표본크기의 결정

1. 모집단 평균을 추정할 때 필요한 표본크기

추정오차의 한계를 $2\sqrt{V(\overline{y}_{sy})} = B$ 라 놓고, 만족하는 n 을 구하면 모집단 평균 μ 를 추정할 때 필요한 표본크기 n 을 구할 수 있다.

랜덤모집단의 경우 계통표본평균 $\overline{y}_{sy}$ 의 분산이나 단순임의표본평균 $\overline{y}$ 의 분산이 동일하다는 사실을 이용하여

$$2\sqrt{\frac{N-n}{N}\frac{S^2}{n}} = B$$

라 놓고, 이를 만족하는 n 을 구하면 다음과 같다.

■ 모평균 μ를 추정하기 위한 표본크기:

$$n = \frac{NS^2}{ND + S^2} \tag{4.16}$$

여기서, $D = \dfrac{B^2}{4}$

식(4.14)에서 실제로 모분산 S^2은 알 수 없으므로 사전조사나 예비조사를 통해 추정해야 한다.

예제 4.4

S 카드사의 관리자는 카드연체 고객 관리를 위해 소비되는 시간에 관심이 많이 있다고 한다. 따라서 연체 고객 리스트 $N = 5,000$명으로부터 이름 순서대로 계통표본을 추출하고자 한다. 과거에 이와 유사한 조사를 통해 표준편차 $s = 10$으로 조사되었다. 95% 신뢰수준하에서 오차한계 $B = 2$(일) 이내가 되도록 평균 소비시간(μ) 추정을 위한 표본크기를 구하여라.

풀이

허용오차는

$$D = \frac{B^2}{4} = \frac{2^2}{4} = 1$$

이고, 따라서 표본크기 n은

$$n = \frac{NS^2}{ND + S^2} = \frac{5,000 \times 10^2}{5,000 + 10^2} = 98.04 = 99$$

이다. 결과적으로 오차한계 2일 이내로 관리하기 위한 표본크기는 99명을 추출하면 된다.

2. 모집단 비율을 추정할 때 필요한 표본크기

랜덤모집단의 경우 추정오차의 한계를 $2\sqrt{V(\hat{p}_{sy})} = B$라 놓고, 모집단 비율 p를 추정할 때 필요한 표본크기 n을 구해보면 다음과 같다.

■ 모비율 p를 추정하기 위한 표본크기:

$$n = \frac{Npq}{(N-1)D + pq} \tag{4.17}$$

여기서, $D = \frac{B^2}{4}$, $q = 1 - p$

식(4.17)에서 실제로 모집단 비율 p를 알 수 없으므로 추정값을 사용해야 하지만, 사전 정보가 전혀 없을 경우 $p = 0.5$로 놓고 표본크기를 구할 수 있다. 따라서 사전에 모비율을 알 수 없는 경우가 모비율을 알고 있는 경우에 비해 표본크기는 커지게 된다.

예제 4.5

어느 광고회사에서 신제품 판매를 촉진시키기 위하여 홍보활동 후 신제품에 대한 인지도를 조사하기 위한 계획을 수립하였다. 모집단의 크기는 $N = 10,000$ (명)이며, 계통추출법을 이용하여 전화조사를 실시하고자 한다. 오차의 한계를 3% 이내로 신제품에 대한 인지율 p를 추정하고자 할 때 필요한 표본크기를 구하고 이에 대한 SAS 프로그램을 작성하여라.

풀이

허용오차는

$D = \frac{B^2}{4} = \frac{(0.03)^2}{4} = 0.000225$ 이고, 모비율 p에 대한 사전정보가 없으므로 $p = 0.5$로 놓으면,

표본크기 n은

$$\begin{aligned} n &= \frac{Npq}{(N-1)D + pq} \\ &= \frac{10,000(0.5)(0.5)}{(10,000-1)(0.000225) + (0.5)(0.5)} \\ &= 1,000.09 \approx 1,001 \end{aligned}$$

이다. 따라서 오차한계를 3% 이내로 신제품에 대한 인지율 p를 추정하기 위해 필요한 표본크기는 약 1,001(명)이다.

```
OPTIONS NODATE;
DATA EX4_4;
POP_N = 10000;
B = 0.03;
D = (B**2)/4;
P = 0.5;
BUNJA = POP_N*P*(1-P);
BUNMO = POP_N*D+P*(1-P);
SAM_N = CEIL(BUNJA/BUNMO); /*올림*/
RUN;

PROC PRINT DATA = EX4_4 SPLIT = '*' LABEL NOOBS;
TITLE '계통표본크기 결정';
LABEL B = '오차의*한계'
        P = '모집단*비율'
        SAM_N = '표본*크기';
VAR B P SAM_N;
RUN;
```

▸ 출력결과

계통표본크기 결정

오차한계	모집단 비율	표본크기
0.03	0.5	1001

4.5 분산추정에 대한 고찰

계통표본의 분산 $V(\overline{y}_{sy})$를 좀 더 고찰하기 위해 크기 n개인 계통표본을 k의 그룹(집락)으로 고려할 수 있고, 이 중에서 랜덤하게 선택된 하나의 그룹을 표본으로 선정한다고 볼 수 있다. 그러면 모집단의 구성을 <표 4.1>로부터 다음과 같이 표현가능하다.

<표 4.2>를 보면 가능한 k개의 계통표본을 집락으로 고려할 수 있기 때문에 표본평균은 k개의 평균 중에서 하나가 된다. 즉, $\overline{y}_1$, $\overline{y}_2$, $\cdots$, $\overline{y}_k$ 중의 하나가 표본평균이 되며, 각각의 선택확률은 모두 동일하다.

<표 4.2>의 모집단 단위들에 대해 분산분석을 통해 집락(가능 표본) 간 평균제곱합(MSB), 집락 내 평균제곱합(MSW), 총제곱합(SST)을 다음과 같이 구할 수 있다.

표 4.2 크기가 n인 k개의 가능한 집락으로 구성된 모집단

집락	표본번호					
	1	2	3	$\cdots$	n	평균
1	y_{11}	y_{12}	y_{13}	$\cdots$	y_{1n}	$\overline{y}_1$
2	y_{21}	y_{22}	y_{23}	$\cdots$	y_{2n}	$\overline{y}_2$
$\vdots$	$\vdots$	$\vdots$	$\vdots$	$\vdots$	$\vdots$	$\vdots$
k	y_{k1}	y_{k2}	y_{k3}	$\cdots$	y_{kn}	$\overline{y}_k$
평균	$\overline{y}_{.1}$	$\overline{y}_{.2}$	$\overline{y}_{.3}$	$\cdots$	$\overline{y}_{.n}$	$\overline{\overline{y}}$

$$MSB = \frac{n}{k-1}\sum_{i=1}^{k}(\overline{y}_i - \overline{\overline{y}})^2 \tag{4.18}$$

$$MSW = \frac{1}{k(n-1)}\sum_{i=1}^{k}\sum_{j=1}^{n}(y_{ij} - \overline{y}_i)^2 \tag{4.19}$$

$$SST = \sum_{i=1}^{k}\sum_{j=1}^{n}(y_{ij} - \overline{\overline{y}})^2 \tag{4.20}$$

여기서 $\overline{\overline{y}}$는 전체 모집단 단위들의 평균이다. 위 식들을 이용하여 급내상관계수 ρ를 다음과 같이 표현이 가능하다.

$$\rho = \frac{(k-1)nMSB - SST}{(n-1)SST} \tag{4.21}$$

만일 $N = nk$가 크면 위의 식은 근사적으로 다음과 같다.

$$\rho = \frac{MSB - MST}{(n-1)MST} \tag{4.22}$$

여기서 $MST = SST/(nk-1)$이다. 식(4.5)는 위의 식(4.22)를 이용하여 다음과 같이 표현할 수 있다.

$$\begin{aligned} V(\bar{y}_{sy}) &= \frac{S^2}{n}[1+(n-1)\rho] \\ &= \frac{SST}{n(kn)}[1+(n-1)\rho] \end{aligned} \tag{4.23}$$

식(4.22)로부터 MSB가 상대적으로 MST보다 작으면, 상관계수 ρ가 음수가 되기 때문에 결과적으로 계통표본의 분산 $V(\bar{y}_{sy})$은 단순임의추출의 분산보다 작아지며, 반대로 MSB가 MST보다 상대적으로 크면 급내상관계수는 양수가 되어 계통추출의 분산이 단순임의추출의 분산보다 크게 된다.

결과적으로 MSB가 MST보다 작다는 것은 집락들의 평균이 서로 유사하다는 의미이며 결과적으로 계통표본 간의 변동을 작게 함으로써 분산을 줄일 수 있다. 즉, 계통표본을 추출할 때 모집단 단위들의 구성 형태에 따라 단순임의추출보다 효율이 더 좋아질 수 있으며, 이에 대한 내용은 다음 절에서 다루기로 한다.

4.6 계통추출법의 효율성

1. 단순임의추출법과 계통추출법의 분산 비교

단순임의표본평균 $\bar{y}$의 분산식(2.3)과 급내상관계수 ρ를 이용한 계통추출법의 분산식(4.6)을 이용하여 $V(\bar{y})$과 $V(\bar{y}_{sy})$을 비교해 보면 다음과 같은 결과를 얻을 수 있다.

① ρ가 양수($\rho > 0$)이면서 1에 가까울 때, 계통표본 내 단위들은 서로 동질적으로

유사한 특성을 가지게 되며, 이때 다음과 같이 계통표본추출의 분산이 단순임의추출의 분산보다 크게 된다.

$$V(\overline{y}) \le V(\overline{y}_{sy})$$

② ρ가 음수($\rho < 0$)일 때, 계통표본 내 단위들은 서로 이질적이며, 다음과 같이 계통표본추출이 단순임의추출보다 작아지게 된다.

$$V(\overline{y}) \ge V(\overline{y}_{sy})$$

③ ρ가 0에 가깝거나($\rho = 0$) N이 매우 클 때, 다음과 같이 계통표본추출의 분산이 단순임의추출의 분산과 거의 같게 된다.

$$V(\overline{y}) \approx V(\overline{y}_{sy})$$

2. 모집단의 형태

계통추출법은 추출과정의 편리성 때문에 실용성이 매우 높은 방법이다. 그러나 모집단의 단위들이 어떠한 형태로 구성되어 있는가에 따라 문제점이 나타나게 된다. 계통추출법은 추출되는 단위들이 서로 이질적일 때 효율성은 더욱 높아지게 되므로 모집단의 여러 형태의 특성을 정리해 보면 계통추출법의 특성을 파악할 수 있다.

(1) 랜덤모집단

모집단의 단위가 상호 간에 어떤 순서나 경향, 상호작용이 거의 존재하지 않는 랜덤한 순서로 구성된 모집단을 **랜덤모집단**(random population)이라 한다. 랜덤모집단에서 추출된 계통표본의 단위들은 이질적이므로 $\rho \approx 0$이고 N이 클 때 $V(\overline{y}) \approx V(\overline{y}_{sy})$가 성립된다.

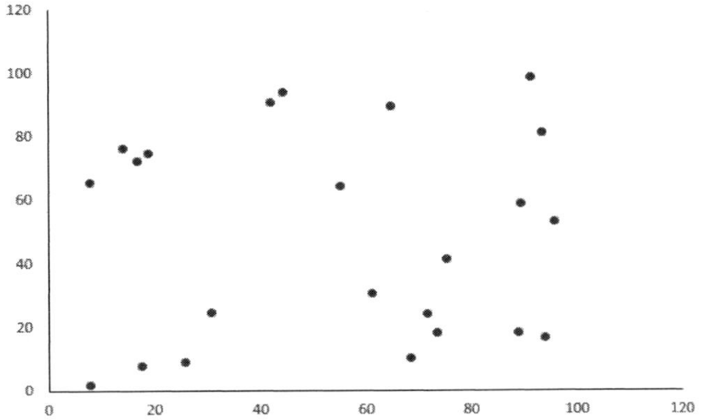

그림 4.1 랜덤 모집단

(2) 순서화된 모집단

모집단의 단위들이 어떤 틀에 따라 크기 순서로 구성된 모집단을 **순서화된 모집단**(ordered population)이라 한다.

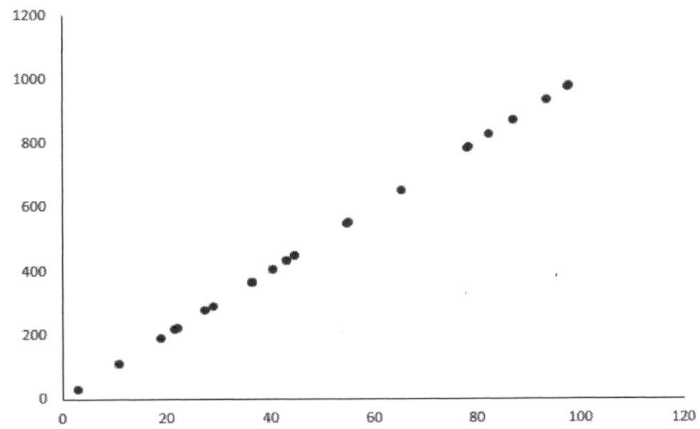

그림 4.2 순서화된 모집단

순서화된 모집단에서 추출된 계통표본의 단위들은 $\rho < 0$인 이질적인 표본이 되며, N이 클 때

$$V(\overline{y}_{st}) \leq V(\overline{y}_{sy}) \leq V(\overline{y})$$

가 성립한다. 여기서, $V(\bar{y}_{st})$는 층화추출법의 분산을 의미한다. 또한, 순서화된 모집단으로부터 추출된 계통표본은 단순임의추출보다 단위 비용당 많은 정보를 얻을 수 있다.

(3) 주기적인 모집단

모집단의 단위들이 주기적인 변동을 갖는 모집단을 **주기적인 모집단**(periodic population)이라 한다.

주기적인 모집단에서 추출된 계통표본의 단위들은 $\rho > 0$인 동질적인 표본이 되며, N이 클 때 $V(\bar{y}_{sy}) > V(\bar{y})$가 성립된다. 이때, 계통표본추출의 효율성은 추출 간격 k에 의존하게 된다. 일반적으로 주기적인 모집단으로부터 얻어진 추정량은 $\bar{y}_{sy}$의 분산을 과소추정하는 경향이 있는데 이를 해결하기 위해서는 계통표본을 추출할 때 출발점에 변화를 주면 된다. 즉, 먼저 k 번째 추출단위가 뽑혀졌으면 첫 번째 뽑혀진 단위로부터 $(k+1)$ 번째 추출단위를 선택하는 등 추출단위의 위치를 매번 변화시켜서 계통표본을 추출하게 되면, 모집단의 단위들이 혼합되는 효과를 얻을 수 있다.

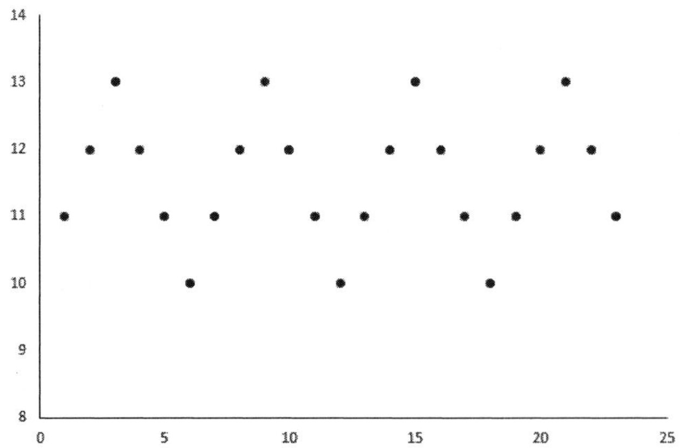

그림 4.3 주기적 모집단

4.7 연습문제

1 어느 대학에서는 1년 동안에 구내서점에 대학생들이 책값으로 지불한 금액(단위: 만원)에 대한 조사를 실시하였다. 구내서점에 기록된 $N = 6{,}000$ 명의 대학생으로부터 추출간격이 $k = 200$ 인 계통추출을 실시하여 표본으로 나온 결과는 다음과 같다.

학생	1	2	3	4	5	6	7	8	9	10	11	12	13	14	15
금액	30	22	10	62	28	31	40	29	17	51	29	21	13	15	23
학생	16	17	18	19	20	21	22	23	24	25	26	27	28	29	30
금액	32	14	29	48	50	29	25	16	63	21	20	23	12	29	38

(1) 1년 동안에 구내서점에 대학생들이 책값으로 지불한 금액의 평균과 합계를 추정하여라.

(2) 1년 동안에 지불한 평균 책값에 대한 추정오차의 한계를 구하고 신뢰구간을 추정하여라.

(3) 1년 동안에 책값으로 지불한 금액의 합계의 추정오차의 한계를 구하고 신뢰구간을 추정하여라.

2 어느 통계조사 연구소가 쇼핑센터에서 쇼핑을 하고 나오는 쇼핑객을 대상으로 A 상표의 옷에 대한 선호도를 조사하고자 한다. 연구소에서는 쇼핑센터에서 쇼핑을 하고 나오는 쇼핑객으로부터 20명마다 한 명씩을 선택하여 조사하는 계통추출법을 이용하여 100명의 쇼핑객을 조사한 결과 65명이 A 상표의 옷을 선호한다는 결과를 얻었다. 이때, 전체 쇼핑객 수는 모르지만 매우 많은 것으로 가정한다.

(1) A 상표의 옷을 선호하는 쇼핑객의 비율 p 를 추정하여라.

(2) 쇼핑객의 표본비율 $\hat{p}_{sy}$ 에 대한 추정오차의 한계를 구하고, 신뢰구간을 구하여라.

3 음료수 캔을 생산하는 제조업체의 품질관리 부서에서는 계통표본을 적용하여 조립공정에서 생산되는 캔의 용량이 평균 120 ㎖가 되는지를 추정하려고 한다. 다음 데이터는 N=1,800으로부터 1/50 계통표본추출에 의해 검사한 자료이다.

120	119.7	120.1	120.3	120.1	118
119.1	119.8	120.3	119.8	120	118.3
118.7	120.1	119.8	118.7	119	118.8
120.5	118.7	119.1	119.3	119.4	118.9
117.5	119.3	119.5	119.7	119.3	120.5
118.5	119.8	118.7	120.5	120.2	120.4

(1) 캔의 평균 부피(μ)를 추정하고, 추정오차의 한계를 구하여라.

(2) 모집단 평균을 추정하기 위한 SAS 프로그램을 작성하여라.

(3) 오차의 한계 0.1 ml 이내가 되도록 모평균 μ를 추정하기 위한 표본크기를 결정하여라.

4 최근 미세먼지 발생의 주요 원인이 매연 차량이라 보고되었다. 환경순찰대에서는 특정 지점을 통과하는 매연 차량를 검사하여 과태료를 부과하려고 한다. 이를 위해 특정 시점에 조사지점을 지정하고, 이 지점을 통과하는 7번째 차량에 대해 매연 검사를 실시하도록 하였다. 이 지점을 통과한 전체 차량은 $N = 2{,}800$대라고 한다. 검사대상 표본차량은 400대이며, 검사 결과 $\sum_{i=1}^{400} y_i = 34$대가 매연차량으로 적발되었다.

(1) 전체 매연 차량의 비율을 추정하고, 추정오차의 한계를 구하여라.

(2) 총매연 차량 대수를 추정하고, 추정오차의 한계를 구하여라.

(3) 만일 조사지점을 통과하는 차량의 대수가 $N = 3{,}000$대일 경우 오차의 한계가 $B = 0.01$ 이내가 되도록 하기 위한 표본크기는 얼마인가?

5 학생 수가 10,000명인 A 대학의 학생처에서 학부제 실시에 찬성하는 학생의 비율을 추정하고자 한다. 대학의 학생처에서는 면접조사에 대한 비용을 줄이기 위하여 $N = 10{,}000$인 명단에서 계통추출법을 이용하여 전화조사를 실시하였다. 추정오차의 한계를 0.05 이내로 할 때 학부제에 찬성하는 학생들의 비율 p를 추정하는 데 필요한 표본크기를 구하여라. 이때, A 대학에서는 다른 대학에서 유사한 조사를 통해 나타난 학부제 실시에 찬성하는 비율이 $p = 0.7$임을 사전정보로 알고 있다고 가정하자.

6 $N = nk$일 때, $\overline{y}_{sy}$가 모집단 평균 μ의 비편향추정량이 됨을 보여라(즉, $E(\overline{y}_{sy}) = \mu$가 됨을 보여라).

7 계통추출에서 급내상관계수 ρ를 포함한 분산이 다음과 같음을 증명하여라.

$$V(\bar{y}_{sy}) = \frac{N-1}{N}\frac{S^2}{n}[1+(n-1)\rho]$$

제 5 장

집락추출법

5.1 기본개념

표본조사의 목적은 최소한의 비용과 시간으로 관심 있는 특성에 대한 최대의 정보를 얻는 것이다. 이를 위해서 다양한 추출설계와 추정방법들에 대한 연구가 계속되고 있다. 그러나 표본조사는 관심 있는 특성에 관한 정보를 가급적 정확하게 얻는 것이 주요 관심인지 또는 조사비용이나 시간을 단축시키는 것이 주요 관심사인지에 따라 그 선택이 달라지게 된다. 물론 표본조사를 하기 위한 제반 여건, 즉 활용 가능한 사전 정보나 주변 정보를 어느 정도 사용할 수 있는가 라는 것도 추출설계와 추정방법들의 선택에 중요한 역할을 한다. 5장에서는 추출방법 중에서 널리 사용되고 있는 방법 중 하나인 **집락추출법**(集落抽出法, cluster sampling)에 대해서 다룰 것이다.

정의

집락이란 조사단위들이 모여있는 집합을 의미하고, 그러한 집락을 추출단위로 하여 추출하는 방법을 **집락추출법**(集落抽出法, cluster sampling)이라 한다.

집락표본을 사용하는 몇 가지 예를 들어보면 다음과 같다.

예 1 어떤 도시에 있는 가구들이 공공요금을 월간 평균 얼마나 지출하는가를 추정하기 위해서 조사를 실시한다고 하자. 그런데 가구들에 대한 전체 목록을 이용할 수 없으므로 구(區)나 동(洞) 등을 집락으로 하는 집락추출을 사용하는 것이 바람직하다.

예 2 지역 신문사가 지방자치 선거에서 A 후보를 지지하는 유권자들의 비율을 추정하고자 한다. 등록된 유권자들로부터 단순임의표본을 추출하고 조사하는데 많은 비용이 들기 때문에 선거구를 집락으로 하는 집락추출을 사용한다.

예 3 만 13~18세 학생들을 대상으로 한 구강실태조사에서 학생들의 전체목록을 이용할 수 없으므로 학교 안의 학급을 집락으로 추출하고, 해당 학급의 학생들의 구강검진결과를 이용하여 통계를 작성할 경우 학급을 집락으로 사용할 수 있다.

예 4 쌀 수확량 조사에서 전체 쌀 재배면적에 대한 목록을 사용할 수 없기 때문에 쌀 재배 면적을 특정 단위로 나눈 구획(plot)을 설정하고, 이러한 구획을 집락으로 지정하여 표본구획 내의 쌀 수확량을 조사하는 방법을 고려할 수 있다.

이러한 예들로부터 실제 조사에 집락추출을 사용할 경우 집락과 조사단위들에 대한 사례를 정리하면 <표 5.1>과 같다.

표 5.1 조사내용에 따른 집락과 조사단위 구분

조사내용	집 락	조사단위
가구들에 대한 평균 공공요금 지출	구 또는 동	가구
선거에서 특정 후보에 대한 지지율	선거구	유권자
안전치 못한 타이어의 비율	자동차	타이어
학생들의 충치의 비율	학급	학생
한 페이지에 있는 단어의 수	쪽의 줄	단어

그리고 이러한 예로부터 집락추출을 사용하게 되는 이유를 살펴보면

첫 번째, 모집단을 구성하고 있는 모든 조사단위에 대한 틀이나 목록이 없는 경우.

두 번째, 모든 조사단위들에 대한 틀을 만들 때 많은 비용이 들지만, 집락에 대한 틀이 이미 존재하거나 얻는 데 많은 비용이 들지 않을 경우.

세 번째, 모든 조사단위에 대한 목록은 있지만 조사단위들이 서로 멀리 떨어져 있어 이동비용이나, 관리비용 등 조사비용이 많이 드는 경우.

위와 같은 이유에서 단순임의추출이나 층화임의추출보다 집락추출을 사용하게 되면 비용도 적게 들고 조사의 관리감독이 수월하여 전체적으로 조사가 용이하게 된다. 아울러 집락을 어떻게 구성하는지 또는 집락이 어떻게 구성되어 있는지에 따라서 다른 방법들에 비해 정도 높은 정보를 얻을 수 있게 된다.

5.2 추출법

집락추출에서의 표본추출방법은 모집단이 어떻게 구성되어 있는가에 달려 있다. 예 1의 경우는 1단계로 조사대상 지역을 여러 개의 구(또는 동)인 집락으로 만들고 이들 중에서 단순임의로 집락을 추출하여 그 집락 내에 있는 모든 가구들을 조사한다. 이러한 집락추출을 **1단계 집락추출**(single stage clsuer sampling)이라 한다. 통상적으로 많은 조사에서는 다단계의 집락추출을 사용하고 있다. 예를 들어, 대도시에 있는 초등학교 학생들의 면역조사를 실시할 때, 1단계로 그 도시 내에 있는 학군을 표본으로 추출하고, 2단계로 학군 내에 있는 초등학교를 표본으로 추출하며, 3단계로 2단계에서 추출된 학교에서 학급을 추출하여 최종적으로 추출된 학급에 있는 초등학생들을 대상으로 조사한다. 이때 1단계에서 추출대상이 되는 집락을 **1단계 추출단위**(Primary Sampling Unit: PSU), 2단계에서 추출대상이 되는 집락을 **2단계 추출단위**(Secondary Sampling Unit: SSU)라 한다.

각 단계에서 집락을 추출할 때 단순임의추출, 층화추출과 계통추출 등을 사용할 수 있다. 그러나 여기서는 각 단계의 추출에 단순임의추출을 사용하는 것으로 가정한다.

단순임의추출의 경우는 추출단위에 대한 목록(또는 틀)이 있어 이들로부터 난수표 등을 사용하여 표본을 추출하며 층화추출인 경우는 먼저 전체 모집단을 상호 배반인 층으로 나눈 후, 각 층에서 표본을 단순임의추출하게 된다. 집락추출인 경우도 조사단위인 집락을 만드는데 이들 집락은 층과 마찬가지로 상호 배반적인 부모집단 그룹으로 만든다. 층이나 집락을 구성하는 데 있어서 통상적으로 층들은 상호 이질적으로 만들고 층 내의 단위들은 상호 동질적인 것으로 구성하는 것이 바람직하지만, 이와 반대로 집락들은 상호 동질적이고 집락 내의 단위들은 상호 이질적으로 만드는 것이 바람직하다. 왜냐하면, 층화추출의 경우에는 모든 층을 사용하지만 집락추출의 경우는 모집단을 구성하고 있는 많은 집락 중에서 일부 표본집락만을 대상으로 조사하기 때문에 가급적 집락들이 유사하고 집락 내는 이질적일수록 좋게 된다. 이렇게 집락을 구성하면 집락추출은 다른 추출방법에 비해 효율적이다. 실질적으로 집락은 행정구역이나 지도상의 지역 등 지리적으로 집락을 구성하여 사용하는 경우가 많다. 물론 집락추출의 효율성은 집락의 크기나 집락의 형태에 영향을 받는다. 집락의 크기는 집락의 추출확률을 결정할 때 보조변수로 사용되기도 한다.

5.3 모수추정

집락추출에서 모집단 평균(μ)과 총계(τ)의 추정량들은 단순임의추출의 경우와 유사하다. 이번 장에서 사용되는 기호는 다음과 같다.

- N: 모집단에 있는 집락 수
- n: 단순임의추출로 뽑은 집락 수
- m_i: 집락 i에 있는 조사단위의 수, $i = 1,2,\cdots,N$
- $\overline{m}= \dfrac{1}{n}\sum_{i=1}^{n} m_i$: 표본에 대한 평균 집락의 크기
- $M = \sum_{i=1}^{N} m_i$: 모집단에 있는 조사단위의 수
- $\overline{M} = M/N$: 모집단에 대한 평균 집락크기
- y_i: i 번째 집락에 있는 조사단위의 합계
- $\mu_1 = \tau/N$: 모집단 평균집락총계

1. 모집단 평균의 추정

표본집락평균 $\overline{y}_{cl}$는 모집단 평균 μ의 좋은 추정량이 된다. $\overline{y}_{cl}$는 비추정량(ratio estimator)의 형태가 되므로 $\overline{y}_{cl}$의 추정분산도 비추정량의 분산과 같은 형태를 취하게 된다. 이와 관련해서는 7장 비추정과 회귀추정에서 자세히 다루기로 한다.

식(5.3)에 있는 추정분산은 편향을 가지지만 집락크기 $m_1, m_2, \cdots, m_N$들이 같으면

편향이 없어진다. 그리고 n이 충분히 크다면($n \geq 20$인 경우) 이는 $V(\bar{y}_{cl})$의 좋은 추정량이 된다.

모집단 평균 μ의 추정량 $\bar{y}_{cl}$와 그 분산 및 분산추정량은 다음과 같다.

- 모집단 평균 μ의 추정량:

$$\bar{y}_{cl} = \frac{\sum_{i=1}^{n} y_i}{\sum_{i=1}^{n} m_i} \tag{5.1}$$

- $\bar{y}_{cl}$의 분산:

$$V(\bar{y}_{cl}) = \left(\frac{1}{\bar{M}^2}\right)\left(\frac{N-n}{N}\right)\frac{S_c^2}{n} \tag{5.2}$$

- 추정분산:

$$\hat{V}(\bar{y}_{cl}) = \left(\frac{1}{\bar{M}^2}\right)\left(\frac{N-n}{N}\right)\frac{s_c^2}{n} \tag{5.3}$$

여기서

$$S_c^2 = \frac{\sum_{i=1}^{N}(y_i - m_i\mu)^2}{N-1}, \quad s_c^2 = \frac{\sum_{i=1}^{n}(y_i - m_i\bar{y}_{cl})^2}{n-1} \tag{5.4}$$

이며, M을 모르는 경우 $\bar{M}$는 $\bar{m}$에 의해 추정된다.

- 추정오차의 한계:

$$2\sqrt{\hat{V}(\bar{y}_{cl})} = 2\sqrt{\frac{N-n}{Nn\bar{M}^2}s_c^2} \tag{5.5}$$

예제 5.1

복사기 제조회사의 경영자는 자신의 회사가 기업체에 판매한 복사기의 월간 평균 수리비용(단위: 천원)을 추정하고자 한다. 그런데 복사기 한 대 당 수리비용에 대한 자료를 얻을 수 없었다. 이때, 각 기업체가 가지고 있는 복사기 대수와 월간 총수리비용에 대한 자료는 얻을 수 있어서 각각의 기업체를 집락으로 하는 집락추출을 사용하였다. 복사기를 구입한 $N=96$ 개의 기업체에서 $n=20$ 의 기업체를 표본으로 추출하여 얻은 자료가 <표 5.2>와 같다. 월간 복사기당 평균 수리비용을 추정하고 추정오차의 한계를 구하고 이들 값을 구하기 위한 SAS 프로그램을 작성하여라.

표 5.2 20개 표본 기업체에 대한 자료

기업체 (i)	복사기 대수 (m_i)	월간 총수리비 (y_i)	기업체 (i)	복사기 대수 (m_i)	월간 총수리비 (y_i)
1	3	50	11	8	140
2	7	110	12	6	130
3	11	230	13	3	70
4	9	140	14	2	50
5	2	60	15	1	10
6	12	280	16	4	60
7	14	240	17	12	280
8	3	45	18	6	150
9	5	60	19	5	110
10	9	230	20	8	120

풀이

모집단 평균 μ 에 대한 추정값은 식(5.1)을 이용하여 다음과 같이 얻는다.

$$\bar{y}_d = \frac{\sum_{i=1}^{20} y_i}{\sum_{i=1}^{20} m_i} = \frac{2,565}{130} = 19.73$$

M 을 모르기 때문에 식(5.3)에 나타나는 $\overline{M}$ 를 $\overline{m}$ 로 추정한다.

$$\bar{m} = \frac{1}{20}\sum_{i=1}^{20} m_i = \frac{130}{20} = 6.5$$

한편,

$$s_c^2 = \frac{1}{n-1}\sum_{i=1}^{m}(y_i - m_i\bar{y}_d)^2 = \frac{1}{20-1}\{(50-3\times 19.73)^2+(110-7\times 19.73)^2$$

$$+\cdots+(120-8\times 19.73)^2\}= \frac{16,066.0032}{19} = 845.5791 = 29.08^2$$

이고, $N = 96$ 이므로 추정분산은

$$\widehat{V}(\bar{y}_d) = \frac{N-n}{Nn\bar{m}^2}s_c^2 = \frac{96-20}{96(20)(6.5)^2}(29.08)^2 = 0.79227$$

이다. 그리고 추정오차의 한계는 $2\sqrt{\widehat{V}(\bar{y}_d)} = 2\times 0.89 = 1.78$ 이므로 모집단 평균 μ 의 구간추정값은 다음과 같다.

$$\bar{y}_d \pm 2\sqrt{\widehat{V}(\bar{y}_d)} = 19.73 \pm 1.78\,(\text{천원})$$

지난 한 달 동안 복사기 한 대당 평균수리비용에 대한 추정값은 19.73(천원)이고, 추정오차는 95% 신뢰수준하에서 1.78(천원)보다 작게 된다.

```
/*데이터 입력*/
DATA EX5_1;
 INPUT NBUS NCOPY REPAIR @@;
CARDS;
 1 3 50 2 7 110 3 11 230 4 9 140 5 2 60 6 12 280 7 14 240
 8 3 45 9 5 60 10 9 230 11 8 140 12 6 130 13 3 70 14 2 50 15 1 10
 16 4 60 17 12 280 18 6 150 19 5 110 20 8 120
RUN;

/*표본평균의 계산*/
PROC SURVEYMEANS DATA = EX5_1 TOTAL = 96 SUM MEAN;
CLUSTER NBUS;
VAR NCOPY REPAIR;
ODS OUTPUT STATISTICS = MYSTAT1(KEEP = SUM MEAN);
RUN;

/* NCOPY 변수의 합과 평균을 구분*/
```

```
DATA  MYSTAT2;
SET  MYSTAT1;
IF_n_ = 1;
RENAME  SUM = NCOPY_SUM  MEAN = NCOPY_MEAN;
RUN;

/*  REPAIR  변수의  합과  평균을  구분*/
DATA  MYSTAT3;
SET    MYSTAT1;
IF_n_ = 2;
RENAME  SUM = REPAIR_SUM  MEAN = REPAIR_MEAN;
RUN;

/*데이터  병합*/
DATA  MYSTAT4;
MERGE  MYSTAT2  MYSTAT3;
RUN;

/*변수이름  재지정*/
DATA  NT;
SET  MYSTAT4;
KEEP  REPAIR_SUM  NCOPY_SUM  NCOPY_MEAN;
RENAME  REPAIR_SUM = Y_SUM;
RENAME  NCOPY_SUM = N_SUM;
RENAME  NCOPY_MEAN = N_BAR;
RUN;

/*  동일한  데이터  20개  만들기*/
DATA  MT_20;
 SET  NT  NT  NT  NT  NT  NT  NT  NT  NT  NT
      NT  NT  NT  NT  NT  NT  NT  NT  NT  NT;
RUN;

/*집락평균  및  차이  구하기  */
DATA  NT1;
MERGE  EX5_1    MT_20;
Y_CL = Y_SUM/N_SUM;
D=REPAIR-Y_CL*NCOPY;
RUN;
```

```
/*평균과 표준편차 구하기*/
PROC MEANS DATA = NT1 MEAN STD NOPRINT;
VAR Y_CL D N_BAR;
OUTPUT OUT = MEDOUT MEAN = Y_CL D_BAR N_BAR
                          STD = Y_STD S_D N_V;
RUN;

/*분산 추정하기*/
DATA MT2;
SET MEDOUT;
M = 96;
MM = 20;
V_HAT = (M-MM)/(M*MM*(N_BAR)**2)*S_D**2;
RUN;

/*변수 정리하기*/
DATA FIN;
SET MT2;
KEEP Y_CL N_BAR V_HAT;
RUN;
/*신뢰구간 구하기*/
DATA CLU;
SET MT2;
BOUND=2*SQRT(V_HAT);
MIN = Y_CL-BOUND;
MAX = Y_CL+BOUND;
RUN;

/*결과 출력하기*/
PROC PRINT DATA = CLU NOOBS SPLIT = '*' LABEL;
TITLE '집락추출: 모집단 평균의 95% 신뢰구간';
LABEL Y_CL = '모집단 평균의*추정값'
      N_BAR = '표본에 대한 평균*집락크기'
      V_HAT = '추정분산*(BARY_CL)'
      BOUND = '추정오차의 한계'
      MIN = '모집단 평균의*신뢰하한'
      MAX = '모집단 평균의*신뢰상한';
VAR Y_CL N_BAR V_HAT BOUND MIN MAX;
RUN;
```

▸ 출력결과

집락추출: 모집단 평균의 95% 신뢰구간

모집단 평균의 추정값	표본에 대한 평균 집락크기	추정분산 (BARY_CL)	추정오차의 한계	모집단 평균의 신뢰하한	모집단 평균의 신뢰상한
19.7308	6.500000	0.79219	1.78010	17.39507	21.5109

식(5.1)의 $\overline{y}_d$는 비추정량이기 때문에 비추정량의 유도된 계산공식을 대신 사용할 수 있다. 이를 위해서는 비율 $r = \dfrac{\overline{y}}{m}$ 과 y와 m의 표본상관계수를 구하여야 한다.

예제 5.2

통계학자는 특정 지역의 평균 가구소득(단위: 만원)이 얼마인지를 추정하고자 한다. 이를 위해 해당지역을 $N=700$개의 조사구(집락)로 나누고 이 중에서 $n=25$개의 조사구를 단순임의추출하여, 해당 조사구의 가구별로 조사하여 표본집락들의 총소득을 조사한 결과가 다음과 같다.

조사구 (i)	가구 수 (m_i)	조사구당 총수입(y_i)	조사구 (i)	가구 수 (m_i)	조사구당 총수입(y_i)
1	5	6,500	14	6	6,400
2	10	8,400	15	8	6,800
3	6	6,800	16	7	4,200
4	8	7,200	17	12	15,000
5	15	12,000	18	14	9,600
6	6	9,000	19	10	8,000
7	4	7,200	20	12	11,000
8	5	1,300	21	10	10,000
9	8	8,200	22	8	7,500
10	9	6,400	23	4	5,000
11	12	13,000	24	6	3,400
12	11	10,000	25	8	8,200
13	5	5,600			

풀이

앞의 예제 5.1의 내용을 적용하여 다음과 같이 추정값을 구할 수 있다.

모집단 평균 μ에 대한 추정값은

$$\bar{y}_d = \frac{\sum_{i=1}^{25} y_i}{\sum_{i=1}^{25} m_i} = \frac{196,700}{209} = 941.15(\text{만원})$$

이고, M을 모르기 때문에 식(5.3)에 나타나는 $\overline{M}$를 $\overline{m}$로 추정한다.

$$\overline{m} = \frac{1}{25}\sum_{i=1}^{25} m_i = \frac{209}{25} = 8.36$$

또한

$$s_c^2 = \frac{1}{n-1}\sum_{i=1}^{m}(y_i - m_i\bar{y}_d)^2 = \frac{96,155,619}{24} = 4,006,484$$

이고, $N = 700$이므로 추정분산은

$$\widehat{V}(\bar{y}_d) = \frac{N-n}{Nn\overline{m}^2}s_c^2 = \frac{700-25}{700(25)(8.36)^2}4,006,484 = 2,211.142$$

이다. 그리고 추정오차의 한계는 $2\sqrt{\widehat{V}(\bar{y}_d)} = 2 \times 47.023 = 94.046$이므로 모집단 평균 μ의 95% 구간추정값은 다음과 같다.

$$\bar{y}_d \pm 2\sqrt{\widehat{V}(\bar{y}_d)} = 941.15 \pm 94.046 \ \ (\text{만원})$$

또는 (847.103, 1035.19) (만원)이다.

```
/*데이터 입력*/
DATA EX5_2;
 INPUT NUM HOUSE INCOME @@;
CARDS;
1 5 6500 2 10 8400 3 6 6800 4 8 7200 5 15 12000
6 6 9000 7 4 7200  8 5 1300 9 8 8200 10 9 6400
11 12 13000 12 11 10000 13 5 5600 14 6 6400 15 8 6800
16 7 4200 17 12 15000 18 14 9600 19 10 8000 20 12 11000
21 10 10000 22 8 7500 23 4 5000 24 6 3400 25 8 8200
```

```
RUN;

/*표본평균의 계산*/
PROC SURVEYMEANS DATA = EX5_2 TOTAL = 700 SUM MEAN;
CLUSTER NUM;
VAR HOUSE INCOME;
ODS OUTPUT STATISTICS = MYSTAT1_2(KEEP = SUM MEAN);
RUN;

/* HOUSE 변수의 합과 평균을 구분*/
DATA MYSTAT2_2;
SET MYSTAT1_2;
IF_n_ = 1;
RENAME SUM = HOUSE_SUM   MEAN = HOUSE_MEAN;
RUN;

/* INCOME 변수의 합과 평균을 구분*/
DATA MYSTAT2_3;
SET  MYSTAT1_2;
IF_n_ = 2;
RENAME SUM = INCOME_SUM   MEAN = INCOME_MEAN;
RUN;

/*데이터 병합*/
DATA MYSTAT2_4;
MERGE MYSTAT2_2 MYSTAT2_3;
RUN;

/*변수이름 재지정*/
DATA NT;
SET MYSTAT2_4;
KEEP INCOME_SUM HOUSE_SUM HOUSE_MEAN;
RENAME INCOME_SUM = Y_SUM;
RENAME HOUSE_SUM = N_SUM;
RENAME HOUSE_MEAN = N_BAR;
RUN;

/* 동일한 데이터 25개 만들기*/
DATA MT_25;
 SET NT NT NT NT NT NT NT NT NT NT
```

```
        NT NT NT NT NT NT NT NT NT NT
        NT NT NT NT NT;
RUN;

/*집락평균 및 차이 구하기*/
DATA NT2_1;
MERGE EX5_2  MT_25;
Y_CL = Y_SUM/N_SUM;
D=INCOME-Y_CL*HOUSE;
RUN;

/*평균과 표준편차 구하기*/
PROC MEANS DATA = NT2_1 MEAN STD NOPRINT;
VAR Y_CL D N_BAR;
OUTPUT OUT = MEDOUT2_1 MEAN = Y_CL D_BAR N_BAR
                       STD = Y_STD S_D N_V;
RUN;

/*분산 추정하기*/
DATA MT2_1;
SET MEDOUT2_1;
M = 700;
MM = 25;
V_HAT = (M-MM)/(M*MM*(N_BAR)**2)*S_D**2;
RUN;

/*변수 정리하기*/
DATA FIN2;
SET MT2_1;
KEEP Y_CL N_BAR V_HAT;
RUN;

/*신뢰구간 구하기*/
DATA CLU2;
SET MT2_1;
BOUND=2*SQRT(V_HAT);
LBOUD=Y_CL-BOUND;
UBOUND=Y_CL+BOUND;
RUN;
```

```
/*결과 출력하기*/
PROC PRINT DATA = CLU2 NOOBS SPLIT = '*' LABEL;
TITLE '집락추출: 모집단 평균의 95% 신뢰구간';
LABEL Y_CL = '모집단 평균의*추정값'
      N_BAR = '표본에 대한 평균*집락크기'
      V_HAT = '추정분산*(BARY_CL)'
      BOUND = '추정오차의 한계'
      LBOUND = '모집단 평균의*신뢰하한'
      UBOUND = '모집단 평균의*신뢰상한';
VAR Y_CL N_BAR V_HAT BOUND LBOUND UBOUND;
RUN;
```

▸ 출력결과

집락추출: 모집단 평균의 95% 신뢰구간

모집단 평균의 추정값	표본에 대한 평균 집락크기	추정분산 (BARY_CL)	추정오차의 한계	모집단 평균의 신뢰하한	모집단 평균의 신뢰상한
941.148	8.360000	2211.14	94.0456	847.103	1035.19

2. 모집단 총계의 추정

모집단 총계 τ는 M이 모집단에 있는 모든 조사단위의 수를 나타내므로 $\tau = M\mu$로 표현된다. 결과적으로 단순임의추출과 같이 $M\overline{y}_{cl}$가 τ에 대한 추정량이 된다. 추정량 $M\overline{y}_{cl}$는 모집단에 있는 조사단위의 수 M을 알고 있는 경우에만 유용하다. 즉, 가구조사에서 모집단 총가구 수를 아는 경우에 적용가능하다는 의미이다. 이때, 모집단 총계 τ의 추정량 $\hat{\tau}_{cl}$과 그 분산 및 분산추정량은 다음과 같다.

▪ 모집단 총계 τ의 추정량:

$$\hat{\tau}_{cl} = M\overline{y}_{cl} = M\frac{\sum_{i=1}^{n} y_i}{\sum_{i=1}^{n} m_i} \tag{5.6}$$

- $\hat{\tau}_{cl}$ 의 분산:

$$V(\hat{\tau}_{cl}) = M^2\, V(\overline{y}_{cl}) = N^2 \frac{N-n}{Nn} S_c^2 \tag{5.7}$$

- 추정분산:

$$\widehat{V}(\hat{\tau}_{cl}) = M^2\, \widehat{V}(\overline{y}_{cl}) = N^2 \frac{N-n}{Nn} s_c^2 \tag{5.8}$$

- 추정오차의 한계:

$$2\sqrt{\widehat{V}(\hat{\tau}_{cl})} = 2\sqrt{M^2\, \widehat{V}(\overline{y}_{cl})} = 2\sqrt{N^2 \frac{N-n}{N} \frac{s_c^2}{n}} \tag{5.9}$$

예제 5.3

예제 5.1의 자료를 이용하여 $N = 96$ 개의 기업체에서 복사기 수리를 위해 지출한 비용 총계를 추정하고 추정오차의 한계를 구하여라. 단, 기업체들이 가지고 있는 복사기는 총 650대이다.

풀이

예제 5.1에서 $\overline{y}_d$는 19.73(천원)이다. 그러므로 τ의 추정값은

$$\hat{\tau} = M\overline{y}_d = 650 \times 19.73 = 12{,}824.5\,(\text{천원})$$

이 된다. 추정오차의 한계를 이용하여 모집단 총계에 대한 추정값을 구하면 다음과 같다.

$$\begin{aligned}\hat{\tau}_d \pm 2\sqrt{\widehat{V}(M\overline{y}_d)} &= \hat{\tau}_d \pm 2\sqrt{M^2\, \widehat{V}(\overline{y}_d)} \\ &= 12{,}824.5 \pm 2\sqrt{650^2 \times 0.79227} \\ &= 12{,}824.5 \pm 1{,}157.1\end{aligned}$$

$N = 96$ 개의 기업체에서 가지고 있는 총 650대의 복사기 수리를 위해 지출한 비용 총계에 대한 추정값은 12,824.5(천원)이고 추정오차의 한계는 1,157.1(천원)이 된다.

한편, 모집단에 있는 조사단위의 수를 알 수 없어서 집락추출에 의한 추정값 $M\overline{y}_d$를 사용할 수 없는 경우에는 M에 의존하지 않는 모집단 총계에 대한 또 다른 추정량을 고려할 수 있다. 즉, 다음과

같이 m개 표본집락에 대한 집락총계의 평균을 사용할 수 있다.

$$\bar{y}_t = \frac{1}{n}\sum_{i=1}^{n} y_i$$

이때, $\bar{y}_t$는 모집단에 있는 N개 집락총계의 평균에 대한 비편향추정량이고, $N\bar{y}_t$는 집락총계의 합 또는 모집단 총계 τ에 대한 비편향추정량이 된다.

예를 들면, 앞의 예제 5.3에서 기업체들이 소유하고 있는 복사기 대수를 알 수 없을 때는 $M\bar{y}_d$를 적용할 수 없기 때문에 추정량 $N\bar{y}_t$를 사용하여 τ를 추정할 수 있다.

모집단 크기 M에 의존하지 않는 모집단 총계 τ의 추정량 $N\bar{y}_t$와 그 분산 및 분산추정량은 다음과 같다.

- M에 의존하지 않는 모집단 총계 τ의 추정량:

$$\hat{\tau}_{cl} = N\bar{y}_t = \frac{N}{n}\sum_{i=1}^{n} y_i \tag{5.10}$$

- $N\bar{y}_t$의 분산:

$$V(N\bar{y}_t) = N^2\, V(\bar{y}_t) = N^2\,\frac{N-n}{Nn}\,S_t^2 \tag{5.11}$$

- 추정분산:

$$\hat{V}(N\bar{y}_t) = N^2\, \hat{V}(\bar{y}_t) = N^2\,\frac{N-n}{Nn}\,s_t^2 \tag{5.12}$$

여기서, s_t^2은 S_t^2의 추정치로서 각각 다음과 같다.

$$S_t^2 = \frac{\sum_{i=1}^{N}(y_i-\mu_1)^2}{N-1}, \quad s_t^2 = \frac{\sum_{i=1}^{n}(y_i-\bar{y}_t)^2}{n-1} \tag{5.13}$$

- 추정오차의 한계:

$$2\sqrt{\hat{V}(N\bar{y}_t)} = 2\sqrt{N^2\,\hat{V}(\bar{y}_t)} = 2\sqrt{N^2\,\frac{N-n}{Nn}\,s_t^2} \tag{5.14}$$

집락크기 간에 차이가 크고, 집락크기가 집락총계와 상관관계가 높으면, $N\bar{y}_t$ 의 분산은 일반적으로 $M\bar{y}_{cl}$ 의 분산보다 크다. 추정량 $N\bar{y}_t$ 는 집락크기 $m_1, m_2, \cdots, m_n$ 에 의한 정보를 사용하지 않으므로 정도가 낮을 수 있다.

3. 모집단 비율의 추정

어떤 정책에 찬성하는 사람들의 비율이나, 교사들 중에서 30대, 40대 등 연령에 따른 모집단 비율을 추정하고 싶다고 가정하자. 모집단 비율 p 를 잘 대표하는 추정량으로 표본비율 $\hat{p}$ 이 있다. 집락 i 에서 관심의 대상이 되는 특성을 가지고 있는 조사단위의 총계를 a_i 라 하자. 그러면 n 개 표본집락에서 관심의 대상이 되는 특성을 가지고 있는 조사단위의 비율은 다음 식(5.15)와 같이 된다. 여기서 m_i 는 i 번째 집락($i = 1, \cdots, n$)에 있는 조사단위의 수이다. $\hat{p}_{cl}$ 은 y_i 를 a_i 로 대체한 것을 제외하고 $\bar{y}_{cl}$ (식(5.1) 참조)와 같은 형태를 가진다. $\hat{p}$ 의 추정분산은 $\bar{y}_{cl}$ 의 추정분산과 유사하다.

모집단 비율 p 의 추정량 $\hat{p}_{cl}$ 과 그 분산 및 분산추정량은 다음과 같다.

■ 모집단 비율 p 의 추정량:

$$\hat{p}_{cl} = \frac{\sum_{i=1}^{n} a_i}{\sum_{i=1}^{n} m_i} \tag{5.15}$$

■ $\hat{p}$ 의 분산:

$$V(\hat{p}_{cl}) = \frac{N-n}{Nn\overline{M}^2} S_p^2 \tag{5.16}$$

■ 추정분산:

$$\hat{V}(\hat{p}_{cl}) = \frac{N-n}{Nn\overline{M}^2} s_p^2 \tag{5.17}$$

여기서, s_p^2 은 S_p^2 의 추정치로서 각각 다음과 같다.

$$S_p^2 = \frac{\sum_{i=1}^{N}(a_i - pm_i)^2}{N-1}, \quad s_p^2 = \frac{\sum_{i=1}^{n}(a_i - \hat{p}_{cl} m_i)^2}{n-1} \tag{5.18}$$

■ 추정오차의 한계:

$$2\sqrt{\hat{V}(\hat{p}_{cl})} = 2\sqrt{\frac{N-n}{Nn\overline{M}^2} s_p^2} \tag{5.19}$$

추정분산식(5.17)은 표본크기 n이 충분히 클 때($n \geq 20$) 좋은 추정량이 되며, $m_1 = m_2 = \cdots = m_N$이면 $\hat{p}_{cl}$은 p의 비편향추정량이 된다. 그리고 $\hat{V}(\hat{p}_{cl})$는 $\hat{p}_{cl}$의 분산에 대한 비편향추정량이 된다.

예제 5.4

대규모 제조회사에서는 공장별로 부품창고를 가지고 있다. 품질관리 감사실에서는 공장별로 부품들이 잘 분류되어 있는지를 감사하기 위해서 15개의 공장 중 랜덤하게 5개의 공장을 추출하여 <표 5.3>과 같은 자료를 얻었다. 부품들이 오분류된 비율을 추정하고 추정오차의 한계를 구하여라. 그리고 이에 대한 SAS 프로그램을 작성하여라.

표 5.3 5개의 표본 공장에 대한 자료

공장	부품 수	오분류 부품 수
1	15	2
2	27	3
3	9	1
4	31	1
5	16	2
합계	98	9

풀이

각 공장의 부품 수를 m_i라 하고 오분류 부품 수를 a_i라 하면,

$$\hat{p}_d = \frac{\sum_{i=1}^{n} a_i}{\sum_{i=1}^{n} m_i} = \frac{9}{98} = 0.0918$$

이 된다. 추정오차를 구하기 위해서 $\overline{M}$를 추정값 $\overline{m} = \frac{\sum_{i=1}^{n} m_i}{n} = \frac{98}{5} = 19.6$로 사용하고, $s_p^2 = 1.0948$이므로

$$\hat{V}(\hat{p}_d) = \frac{N-n}{Nn\overline{m}^2} s_p^2$$

$$= \frac{10-5}{15 \times 5 \times 19.6^2} \times 1.0948 = 0.00038$$

가 된다. 그러므로 추정오차는 $2\sqrt{\hat{V}(\hat{p}_d)} = 2 \times 0.0195 = 0.039$가 된다.

```
DATA EX5_4;
INPUT FAC NUM A_NUM @@;
CARDS;
 1 15 2 2 27 3 3 9 1 4 31 1 5 16 2
RUN;

/*부품 수 합계와 오분류 부품 수 합계*/
PROC SURVEYMEANS DATA = EX5_3 SUM TOTAL = 15;
VAR NUM A_NUM;
ODS OUTPUT STATISTICS = AN(KEEP = SUM);
RUN;

/*부품 수 합계*/
DATA AN2;
SET AN;
IF _N_ = 1;
RENAME SUM = NUM_SUM;
RUN;

/*오분류 부품 수 합계*/
DATA AN3;
SET AN;
IF _N_ = 2;
RENAME SUM = A_NUM_SUM;
```

```
RUN;

/*데이터 병합*/
DATA AN4;
MERGE AN2 AN3;
RUN;

/*변수이름 재정의*/
DATA AN4;
SET AN4;
SMALLM = 5;
RENAME NUM_SUM = BARN_UM A_NUM_SUM = BARNUM;
RUN;

/* 비율추정*/
DATA AN5_3;
SET AN4;
HAT_P = BARNUM/BARN_UM;
BARN = BARN_UM/SMALLM;
RUN;

/*데이터생성 5개*/
DATA ABN;
KEEP HAT_P BARN SMALLM;
SET AN5_3 AN5_3 AN5_3 AN5_3 AN5_3;
RUN;

/*차이 계산*/
DATA BN;
MERGE ABN EX5_4;
HATP_CL = A_NUM-HAT_P*NUM;
RUN;

/*표준편차 구하기*/
PROC MEANS DATA = BN NOPRINT;
VAR HATP_CL;
OUTPUT OUT = BBN STD = SRSQ;
RUN;

/*추정분산 구하기*/
```

```
DATA CLU;
MERGE BN BBN;
IF _N_ >= 2 THEN DELETE;
M = 15;
HATV_HP = ((M-SMALLM)/(M*SMALLM*(BARN**2)))*(SRSQ**2);
BOUND = 2*SQRT(HATV_HP);
RUN;

/*출력하기*/
PROC PRINT DATA = CLU NOOBS SPLIT = '*' LABEL;
TITLE '집락추출: 모집단 비율추정;
LABEL HAT_P = '모집단 비율 P의*추정값'
      BARN = '표본에 대한 평균*집락크기'
      HATV_HP = '추정분산*V(HAT_P)'
      BOUND = '추정오차의 한계';
VAR HAT_P BARN HATV_HP BOUND;
RUN;
```

▸ 출력결과

집락추출: 모집단 비율추정

모집단 비율 P의 추정값	표본에 대한 평균 집락크기	추정분산 V(HAT_P)	추정오차의 한계
0.091837	19.6	.000380145	0.038995

5.4 표본집락크기의 결정

단순임의추출이나 층화추출과 같이 집락추출의 경우에서도 조사를 실시하기 전에 반드시 표본크기를 결정해야 한다. 1단계 집락추출은 표본으로 선정된 집락에 있는 모든 조사단위를 조사하는 것이므로 집락총계의 관점에서 보면 단순임의추출에서 하나하나의 조사단위와 대체될 수 있다. 그러므로 표본집락을 결정하는 것은 단순임의추출에서 표본크기를 결정하는 문제와 동일하다. 표본크기에 따라 조사를 수행하는 데 드는 비용이 달라지고 동시에 우리가 얻고자 하는 관심변수에 대한 추정의 정도도 변하므로 이들을 고려하여 표본크기를 결정해야 한다. 즉, 표본집락 수가 커지면 조사비용이 전체적으로 증가하게 되지만 추정량의 정도는 높아지고, 반대로 표본집락 수가 작아지면 비용은 적게 드는 대신 추정의 정도는 떨어지게 된다. 따라서 이들 모두를 고려하는 것이 바람직하다. 그러나 여기서 표본집락크기는 일단 추정량의 정도를 고려하여 결정한다.

1. 모집단의 평균을 추정할 때 필요한 표본집락크기

식(5.2)로부터 추정량의 분산은 근사적으로

$$V(\bar{y}_{cl}) = \frac{N-n}{Nn\overline{M}^2} S_c^2$$

이 된다. 그런데 실제로 S_c^2과 평균집락크기 $\overline{M}$를 모르기 때문에 표본크기를 구하기가 어렵다. 따라서 사전조사나 예비 표본을 이용하여 이들의 추정값과 추정오차의 한계로 2배의 표준오차를 사용한다. 그러면 표본집락크기를 구하기 위해서 다음과 같은 관계식을 얻을 수 있다.

$$B = 2\sqrt{V(\bar{y}_{cl})} \tag{5.20}$$

위의 식(5.20)을 이용하여 표본집락 수 m을 구하는 공식은 다음과 같다.

■ 추정오차의 한계가 B일 때, μ를 추정하는 데 필요한 근사 표본집락크기:

$$n = \frac{NS_c^2}{ND + S_c^2} \tag{5.21}$$

여기서, S_c^2은 s_c^2으로 추정되고 $D = (B^2\overline{M}^2)/4$이다.

예제 5.5

예제 5.1의 복사기 제조회사 간부는 다음 달 복사기 한 대당 평균수리비용을 추정하고자 한다. 추정오차의 한계를 2천 원 미만으로 할 때 얼마나 많은 집락을 표본으로 선정해야 하는가?

풀이

$B=2$ 이고 $\overline{M}=\dfrac{M}{N}=\dfrac{650}{96}=6.77$ 이므로 $D=\dfrac{(B^2\overline{M}^2)}{4}=(6.77)^2$ 이 된다. 그리고 S_c^2 의 추정값인 s_c^2 을 사용하면 식(5.17)로부터,

$$n=\frac{Ns_c^2}{ND+s_c^2}=\frac{96(29.08)^2}{96(6.77)^2+(29.08)^2}=15.49\approx 16$$

이 되므로 16개의 집락을 표본으로 추출해야 한다.

2. 모집단의 비율을 추정할 때 필요한 표본집락크기

식(5.16)으로부터 모집단 비율에 대한 추정량의 분산은 근사적으로

$$V(\hat{p}_{cl})=\frac{N-n}{Nn\overline{M}^2}S_p^2$$

이 된다. 모집단 비율을 추정할 때 필요한 표본집락크기는 모집단 평균을 추정할 때 필요한 표본집락크기를 구하는 방법과 동일하므로 다음의 관계식이 성립한다.

$$B=2\sqrt{V(\hat{p}_{cl})}$$

이를 표본집락 수 n 에 관하여 풀면 식(5.21)과 유사한 해를 얻게 된다.

- 추정오차의 한계가 B일 때, p를 추정하는 데 필요한 근사 표본집락크기:

$$n=\frac{NS_p^2}{ND+S_p^2} \tag{5.22}$$

여기서, S_n^2 은 s_n^2 로 추정되고 $D = (B^2 \overline{M}^2)/4$ 이다.

예제 5.6

예제 5.4의 자료가 낙후되어 새로운 조사를 실시하려고 한다. 추정오차의 한계를 0.03 이내로 하고 모집단 오분류 부품의 비율 p 를 추정하기 위해서는 어느 정도 크기의 집락을 표본으로 가져야 하는가?

풀이

예제 5.4에서 S_p^2 의 추정값은 $s_p^2 = 1.0948$ 이며 $\overline{M}$는 $\overline{m} = \dfrac{98}{5} = 19.6$ 으로 추정되므로 D의 근삿값은 다음과 같다.

$$D = \frac{(B^2 \overline{M}^2)}{4} = \frac{(0.03)^2 (19.6)^2}{4} = 0.08644$$

따라서 식(5.22)로부터

$$n = \frac{Ns_p^2}{ND + s_p^2} = \frac{15 \times 1.0948}{15 \times 0.08644 + 1.0948} = 6.867 \approx 7$$

이 되므로 7개의 집락을 표본으로 추출해야 한다.

5.5 확률비례집락추출

지금까지 논의한 모든 추출방법은 조사단위나 조사단위들의 집락에 대한 단순임의추출에 관한 것으로 각 조사단위나 집락들이 표본으로 선정될 확률이 같은 경우에 대하여 다루었다. 이것이 추출을 하는 최선의 방법은 아니고 때론 모집단으로부터 추출되는 단위들의 확률을 변화시켜 추정값을 개선할 수 있다. 예를 들면 단순임의추출에서 모집단을 구성하고 있는 모든 조사단위들의 규모가 다를 수 있고, 5.1절에서 다루고 있는 집락추출에서도 선거구나 지역을 집락으로 사용할 때 집락을 구성하고 있는 조사단위들의 규모가 현격하게 다른 경우가 있다. 이때 조사단위나 집락을 동일 확률로 추출하게 되면 추출된 표본으로부터 얻은 정보가 모집단을 제대로 대변해주지 못할 수 있다. 선거에서 특정 후보의 당선 여부에 대한 조사는 유권자가 많은 선거구에 크게 영향을 받게 되므로 규모가 큰 선거구가 표본으로 추출될 기회를 높게 함으로써 특정 후보의 득표 수에 대한 보다 나은 추정값을 얻을 수 있다. 이와 같은 추출방법을 **확률비례집락추출**(確率比例集落抽出, cluster sampling with probabilities proportional to size) 또는 pps 집락추출이라 한다.

1단계 추출단위를 확률비례복원으로 추출한다고 하면, 모집단 총계에 대한 비편향추정량의 공식은

$$\hat{\tau}_{pps} = \frac{1}{n}\sum_{i=1}^{n}\frac{y_i}{p_i}$$

이다. 이를 M으로 나누면 모집단 평균에 대한 비편향추정량을 얻을 수 있으며 추정량들의 분산과 추정분산도 쉽게 구할 수 있다.

즉, 모집단 총계에 대한 확률비례추정량은 추출확률이 $p_i = m_i/M$ 이므로

$$\hat{\tau}_{pps} = \frac{1}{n}\sum_{i=1}^{n}\frac{y_i}{p_i} = \frac{1}{n}\sum_{i=1}^{n}\frac{y_i}{m_i/M} = \frac{M}{n}\sum_{i=1}^{n}\frac{y_i}{m_i} = \frac{M}{n}\sum_{i=1}^{n}\overline{y}_i$$

이다. 결과적으로 모평균 μ에 대한 확률비례추정량은 다음과 같다.

$$\overline{y}_{pps} = \frac{\hat{\tau}_{pps}}{M} = \frac{1}{n}\sum_{i=1}^{n}\overline{y}_i$$

모집단 총계 τ의 추정량 $\hat{\tau}_{pps}$과 그 분산 및 분산추정량은 다음과 같다.

- 모집단 총계 τ의 추정량:

$$\hat{\tau}_{pps} = \frac{1}{n}\sum_{i=1}^{n}\frac{y_i}{p_i} \tag{5.23}$$

- $\hat{\tau}_{pps}$ 의 분산:

$$V(\hat{\tau}_{pps}) = \frac{1}{n}\sum_{i=1}^{N}p_i\left(\frac{y_i}{p_i}-\tau\right)^2 = \frac{1}{n}\left(\sum_{i=1}^{N}\frac{y_i^2}{p_i}-\tau^2\right) \tag{5.24}$$

- 추정분산:

$$\hat{V}(\hat{\tau}_{pps}) = \frac{1}{n(n-1)}\sum_{i=1}^{n}\left(\frac{y_i}{p_i}-\hat{\tau}_{pps}\right)^2 \tag{5.25}$$

- 추정오차의 한계:

$$2\sqrt{\hat{V}(\hat{\tau}_{pps})} = 2\sqrt{\frac{1}{n(n-1)}\sum_{i=1}^{n}\left(\frac{y_i}{p_i}-\hat{\tau}_{pps}\right)^2} \tag{5.26}$$

한편 모집단 평균 μ에 대한 확률비례추정량과 분산 및 분산추정량은 다음과 같다.

- 모집단 평균 μ의 추정량:

$$\overline{y}_{pps} = \frac{1}{n}\sum_{i=1}^{n}\overline{y}_i \tag{5.27}$$

- $\overline{y}_{pps}$ 의 분산:

$$V(\overline{y}_{pps}) = \frac{1}{n(n-1)}\sum_{i=1}^{N}(\overline{y}_i-\mu)^2 \tag{5.28}$$

- 추정분산:

$$\hat{V}(\overline{y}_{pps}) = \frac{1}{n(n-1)}\sum_{i=1}^{n}(\overline{y}_i-\overline{y}_{pps})^2 \tag{5.29}$$

■ 추정오차의 한계:

$$2\sqrt{\hat{V}(\bar{y}_{pps})} = 2\sqrt{\frac{1}{n(n-1)}\sum_{i=1}^{n}(\bar{y}_i - \bar{y}_{pps})^2} \tag{5.30}$$

예제 5.7

A 그룹에서는 지난 한 달 동안 계열 회사에서 복사기 수리비용으로 지출한 금액(단위: 천원)을 추정하고자 한다. 5개 계열 회사에서 소유하고 있는 복사기 수에 확률비례하여 2개 회사를 추출하고, 이들로부터 그룹 전체에서 한 달간 지출한 수리비용을 추정하고 추정오차의 한계를 구하여라.

표 5.4 5개 계열회사에 대한 자료

회사	복사기 수	p_i	누적범위
1	5	5/37	01-05
2	7	7/37	06-12
3	4	4/37	13-16
4	15	15/37	17-31
5	6	6/37	32-37
합계	37	1.0	

풀이

$n=2$ 개의 회사를 추출해야 하기 때문에 01-37 사이에 있는 2개의 난수를 선정해야 한다. 이러한 선정은 난수표나 계산기 등을 이용한 난수 발생으로 얻을 수 있다. 난수표에서 02와 22의 수를 얻었다고 하자. 이 난수들은 각각 누적범위 1~5와 17~31에 속하므로 표본으로 회사 1과 회사 4를 선정한다. 이때 각 회사의 월간 총수리비용은 $y_1 = 60$(천원)과 $y_2 = 270$(천원)으로 조사되었다.
식(5.23)으로부터 그룹 전체에서 복사기 수리비용 총계에 대한 추정값을 얻으면

$$\hat{\tau}_{pps} = \frac{1}{n}\sum_{i=1}^{n}\frac{y_i}{p_i} = \frac{1}{2}\left(\frac{60}{5/37} + \frac{270}{15/37}\right) = 555\,(\text{천원})$$

이다. 그리고 추정오차의 한계를 구하기 위해서 식(5.26)을 사용하면,

$$\hat{V}(\hat{\tau}_{pps}) = \frac{1}{n(n-1)}\sum_{i=1}^{n}\left(\frac{y_i}{p_i} - \hat{\tau}_{pps}\right)^2$$

$$= \frac{1}{2}\left[\left(\frac{60}{5/37} - 555\right)^2 + \left(\frac{270}{15/37} - 555\right)^2\right] = 12{,}321$$

이 되므로 추정오차의 한계는 $2\sqrt{\hat{V}(\hat{\tau}_{pps})} = 2 \times 111 = 222$ (천원)이 된다.

예제 5.8

어떤 제약 회사에서는 특정 질병을 진단할 수 있는 자가 진단 키트를 개발하였다. 이 회사의 연구원들은 진단 키트를 1상과 2상 실험을 통해 환자를 얼마나 정확하게 진단할 수 있는지 체크하여 최종적으로 정부로부터 의약품 승인을 획득하고자 한다. 이를 위해 $N = 10$ 검사지점을 지정하여 검사에 참여한 인원 수가 다음과 같다.

10, 2, 22, 8, 16, 24, 9, 10, 8, 31

확률비례추출방법으로 $n = 4$개의 지역을 표본으로 선택하여 해당 지역의 총환자 수를 추정하고자 한다. 이때 표본으로 추출된 지점은 2, 3, 5, 7번 지점이며, 각각의 지점에서 환자로 밝혀진 수는 1, 3, 2, 1명이라고 한다. 총환자 수와 추정오차의 한계를 구하여라.

표 5.5 10개 검사지점의 자료

검사지점	검사자 수	p_i	누적범위
1	10	10/150	001-010
2	12	2/150	011-022
3	22	22/150	023-044
4	8	8/150	045-052
5	16	16/150	053-068
6	24	24/150	069-092
7	9	9/150	093-101
8	10	10/150	102-111
9	8	8/150	112-119
10	31	31/150	120-150
합계	150	1.0	

풀이

확률비례추출에 대한 총계 추정량을 이용하여 총감염자 수를 추정하면

$$\begin{aligned}\hat{\tau}_{pps} &= \frac{1}{n}\sum_{i=1}^{n}\frac{y_i}{p_i} \\ &= \frac{1}{4}\left(\frac{1}{12/150}+\frac{3}{22/150}+\frac{2}{16/150}+\frac{1}{9/150}\right) \\ &= 17.093\end{aligned}$$

이다. 다음으로 추정오차의 한계를 구하기 위해 추정분산은 다음과 같이 계산된다.

$$\begin{aligned}\hat{V}(\hat{\tau}_{pps}) &= \frac{1}{n(n-1)}\sum_{i=1}^{n}\left(\frac{y_i}{p_i}-\hat{\tau}_{pps}\right)^2 \\ &= \frac{1}{12}\left[\left(\frac{1}{12/150}-17.093\right)^2+\left(\frac{3}{22/150}-17.093\right)^2\right. \\ &\qquad \left.+\left(\frac{2}{16/150}-17.093\right)^2+\left(\frac{1}{9/150}-17.093\right)^2\right] \\ &= 2.944\end{aligned}$$

따라서 95% 신뢰수준하에서 추정오차의 한계는

$$2\sqrt{\hat{V}(\hat{\tau}_{pps})} = 2\times 1.716 = 3.44$$

으로서 질병 감염자 수는 (13.66, 20.52) 사이에 있다. 즉, 해당 진단 키트로 진단하여 감염자로 판정된 총환자 수는 약 14명에서 21명 사이에 있다. 결과적으로 해당 진단 키트로 검사할 경우 양성률은 9.3% ~ 14%에 이른다고 할 수 있다.

5.6 층화집락추출법

층화집락추출법은 층화추출법과 집락추출법을 결합한 표본추출방법으로 모집단이 L개의 층으로 구분되고 각 층은 N_h의 1차 추출단위로 구성되고, 이로부터 n_h의 표본

집락을 추출하며, h층의 i 번째 집락의 조사단위의 수는 m_{hi}, 모집단의 조사단위의 총수는 $M_h = \sum_{i=1}^{N_h} m_{hi}$, 모집단의 각 층별 평균집락의 크기는 $\overline{M}_h = M_h / m_h$, h층의 i 번째 집락의 총계는 y_{hi}로 정의할 수 있다.

그러면 모집단 평균 μ의 표본평균 $\overline{y}_{cl}$은 비추정량의 형식이지만, 분리비 추정량을 사용할 경우 각 층별 조사단위의 총개수를 알아야 하기 때문에, 통상적으로 이 값을 알기 어렵다. 즉, M에 의존하지 않는 추정량을 사용하게 된다. 따라서 이러한 이유로 분리비 추정보다 결합비 추정을 활용할 수 있다.

모집단 평균 μ에 대한 층화집락추정량은 각각의 층별 평균 집락총계의 추정값은

$$\hat{\tau}_{st} = \sum_{h=1}^{L} W_h \overline{y}_{ht}, \text{ 여기서 } \overline{y}_{ht} = \frac{1}{n_h} \sum_{i=1}^{n_h} y_{hi},$$

이며, 평균집락크기의 추정값은

$$\overline{m}_{st} = \sum W_h \overline{m}_h, \text{ 여기서 } \overline{m}_h = \frac{1}{n_h} \sum_{i=1}^{n_h} m_{hi}$$

이므로 결과적으로 조사단위당 모집단 평균의 추정값은 다음과 같이 구할 수 있다. 단, $W_h = N_h / N$ 이다.

$$\overline{y}_{stcl} = \frac{\hat{\tau}_{st}}{\overline{m}_{st}} = \frac{\sum_{h=1}^{L} N_h \overline{y}_{th}}{\sum_{h=1}^{L} N_h \overline{m}_h}$$

한편 $\overline{y}_{clst}$의 분산은 다음과 같이 추정할 수 있고

$$\hat{V}(\overline{y}_{stcl}) = \frac{1}{M^2} \left(\sum_{h=1}^{L} \frac{N_h (N_h - n_h)}{n_h} s_{ch}^2 \right)$$

만일 M을 모르면 $\sum_{h=1}^{L} N_h \overline{m}_h$로 추정할 수 있다.

5.7 2단계 집락추출법

2단계 집락추출법은 1단계 집락추출법의 개념을 확장한 것이다. 5.1절에서 다룬 예제에서 도시에 있는 가구들의 평균 공공요금 지출액에 대한 조사에서 집락인 구 또는 동에는 많은 가구들이 포함되어 있다. 특정 후보에 대한 지지율 조사에서도 선거구에 많은 유권자들이 있어 이들을 모두 조사하기 어려운 경우가 생긴다. 그리고 소설책 속에 들어 있는 단어의 수를 추정하는 문제에서 각 쪽당 들어 있는 단어의 수가 거의 비슷하므로 각 쪽에 있는 단어 수를 모두 헤아릴 필요가 없다. 이러한 상황이 발생할 때, 연구자들은 다음과 같은 2단계 집락추출법을 사용한다.

정의

모집단으로부터 집락을 1차 표본으로 추출하고, 추출한 각 집락 내에 있는 조사단위들로부터 다시 표본을 추출하는 방법을 **2단계 집락추출법**(二段階 集落抽出法, two-stage cluster sampling)이라 한다.

여기서도 각 단계는 단순임의표본을 사용할 것이다. 도시에 있는 가구들의 평균 공공요금 지출액에 대한 조사에서 집락으로 구 또는 동을 표본으로 추출한 다음 표본 구 또는 표본 동에 있는 가구들로부터 단순임의표본을 뽑아 조사를 실시한다. 그리고 선거에서 특정 후보에 대한 지지율을 조사할 때 선거구에 대한 단순임의표본을 뽑은 다음 표본으로 뽑힌 선거구에 있는 유권자들로부터 단순임의표본을 추출한다. 이처럼 2단계 집락추출은 일반적으로 주거단위의 추출을 포함한 대규모 조사에서 사용된다. 예를 들어 전국단위 여론조사를 실시하는 경우 우리나라 전역으로부터 약 300개의 선거구를 추출하고 2단계에서는 한 선거구당 대략 5개의 가구를 랜덤하게 추출하여, 전체적으로 약 1,500가구를 표본으로 선정하는 경우 2단계 집락추출을 사용한 사례이다.

2단계 집락추출법도 1단계 집락추출법에서와 유사한 장점을 가지고 있다. 즉, 모집단에 있는 모든 조사단위들을 나열하는 틀이 없거나, 이러한 틀을 얻는 데 많은 비용이 들지만 모든 집락에 대한 목록은 얻기 쉬운 경우, 그리고 추출된 조사단위들이 넓은 지역에 걸쳐 흩어져 있어 여행비용으로 인해 자료를 얻는 비용이 증가할 때 2단계 집락추출법은 다른 방법에 비해 경제적이다.

그러나 2단계 집락표본을 추출하는 데는 5.2절에서 언급한 바와 같이 얼마만큼의 표본집락을 추출하고 어느 정도의 조사단위에 대한 표본을 추출하는가를 결정하는 것이 중요하다. 이때 집락 내에 있는 조사단위들의 지리적 근접성과 집락들을 관리하는 편리성 등을 고려해야 한다. 적절한 집락의 선정은 집락을 적게 추출하고 각 집락으로부터 많은 조사단위를 추출할지 또는 집락을 많이 추출하고 각 집락으로부터는 조사단위를 적게 추출할지에 달려있다. 통상적으로 큰 집락들은 이질적인 조사단위들을 포함하는 경향이 있으므로, 모집단 모수에 대한 정확한 추정이 요구될 때는 각 집락으로부터 많은 표본이 필요하게 된다. 반대로, 작은 집락들은 상대적으로 동질적인 조사단위들을 종종 포함하므로, 이 경우에는 각 집락으로부터 표본을 적게 추출함으로써 집락 특성에 관한 정확한 정보를 얻을 수 있다.

2단계 집락추출법을 위해서는 다음과 같이 표기들을 사용한다.

- N: 모집단에 있는 집락 수
- n: 단순임의추출로 뽑은 표본집락 수
- M_i: i 번째 집락에 있는 1차 추출 단위의 수
- m_i: i 번째 집락으로부터 단순임의추출된 2차 추출 단위의 수
- $M = \sum_{i=1}^{N} M_i$: 모집단에 있는 1차 추출 단위의 수
- $\overline{M} = M/N$: 모집단에 대한 평균집락크기
- y_{ij}: i 번째 집락으로부터 뽑힌 j 번째 관측값
- $\overline{y}_i = \frac{1}{m_i}\sum_{j=1}^{m_i} y_{ij}$: i 번째 집락에 있는 조사단위들의 표본평균
- $\mu_i = \tau_i / M_i$: i 번째 집락에 있는 조사단위들의 모집단 평균

1. 모집단 평균 μ에 대한 추정

모집단 평균 μ의 추정을 위해서 모집단 총계에 대한 비편향추정량을 구하면 식 (5.10)으로부터

$$\hat{\tau} = \frac{N}{n}\sum_{i=1}^{n} y_i$$

가 되므로 이를 M으로 나누면 모집단 평균 μ에 대한 비편향추정량을 얻는다. 그러나 집락총계 y_i를 알 수 없으므로 $M_i \bar{y}_i$를 대신 사용하여 μ에 대한 추정량을 얻는다. 2단계 집락추출법에 의한 모집단 평균 μ의 추정량 $\bar{y}_{2cl}$와 그 분산 및 분산추정량은 다음과 같다.

■ 모집단 평균 μ의 추정량:

$$\bar{y}_{2cl} = \frac{N}{M}\frac{1}{n}\sum_{i=1}^{n} M_i \bar{y}_i = \frac{1}{\overline{M}}\frac{1}{n}\sum_{i=1}^{n} M_i \bar{y}_i \tag{5.31}$$

■ $\bar{y}_{2cl}$의 분산:

$$V(\bar{y}_{2cl}) = \left(\frac{N-n}{N}\right)\left(\frac{1}{n\overline{M}^2}\right)S_b^2 + \frac{1}{nN\overline{M}^2}\sum_{i=1}^{N} M_i^2\left(\frac{M_i - m_i}{M_i}\right)\frac{S_i^2}{m_i} \tag{5.32}$$

■ 추정분산:

$$\hat{V}(\bar{y}_{2cl}) = \left(\frac{N-n}{N}\right)\left(\frac{1}{n\overline{M}^2}\right)s_b^2 + \frac{1}{nN\overline{M}^2}\sum_{i=1}^{n} M_i^2\left(\frac{M_i - m_i}{M_i}\right)\frac{s_i^2}{m_i} \tag{5.33}$$

여기서, s_b^2과 s_i^2은 각각 S_b^2와 S_i^2의 추정치로서 다음과 같다.

$$S_b^2 = \frac{\sum_{i=1}^{N}(y_i - \mu_1)^2}{N-1}, \quad s_b^2 = \frac{\sum_{i=1}^{n}(M_i\bar{y}_i - \overline{M}\bar{y}_{2cl})^2}{n-1} \tag{5.34}$$

$$S_i^2 = \frac{\sum_{j=1}^{M_i} (y_{ij} - \mu_i)^2}{M_i - 1}, \quad s_i^2 = \frac{\sum_{j=1}^{m_i} (y_{ij} - \overline{y}_i)^2}{m_i - 1} \tag{5.35}$$

■ 추정오차의 한계:

$$2\sqrt{\hat{V}(\overline{y}_{2cl})} \tag{5.36}$$

예제 2.6

산림청 연구관은 전국 50개 구획에서 나누어 재배한 총 2,600그루 정도의 특정 묘목의 평균 크기를 추정하고자 2단계 집락추출을 사용하였다. 우선 10개 구획을 추출하고 그 안에서 약 10%를 표본으로 추출하여 표본 묘목의 크기를 조사한 결과가 <표 5.6>과 같다. 전국적으로 재배한 특정 묘목의 평균 크기를 추정하고 추정오차의 한계를 구하여라.

표 5.6 10개 표본 구획에 대한 자료

구획	묘목 수(M_i)	표본 묘목 수(m_i)	묘목의 크기(㎝)
1	52	5	12, 11, 12, 10, 13
2	56	6	10, 9, 7, 9, 8, 10
3	60	6	6, 5, 7, 5, 6, 4
4	46	5	7, 8, 7, 7, 6
5	49	5	10, 11, 13, 12, 12
6	51	5	14, 15, 13, 12, 13
7	50	5	6, 7, 6, 8, 7
8	61	6	9, 10, 8, 9, 9, 10
9	60	6	7, 10, 8, 9, 9, 10
10	45	6	12, 11, 12, 13, 12, 12

풀이

위의 표로부터 모집단 평균 추정에 필요한 값들을 계산하면 다음과 같다.

구획	묘목 수 (M_i)	표본묘목 수 (m_i)	$\bar{y}_i$	$M_i\bar{y}_i$	s_i^2	s_b^2
1	52	5	11.6	603.2	1.3	9323.326
2	56	6	8.8	494.7	1.366667	143.4237
3	60	6	5.5	330.0	1.1	31202.62
4	46	5	7.0	322.0	0.5	34092.9
5	49	5	11.6	568.4	1.3	3813.973
6	51	5	13.4	683.4	1.3	31243.17
7	50	5	6.8	340.0	0.7	27769.77
8	61	6	9.2	559.2	0.566667	2758.775
9	60	6	8.8	530.0	1.366667	545.5668
10	45	6	12.0	540.0	0.4	1112.714
합계	530	55		4970.8		142006.2

$M = 2{,}600$ 이므로 식(5.31)을 사용하여 모집단 평균을 추정할 수 있다.

$$\bar{y}_{2d} = \frac{N}{M}\frac{1}{n}\sum_{i=1}^{n} M_i\bar{y}_i = \frac{50}{2{,}600}(497.08) = 9.559$$

그리고 식(5.33)을 이용하여 $\bar{y}_{cl}$ 의 추정분산을 계산하면

$$\begin{aligned}\hat{V}(\bar{y}_{2d}) &= \frac{N-n}{N}\frac{1}{n\overline{M}^2}s_b^2 + \frac{1}{nN\overline{M}^2}\sum_{i=1}^{n} M_i^2\left(1-\frac{m_i}{M_i}\right)\frac{s_i^2}{m_i} \\ &= \frac{50-10}{50(10)(52)^2}(125.61)^2 + \frac{1}{50(10)(52)^2}(4{,}713.2) \\ &= 0.453\end{aligned}$$

이다. 그러므로 추정오차의 한계는 $B = 2\sqrt{\hat{V}(\bar{y}_{2d})} = 1.346$ 이 된다.

따라서 전국적으로 재배한 특정 묘목의 평균 크기에 대한 추정값은 9.559㎝이고 추정오차의 한계는 1.346㎝가 된다.

예제 5.10

A 시에는 3개 구가 있고 각 구는 3개의 동으로 구성되어 있다. 이때 $n = 2$ 개 구의 집락을

추출하고 이로부터 각각 $m_1 = 2$, $m_2 = 2$ 인 동을 추출하고자 한다. 이에 대한 SAS 프로그램을 작성하여라.

구	동		
A	1	2	3
B	4	5	6
C	7	8	9

풀이

```
DATA EX5_10;
INPUT CLU $ DONG @@;
CARDS;
 A 1 A 2 A 3 B 4 B 5 B 6 C 7 C 8 C 9
RUN;

/*1단계: 표본구 추출*/
PROC SURVEYSELECT DATA = EX5_10 SEED = 12345
                      M = SRS N = 2 OUT = FOUT;
CLUSTER CLU;
RUN;

/*표본구 분리*/
DATA CLU_1 CLU_2;
SET FOUT;
IF CLU = 'A' THEN OUTPUT CLU_1;
ELSE OUTPUT CLU_2;
RUN;

/*2단계: 첫 번째 표본구에서 표본동 추출*/
PROC SURVEYSELECT DATA = CLU_1 SEED = 12345
                      M = SRS N = 2 OUT = S1OUT;
RUN;

/*2단계: 두 번째 표본구에서 표본동 추출*/
PROC SURVEYSELECT DATA = CLU_2 SEED = 12345
                      M = SRS N = 2 OUT = S2OUT;
RUN;
```

```
/*표본동 데이터 결합*/
DATA FIN;
SET S1OUT S2OUT;
RUN;

/*결과 출력*/
PROC PRINT DATA=FIN LABEL NOOBS;
VAR CLU DONG;
 TITLE '2 단계 집락추출법';
 LABEL CLU='구 지역'
       DONG='표본동';
RUN;
```

▸ 출력결과

2단계 집락추출법

구 지역	표본 동
A	1
A	3
C	7
C	9

2. 모집단 총계 τ에 대한 추정

2단계 집락추출에서 모집단 총계에 대한 추정량은 단순임의추출하에서 집락추출하는 것과 유사하게 모평균 μ에 대한 추정량에 모집단 조사단위의 총수 M을 곱해 구할 수 있다. 따라서 $M\bar{y}_{2cl}$는 2단계 집락추출에서 모집단 총계 τ의 비편향 추정량이다.

■ 모집단 총계 τ의 추정량:

$$\hat{\tau}_{2cl} = M\bar{y}_{2cl} = \frac{N}{n}\sum_{i=1}^{n} M_i \bar{y}_i \tag{5.37}$$

■ $\hat{\tau}_{2cl}$의 분산:

$$V(\hat{\tau}_{2cl}) = \left(\frac{N-n}{N}\right)\left(\frac{N^2}{n}\right)S_b^2 + \left(\frac{N}{n}\right)\sum_{i=1}^{N} M_i^2\left(\frac{M_i - m_i}{M_i}\right)\frac{S_i^2}{m_i} \tag{5.38}$$

■ 추정분산:

$$\hat{V}(\hat{\tau}_{2cl}) = \left(\frac{N-n}{N}\right)\left(\frac{N^2}{n}\right)s_b^2 + \left(\frac{N}{n}\right)\sum_{i=1}^{n} M_i^2\left(\frac{M_i - m_i}{M_i}\right)\frac{s_i^2}{m_i} \tag{5.39}$$

■ 추정오차의 한계:

$$2\sqrt{\hat{V}(\hat{\tau}_{2cl})} \tag{5.40}$$

---

3. 모집단 평균 μ에 대한 비추정(M에 의존하지 않는 추정)

식(5.31)로부터 추정량 $\bar{y}_{2cl}$은 모집단에 있는 조사단위의 총계 M에 의존한다. 만일 M을 모르게 되면 표본자료를 이용하여 M을 추정해야 하는데 모집단에 있는 집락 수 N을 표본의 평균집락크기 $\sum_{i=1}^{n} M_i/n$에 곱하여 M에 대한 추정값으로 대신할 수 있다. 따라서 M을 추정하게 되면 식(5.31)로부터 분자와 분모가 모두 확률변수가 되기 때문에 비추정량으로 구할 수 있다.

■ 모집단 평균 μ의 비추정량:

$$\bar{y}_{2cl(r)} = \frac{\sum_{i=1}^{n} M_i \bar{y}_i}{\sum_{i=1}^{n} M_i} \tag{5.41}$$

■ $\bar{y}_{2cl(r)}$의 분산:

$$V(\bar{y}_{2cl(r)}) = \left(\frac{N-n}{N}\right)\left(\frac{1}{n\bar{M}^2}\right)S_r^2 + \frac{1}{nN\bar{M}^2}\sum_{i=1}^{N} M_i^2\left(\frac{M_i - m_i}{M_i}\right)\frac{S_i^2}{m_i} \tag{5.42}$$

■ 추정분산:

$$\hat{V}(\overline{y}_{2cl(r)}) = \left(\frac{N-n}{N}\right)\left(\frac{1}{n\overline{M}^2}\right)s_r^2 + \frac{1}{nN\overline{M}^2}\sum_{i=1}^{n}M_i^2\left(\frac{M_i-m_i}{M_i}\right)\frac{s_i^2}{m_i} \quad (5.43)$$

여기서 $s_r^2 = \dfrac{\sum_{i=1}^{n}(M_i\overline{y}_i - \overline{M}\,\overline{y}_{2cl(r)})^2}{n-1}$, $s_i^2 = \dfrac{\sum_{j=1}^{m_i}(y_{ij}-\overline{y}_i)^2}{m_i-1}$ 이다.

■ 추정오차의 한계:

$$2\sqrt{\hat{V}(\overline{y}_{2cl(r)})} \quad (5.44)$$

4. 모집단 비율 p에 대한 추정

정부의 대국민 정책에 대한 지지율이나 전국적인 가구당 노인의 비율, 월간 공공요금의 미납 가구의 비율과 같이 모집단의 비율 p를 추정하는 경우 2단계 집락추출법을 적용하고자 한다. 2단계 집락추출에서 모비율 p의 추정은 모평균 μ의 추정에서 i 번째 집락의 j 번째 조사단위의 값 y_{ij}가 0 또는 1의 값을 갖는 경우로 생각할 수 있다.

모집단의 조사단위 총수 M을 알 수 없는 경우가 일반적이기 때문에 모평균 μ에 대한 비추정식인 식(5.41)의 $\overline{y}_{2cl(r)}$를 이용하여 모비율 p를 추정하는 방법을 소개하고자 한다.

■ 모집단 비율 p의 비추정량:

$$\hat{p}_{2cl(r)} = \frac{\sum_{i=1}^{n}M_i\hat{p}_i}{\sum_{i=1}^{n}M_i} \quad (5.45)$$

■ $\hat{p}_{2cl(r)}$의 분산:

$$V(\hat{p}_{2cl(r)}) = \left(\frac{N-n}{N}\right)\left(\frac{1}{n\overline{M}^2}\right)S_r^2 + \frac{1}{nN\overline{M}^2}\sum_{i=1}^{N}M_i^2\left(\frac{M_i-m_i}{M_i}\right)\frac{S_i^2}{m_i} \quad (5.46)$$

■ 추정분산:

$$\hat{V}(\hat{p}_{2cl(r)}) = \left(\frac{N-n}{N}\right)\left(\frac{1}{n\overline{M}^2}\right)s_r^2 + \frac{1}{nN\overline{M}^2}\sum_{i=1}^{n} M_i^2\left(\frac{M_i - m_i}{M_i}\right)\frac{s_i^2}{m_i} \tag{5.47}$$

여기서 $s_r^2 = \dfrac{\sum_{i=1}^{n}(M_i\hat{p}_i - \overline{M}\hat{p}_{2cl(r)})^2}{n-1}$, $s_i^2 = \dfrac{\sum_{j=1}^{m_i}(y_{ij} - \hat{p}_i)^2}{m_i - 1}$ 이다.

■ 추정오차의 한계:

$$2\sqrt{\hat{V}(\hat{p}_{2cl(r)})} \tag{5.48}$$

5.8 연습문제

1 한 의료담당관이 S 시에 있는 병원에서 지난 한 달 동안 입원했던 환자 수를 추정하기 위해서 집락추출을 사용하기로 했다. 그래서 담당관은 S 시에 있는 33개의 병원에서 랜덤하게 10개의 병원을 추출해서 각 병원에 있는 병상 수와 지난달에 입원했던 환자 수를 조사하여 다음과 같은 자료를 얻었다.

병원	병상 수	지난 한 달 동안 입원 환자 수
1	824	5,680
2	312	1,976
3	329	2,683
4	648	3,752
5	358	1,928
6	252	1,369
7	256	1,785
8	263	1,774
9	138	687
10	150	1,196

(1) 지난 한 달 동안 병상당 평균 입원 환자 수를 추정하고 추정오차의 한계를 구하여라.

(2) 1년 후 병상당 평균 입원 환자 수를 추정하기 위해서 추정오차의 한계를 (1)과 같이 한다면 얼마나 많은 집락을 표본으로 선정해야 하는가?

2 어떤 지역의 의료보건 담당자는 1주일 동안 간염 접종을 한 사람 가운데 전년도에도 간염 접종을 한 사람들의 비율을 추정하고자 한다. 그 지역에는 총 50개의 보건소가 있는데 그중에서 5개의 보건소를 랜덤하게 추출하여 다음과 같은 자료를 얻었다.

보건소	간염 접종한 사람 수	전년도에도 접종한 사람 수
1	46	15
2	13	5
3	94	34

보건소	간염 접종한 사람 수	전년도에도 접종한 사람 수
4	15	4
5	42	16

(1) 전년도에도 간염 접종을 한 사람들의 비율을 추정하고 추정오차의 한계를 구하여라.

(2) 다음 1주일 동안 전년도에 간염 접종을 한 사람들의 비율을 추정하기 위해서 추정오차의 한계를 0.02 내로 할 때, 어느 정도 크기의 표본집락을 취해야 하는가?

(3) 위의 결과들을 얻기 위한 SAS 프로그램을 작성하여라.

3 가구경제 관련 조사를 통해 가구당 월평균 소득을 추정하기 위해 집락추출설계를 이용하기로 하였다. 해당 지역에는 200개 조사구가 있으며, 이 중에서 10개의 조사구를 표본으로 추출하고, 조사구 내의 모든 가구의 소득을 조사한 결과가 아래와 같다. 가구당 월평균 소득을 추정하고, 추정오차의 한계를 구하여라.

조사구	가구 수	가구총소득
1	68	2,210
2	100	2,390
3	70	2,430
4	58	3,110
5	55	3,500
6	60	2,900
7	61	3,340
8	80	4,500
9	85	8,100
10	40	5,100

4 모집단이 $N = 10$ 개의 집락으로 되어 있고 이들 집락에 총 $M = 100$ 개의 조사단위가 있다. 모집단에서 랜덤하게 $n = 3$ 의 집락을 추출하여 집락총계 y_i 와 집락크기 M_i 에 대한 자료를 얻었다. 이들 값이 각각 $y_1 = 4$, $M_1 = 5$; $y_2 = 12$, $M_2 = 20$; $y_3 = 7$, $M_3 = 10$ 이다. 모집단 총계에 대한 추정값과 추정오차의 한계를 구하여라.

5 다음은 두 개 도시에 지점을 둔 커피 음료 사의 일간 평균 매출액을 추정하기 위해 조

사한 결과이다. 두 지역에는 각각 45개와 70개 커피음료매장을 두고 있으며, 이들 두 지역에서 각각 8개와 10개 매장을 단순확률추출하였고, 해당 매장 안의 고객 수와 일간 매출액을 조사하였다. 매장당 하루 평균 매출액을 추정하고, 추정오차의 한계를 구하여라.

A 지역		B 지역	
고객 수(m_i)	일간 매출액(y_i)	고객 수(m_i)	일간 매출액(y_i)
12	400	16	510
20	520	8	320
8	300	4	110
14	360	3	100
24	710	12	330
15	480	17	390
10	390	24	610
6	210	30	380
-	-	21	400
-	-	9	410

6 마케팅 회사에서는 S 시에서 A 세제의 주간 판매량을 추정하기 위해서 추출계획을 세웠다. S 시에 있는 20개 구(區)에서 5개 구를 랜덤하게 추출하고 각 구에 있는 슈퍼마켓에서 일부의 표본을 추출하여 지정된 1주일 동안 A 세제가 판매된 상자를 조사하였더니 다음과 같았다. S 시에 있는 총 588개의 슈퍼마켓에서 판매된 A 세제의 1주일 동안의 평균 판매량을 추정하고 추정치의 추정분산을 구하여라.

구	슈퍼마켓 수(M_i)	표본 슈퍼마켓 수(m_i)	$\bar{y}_i$	s_i^2
1	45	9	102	20
2	36	7	90	16
3	20	4	76	22
4	18	4	94	26
5	28	6	120	12

7 특정 지역에 거주하는 총장애인 수를 추정하기 위해 2단계 집락추출 설계를 적용하기로 하였다. 해당 지역은 300개 조사구로 이루어져 있으며, 이 중에서 4개의 조사구를

임의로 추출하였다. 다음으로 추출된 표본 조사구에서 표본가구를 각각 3가구씩 추출하여 표본가구에 거주하는 장애인 수를 조사한 결과가 다음과 같다. 데이터를 이용하여 다음 물음에 답하여라.

조사구	조사구당 가구 수(M_i)	표본 가구 수(m_i)	가구당 거주하는 장애인 수
1	18	3	1,0,2
2	14	3	0,2,0
3	9	3	1,1,2
4	12	3	0,1,1

(1) 해당 지역에 거주하는 총 장애인 수를 추정하고, 추정오차의 한계를 구하여라.

(2) 가구당 평균 장애인 수를 추정하고, 추정오차의 한계를 구하여라.

8 집락평균 $\bar{y}_{cl}$의 분산이 다음과 같음을 증명하여라.

$$V(\bar{y}_{cl}) = \left(\frac{1}{\bar{M}^2}\right)\left(\frac{N-n}{N}\right)\frac{S_c^2}{n}$$

9 모집단 총계 τ의 확률비례추정량 $\hat{\tau}_{pps}$에 대해 다음을 증명하여라.

(1) $E(\hat{\tau}_{pps}) = \tau$

(2) $V(\hat{\tau}_{pps}) = \frac{1}{n}\sum_{i=1}^{N} p_i\left(\frac{y_i}{p_i} - \tau\right)^2 = \frac{1}{n}\left(\sum_{i=1}^{N}\frac{y_i^2}{p_i} - \tau^2\right)$

10 다음 식이 성립함을 증명하여라.

$$\hat{V}(\hat{\tau}_{pps}) = \frac{1}{n(n-1)}\sum_{i=1}^{n}\left(\frac{y_i}{p_i} - \hat{\tau}_{pps}\right)^2$$

11 2단계 집락추출에서 $\bar{y}_{2cl}$의 분산이 다음과 같음을 증명하여라.

$$V(\bar{y}_{2cl}) = \frac{N-n}{N}\frac{1}{n\bar{M}^2}S_b^2 + \frac{1}{nN\bar{M}^2}\sum_{i=1}^{N} M_i^2\frac{M_i - m_i}{M_i}\frac{S_i^2}{m_i}$$

제6장

확률비례추출법

6.1 기본개념

연구변수 Y에 대한 사전정보 없이 크기가 N인 모집단으로부터 크기 n의 표본을 뽑는 단순임의추출의 경우 모집단으로부터 표본을 추출하기 전에 조사자가 알고 있는 유일한 정보는 일련번호 정도이다.

예를 들어 A 시에 있는 사업체 조사를 통해 사업체에서 필요로 하는 인력 규모가 어느 정도인지를 추정한다고 가정할 때, 통상적으로 규모가 작은 사업체에서는 종사자 수가 작을 것이며, 대규모 사업체는 종사자 규모가 클 것이다. 그렇다면, 이러한 사업체 조사에서 단순임의표본추출방법을 적용할 경우에는 소규모 사업체 수가 상대적으로 많기 때문에 표본으로 추출된 사업체의 다수는 소규모 사업체가 될 가능성이 크다. 이 경우 표본에 편향이 발생하기 때문에 추정의 정도가 떨어지게 된다. 따라서, 이러한 소규모 사업체 표본만으로 구인규모를 추정할 경우 과소추정하게 될 가능성이 크다. 하지만 사업체 규모를 종사자 규모로 대신 사용하여 종사자 규모에 비례하여 사업체를 추출할 경우 단순임의추출보다는 대규모 사업체가 표본으로 추출될 확률이 크기 때문에 추정의 정도를 향상시킬 수 있다. 따라서 연구변수와 관련된 보조변수 X의 값(보조변수에 대한 정보)을 알고 있다면, 우리는 이 정보를 이용하여 단순임의추출보다 더 효율적인 추정량을 제공해 주는 표본을 뽑을 수 있다.

여기에서는 표본크기가 n으로 고정되어 있을 때, 모집단 단위(연구변수 또는 집락)들의 추출확률이 보조변수 값의 크기에 따라 서로 다르게 부여되는 추출방법에 대하여 다루고자 한다.

정의

모집단 단위들의 추출확률이 알고 있는 보조변수의 크기에 비례하는 추출방법을 **확률비례추출법**(確率比例抽出法, sampling with probability proportional to size: sampling with PPS)이라 한다. 특히, 모집단 단위가 표본에 포함될 확률이 크기 때문에 비례하는 경우에는 IPPS(inclusion probability proportional to size) 또는 πps 추출방법이라고 부른다.

이때, 모집단 단위들은 복원 혹은 비복원으로 뽑힐 수 있다. 주로 사용하는 모수에 대한 추정량으로는 Hansen-Hurwitz(HH) 추정량과 Horvit-z-Thompson(HT) 추정량 등이 있다.

6.2 Hansen-Hurwitz 추정량

우리는 앞 절에서 비복원추출에 의한 HT 추정량을 이용하는 경우 원하는 포함확률을 구하기가 쉽지 않고 또한 결합포함확률과 분산을 구하기 힘든 예도 있다는 것을 지적하였다. 일반적으로 복원추출의 경우는 비복원추출의 경우보다 정확하지는 않다. 그러나 확률비례추출을 복원추출법으로 이용할 경우 추출과정, 추정량, 분산의 계산이 비복원의 경우에 비하여 다루기가 쉽다.

크기 N의 모집단으로부터 크기 n의 표본을 복원으로 하나씩 뽑는다(draw-by-draw)고 가정하고, p_i를 i 번째 단위가 표본으로 뽑힐 확률이라고 하면, p_i는 $1/N$로 모두 같은 값을 갖게 된다. 위와 같은 표본추출방법에 사용하는 비편향추정량을 Hansen-Hurwitz(HH) 추정량이라 한다.

추출확률 p_i는 모든 i의 값을 합할 경우 1이 되므로 $\sum_{i=1}^{N} p_i = 1$이다. 특히 추출확률이 보조변수의 크기에 비례하도록 $p_i = x_i / \sum x_i$일 때, 보조변수의 **크기에 비례하는 확률추출법**(sampling with probability proportional to size: PPS sampling)이라 부른다. 확률비례복원추출법에 의해 얻어진 표본 n에 근거한 모집단 평균 μ에 대한 비편향추정량 HHE와 그 분산 및 분산추정량은 다음과 같다.

- 모집단 평균 μ의 추정량:

$$\bar{y}_{HH} = \frac{1}{nN} \sum_{i=1}^{n} \frac{y_i}{p_i} \tag{6.1}$$

■ $\bar{y}_{HH}$의 분산:

$$V(\bar{y}_{HH}) = \frac{1}{n}\sum_{i}^{N}\left(\frac{y_i}{Np_i} - \mu\right)^2 \tag{6.2}$$

$$= \frac{1}{n}\left(\frac{1}{N^2}\sum_{i=1}^{N}\frac{y_i^2}{p_i} - \mu^2\right)$$

■ 추정분산:

$$\hat{V}(\bar{y}_{HH}) = \frac{1}{n(n-1)}\sum_{i=1}^{n}\left(\frac{y_i}{Np_i} - \bar{y}_{HH}\right)^2 \tag{6.3}$$

■ 추정오차의 한계:

$$2\sqrt{\hat{V}(\bar{y}_{HH})} = \sqrt{\frac{1}{n(n-1)}\sum_{i=1}^{n}\left(\frac{y_i}{Np_i} - \bar{y}_{HH}\right)^2} \tag{6.4}$$

만약 주어진 범주의 모집단 비율에 대한 추정을 하고자 한다면 $y_i(i = 1, \cdots, N)$를 i 번째 단위가 해당 범주에 속하면 1 아니면 0을 갖는 범주형 변수로 간주해서 위 식들을 이용한다. 이때, 모집단 비율 p에 대한 비편향추정량은 $\hat{p}_{HH}$이 된다. 또한, 모집단 총계 $\tau = \sum_{i}^{N} y_i$에 대한 비편향추정량은 $\hat{\tau}_{HH} = N\bar{y}_{HH}$이다.

확률비례표본추출에 대해 살펴보기 위해 A 시에 $N = 6$개인 사업체 모집단을 고려하자. 각각의 사업체별로 종사자 수가 다음과 같다고 할 때, 각 사업체의 종사자 수의 크기에 비례하도록 표본사업체 $n = 2$를 추출하고자 한다고 하자.

표 6.1 사업체 모집단

사업체 번호	종사자 수(x_i)	누적합계(Σx_i)	추출범위
1	10	10	01 ~ 10
2	3	13	11 ~ 13
3	5	18	14 ~ 18
4	20	38	19 ~ 38
5	2	40	39 ~ 40
6	3	43	41 ~ 43

표본사업체 $n=2$를 추출하려면 먼저 첫 번째 표본 사업체를 추출하기 위해 난수표로부터 43보다 작은 난수 하나를 선택한다. 만일 23이라는 숫자가 선택되었다면, 추출범위가 19~38 사이에 있으므로 4번 사업체가 표본으로 선정된다. 다음으로 난수표에서부터 두 번째 숫자로 9가 추출되었다면 추출범위 1~10 사이에 있으므로 1번 사업체가 표본으로 추출되어, 최종 표본사업체는 4번과 1번 사업체가 표본으로 추출되는데, 이때 추출된 표본은 각각 종사자 규모 $p_i = x_i / \sum x_i$에 비례하여 추출되도록 한다.

예제 6.1

S 시에 있는 3개의 공장을 대상으로 다음과 같은 자료를 얻었다. 복원추출로 $n = 2$의 공장을 매출액에 비례하여 뽑은 결과 (A, C)가 선정되었다. 이를 근거로 3개 공장의 평균 종업원 수와 채용비율을 추정하고 SAS 프로그램을 작성하여라.

표 6.2 S 시의 3개의 표본 공장에 대한 자료

공장	매출액(x_i)	$p_i = x_i / \sum x_i$	종사자 수(y_i)	신규채용여부 (가=1, 부=0)(y_i')
A	13	13/44=0.2955	9	1
B	12	12/44=0.2727	8	1
C	19	19/44=0.4318	6	0
합계	44	1.0000	23	2

한편 $\mu = 23/3 = 7.667$, 그리고 $p = 2/3 = 0.6667$ 이지만, 이 값들은 실제로 모르는 값이다.

풀이

① S시에 있는 A, B, C 의 3개 공장의 평균 종사자 수 μ에 대한 비편향추정량 HHE는 다음과 같이 주어진다.

$$\bar{y}_{HH} = \frac{1}{nN}\sum_{i=1}^{2}\frac{y_i}{p_i}$$

따라서 구하고자 하는 평균 종사자 수에 대한 추정값은

$$\bar{y}_{HH} = \frac{1}{(2)(3)}\left[\frac{9}{(13/44)} + \frac{6}{(19/44)}\right] = 7.393$$

이다.

② 신규채용 의사가 있는 공장의 비율 p에 대한 비편향추정량 HHE는 다음과 같다.

$$\hat{p}_{HH} = \frac{1}{nN}\sum_{i=1}^{2}\frac{y_i'}{p_i}$$

단, y_1'과 y_2'는 신규채용 의사의 여부에 따라 1과 0값을 갖는다. 따라서 표본으로 선정된 (A, C) 공장에 대해 신규채용 의사가 있는 공장들의 추정 비율은

$$\hat{p}_{HH} = \frac{1}{(2)(3)}\left[\frac{1}{(13/44)} + \frac{0}{(19/44)}\right] = 0.564$$

로서 S 시에 있는 3개 공장의 신규 채용률은 56.4%가 된다.

③

```
/*데이터 입력*/
OPTIONS NODATE;
DATA EX6_1;
INPUT  FAC $ X Y OPT @@;
CARDS;
 A 13 9 1 B 12 8 1 C 19 6 0
RUN;

/*모집단 통계값 산출*/
PROC MEANS DATA = EX6_1 NOPRINT;
VAR X Y OPT;
OUTPUT OUT = AN N = POP_N SUM = SUM_X SUM_Y SUM_OPT;
RUN;

/*출력결과 3개 생성*/
DATA BN;
SET AN AN AN;
RUN;

/*데이터 병합*/
DATA ANS(DROP = _TYPE_);
MERGE EX6_1 BN;
RUN;
```

```
/*PPS 표본추출 n = 2: X의 크기에 비례*/
PROC SURVEYSELECT DATA = ANS M = PPS N = 2
                                SEED = 123456 OUT = PPS_SAM;
SIZE X;
RUN;

/*추정값 계산*/
DATA PPS_SAM;
SET PPS_SAM;
SAM_N = 2;
MU_Y = SUM_Y/POP_N;
P = SUM_OPT/POP_N;
PP = X/SUM_X;
YP = Y/PP;
YBAR = 1/(SAM_N*POP_N)*YP;
OPT_P = OPT/PP;
HATP = 1/(SAM_N*POP_N)*OPT_P;
RUN;

/* 표본평균과 비율의 추정*/
PROC MEANS DATA = PPS_SAM SUM MAXDEC = 3;
VAR  YBAR HATP;
OUTPUT OUT = HH_OUT SUM = YBAR HATP;
RUN;

/*추정값을 2개 생성*/
DATA HH_OUT;
SET HH_OUT HH_OUT;
RUN;

/*데이터 결합*/
DATA FIN;
MERGE PPS_SAM HH_OUT;
RUN;

/*추정값 정제*/
DATA FIN;
SET FIN;
IF_N_ = 1;
RUN;
```

```
/*결과 출력*/
PROC PRINT DATA = FIN SPLIT = '*' LABEL NOOBS;
TITLE '확률비례추출법: HANSEN-HURWITZ 추정';
LABEL SUM_X = '보조변수의*모집단 크기'
      MU_Y = '모집단*평균'
      P = '모집단*비율'
      YBAR = '모집단 평균의*HH 추정값'
      HATP = '모집단 비율의*HH 추정값';
VAR SUM_X MU_Y P YBAR HATP;
RUN;
```

▸ 출력결과

확률비례추출법: HANSEN-HURWITZ 추정

보조변수의 모집단 크기	모집단 평균	모집단 비율	모집단 평균의 HH 추정값	모집단 비율의 HH 추정값
44	7.66667	0.66667	7.39271	0.56410

6.3 Horvitz-Thompson 추정량

1. 모집단 평균의 추정

표본에 포함된 n개의 서로 다른 단위들로 이루어진 표본 s를 이용하여 모집단 평균 μ의 비편향추정량인 HT 추정량과 그 분산 및 분산추정량은 다음과 같다.

■ 모집단 평균 μ의 추정량:

$$\bar{y}_{HT} = \frac{1}{N}\sum_{i=1}^{n}\frac{y_i}{\pi_i} \qquad (6.5)$$

■ $\overline{y}_{HT}$의 분산:

$$V(\overline{y}_{HT}) = \frac{1}{N^2}\sum_{i=1}^{N}\sum_{i<j}^{N}(\pi_i\pi_j - \pi_{ij})\left(\frac{y_i}{\pi_i} - \frac{y_j}{\pi_j}\right)^2 \tag{6.6}$$

■ 추정분산:

$$\hat{V}_{YG}(\overline{y}_{HT}) = \frac{1}{N^2}\sum_{i=1}^{n}\sum_{i<j}^{n}\frac{(\pi_i\pi_j - \pi_{ij})}{\pi_{ij}}\left(\frac{y_i}{\pi_i} - \frac{y_j}{\pi_j}\right)^2 \tag{6.7}$$

■ 추정오차의 한계:

$$2\sqrt{\hat{V}_{YG}(\overline{y}_{HT})} \tag{6.8}$$

식(6.5)에서 π_i는 주어진 추출방법에서 모집단의 i 번째 단위가 표본에 포함될 포함확률(inclusion probability) 또는 1차 포함확률(first-order inclusion probability)이라 하며, y_i는 i 번째 단위의 값을 나타낸다. 일반적으로 연구변수 y_i는 조사 전까지 알 수 없으나 조사에 의해 정확히 관찰할 수 있는 값으로 가정한다. 식(6.6)에서 π_{ij}는 모집단의 i 번째와 j 번째 원소가 동시에 표본에 포함되는 결합포함확률(joint inclusion probability) 또는 2차 포함확률(second-order inclusion probability)이라 한다. 한편 식(6.7)의 분산추정량에 붙은 첨자 YG는 위와 같은 추정량을 처음 제시한 Yates와 Grundy (1953)의 이름을 나타낸다.

식(6.5)에서 알 수 있듯이 π_i가 y_i에 비례하면 할수록 $\overline{y}_{HT}$의 분산은 작아진다. 그러나 실제로는 조사 전에 y_i의 값을 알 수 없으므로 y_i와 상관관계가 높은 기지의 보조변수 x_i의 값에 비례하도록 π_i를 결정하면 추정량의 분산을 크게 줄일 수 있다.

다음으로 식(6.5)와 식(6.6)에서 나타난 1차 포함확률(π_i)과 2차 포함확률(π_{ij})을 구체적으로 다루어 보자. $p(s)$를 임의의 표본추출방법에 의해 표본 s가 뽑힐 확률이라 하면 모집단 단위 i, j의 1차 포함확률과 2차 포함확률은 다음과 같이 정의할 수 있다.

- 모집단 단위 i 의 1차 포함확률:

$$\pi_i = \sum_{i \in s} p(s) \tag{6.9}$$

- 모집단 단위 i, j의 2차 포함확률 또는 결합포함확률:

$$\pi_{ij} = \sum_{i,j \in s} p(s) \tag{6.10}$$

식(6.9)에서 표본크기가 n 으로 고정된 추출방법일 경우

$$\sum_{i}^{N} \pi_i = n \tag{6.11}$$

이 된다.

예제 6.2

$N = (1, 2, 3)$ 인 모집단으로부터 $n = 2$ 인 표본을 단순임의비복원으로 뽑았다고 할 때 모집단 단위 $1, 2, 3$ 의 포함확률을 구하여라.

풀이

$n = 2$ 인 표본 $s_1 = (1, 2)$, $s_2 = (1, 3)$, $s_3 = (2, 3)$ 이 뽑힐 확률은 $1/3$ 로 모두 동일하다.

모집단 단위 1이 표본에 포함될 확률은 식(6.9)로부터

$$\pi_1 = \sum_{1 \in s} p(s) = p(s_1) + p(s_2) = 2/3$$

가 되고 같은 방법으로 단위 2와 3에 대한 포함확률도 각각 $\pi_2 = 2/3$, $\pi_3 = 2/3$ 가 된다.

$$\pi_2 = \sum_{2 \in s} p(s) = p(s_1) + p(s_3) = 2/3,$$

$$\pi_3 = \sum_{3 \in s} p(s) = p(s_2) + p(s_3) = 2/3$$

모집단 단위 (1, 2)에 대한 결합포함확률은

$$\pi_{12} = \sum_{1,2 \in s} p(s) = p(s_1) = 1/3$$

이 되고 같은 방법으로 모집단 단위 (1, 3)과 (2, 3)에 대한 결합포함확률도 각각 $\pi_{13} = 1/3$, $\pi_{23} = 1/3$이 된다.

$$\sum_{i}^{N} \pi_i = \pi_1 + \pi_2 + \pi_3 = 6/3 = 2 = n$$

만약 주어진 범주에 속하는 모집단 비율에 대한 추정을 하고자 한다면 $y_i(i = 1, 2, \cdots, N)$의 i 번째 단위가 해당 범주에 속하면 1 아니면 0 값을 갖는 범주형 변수로 간주해서 위 식들을 이용한다. 이때, 모집단 비율 p에 대한 비편향추정량은 $\hat{p}_{HT}$이 된다.

크기 N의 모집단으로부터 크기 n의 표본을 단순임의비복원으로 뽑을 경우 임의의 모집단 단위가 표본에 포함될 확률은 n/N으로서 모집단의 모든 단위에 대하여 동일하다. 이때, HT 추정량은 다음과 같다.

$$\begin{aligned} \bar{y}_{HT} &= \frac{1}{N}\left(\frac{y_1}{\pi_1} + \cdots + \frac{y_n}{\pi_n}\right) \\ &= \frac{1}{N}\left(\frac{y_1}{n/N} + \cdots + \frac{y_n}{n/N}\right) \\ &= \frac{1}{n}(y_1 + \cdots + y_n) \\ &= \bar{y} \end{aligned}$$

즉, HT 추정량은 y값들에 대한 단순평균이 된다. 또한 y_i가 0 또는 1 값을 갖는 범주형 변수일 경우 HT 추정량은 표본비율이 된다.

예제 6.3

S 시에는 총 6개의 소규모 공장이 있는데, 그중 $n = 2$의 표본을 뽑기 위한 임의의 표본추출방법에 의해 다음과 같은 포함확률들이 주어졌다고 가정하자.

표 6.2 S 시의 6개의 소규모 공장에 대한 자료

공장	포함확률(π_i)	종업원 수(y)	신규채용여부 (가=1, 부=0)
A	1/2	9	1
B	1/4	8	1
C	1/8	6	0

공장	포함확률(π_i)	종업원 수(y)	신규채용여부 (가=1, 부=0)
D	1/8	2	0
E	1/2	1	0
F	1/2	5	0
합 계	2	31	2

만약 공장 B와 E가 표본으로 추출되었다고 할 때,

|1| S 시에 있는 공장들의 평균 종업원 수를 추정하여라.

|2| S 시에 있는 공장들 가운데 신규채용 의사가 있는 공장의 비율을 추정하여라.

|3| 위의 추정치들을 구하기 위한 SAS 프로그램을 작성하여라.

풀이

|1|

S 시에 있는 공장들의 평균 종업원 수 μ에 대한 HT 추정량은 다음과 같이 주어진다.

$$\bar{y}_{HT} = \frac{1}{N}\sum_{i=1}^{2}\frac{y_i}{\pi_i} = \left(\frac{1}{6}\right)\left(\frac{y_1}{\pi_1} + \frac{y_2}{\pi_2}\right)$$

공장 B와 E가 표본으로 선택되었으므로, 구하고자 하는 평균 종업원 수에 대한 추정치는 다음과 같다.

$$\bar{y}_{HT} = \left(\frac{1}{6}\right)\left[\frac{8}{(1/4)} + \frac{1}{(1/2)}\right] = 5.667$$

|2|

S 시에 있는 공장들 가운데 신규채용 의사가 있는 공장의 비율 p에 대한 HT 추정량은 다음과 같다.

$$\hat{p}_{HT} = \frac{1}{N}\sum_{i=1}^{2}\frac{y_i'}{\pi_i} = \left(\frac{1}{6}\right)\left(\frac{y_1'}{\pi_1} + \frac{y_2'}{\pi_2}\right)$$

이때, y_1'과 y_2'는 신규 채용의사의 여부에 따라 1과 0 값을 갖는다.

따라서 신규채용 의사가 있는 공장들의 비율을 추정해 보면

$$\hat{p}_{HT} = \left(\frac{1}{6}\right)\left[\frac{1}{(1/4)} + \frac{0}{(1/2)}\right] = 0.667$$

가 된다.

|3|

```
/*데이터 입력*/
OPTIONS NODATE;
DATA EX6_3;
INPUT  FAC $ PHI_I Y OPT @@;
CARDS;
 A 0.5 9 1 B 0.25 8 1 C 0.125 6 0
 D 0.125 2 0 E 0.5 1 0 F 0.5 5 0
RUN;

/*모집단 통계값 산출*/
PROC MEANS DATA = EX6_3 NOPRINT;
VAR PHI_I Y OPT;
OUTPUT OUT = AN N = POP_N SUM = SUM_PHI SUM_Y SUM_OPT;
RUN;

/*모집단 통계값 6개 복사*/
DATA BN;
SET AN AN AN AN AN AN;
RUN;

/*모집단과 모집단 통계값을 결합*/
DATA ANS;
MERGE EX6_3 BN;
RUN;

/*n = 2인 표본추출(사전에 B와 E를 지정하여 추출)*/
PROC SURVEYSELECT DATA = ANS M = SRS N = 2
                  SEED = 123456 OUT = HT_SAM;
WHERE FAC = 'B' OR FAC = 'E';
RUN;

/*추정값 산출*/
DATA HT_SAM;
SET HT_SAM;
SAM_N = 2;
MU_Y = SUM_Y/POP_N;
```

```
P = SUM_OPT/POP_N;
YP = Y/PHI_I;
YBAR = (1/POP_N)*YP;
OPT_P = OPT/PHI_I;
HATP = (1/POP_N)*OPT_P;
RUN;

/*평균가 비율의 추정값 산출*/
PROC MEANS DATA = HT_SAM SUM MAXDEC = 3;
VAR YBAR HATP;
 OUTPUT OUT = HT_OUT SUM = YBAR HATP;
RUN;

/*표본추출결과와 추정결과를 병합*/
DATA FIN;
MERGE HT_SAM HT_OUT;
RUN;

/*1개 값만 지정*/
DATA FIN;
SET FIN;
IF_N_ = 1;
RUN;

/*최종 결과 출력*/
PROC PRINT DATA = FIN SPLIT = '*' LABEL NOOBS;
TITLE '확률비례추출법: HORVITZ-THOMPSON 추정';
LABEL YBAR = '모집단 평균의*HT 추정값'
      HATP = '모집단 비율의*HT 추정값';
VAR YBAR HATP;
RUN;
```

▸ 출력결과

확률비례추출법: HORVITZ-THOMPSON 추정

모집단 평균의 HT 추정값	모집단 비율의 HT 추정값
5.66667	0.66667

2. 모집단 총계의 추정

모집단 총계 $\tau = \sum_{i}^{N} y_i$에 대한 HT 추정량 $\hat{\tau}_{HT} = N\bar{y}_{HT}$와 그 분산 및 분산추정량은 다음과 같다.

- 모집단 총계 $\hat{\tau}_{HT}$의 추정량:

$$\hat{\tau}_{HT} = \sum_{i=1}^{n} \frac{y_i}{\pi_i} \tag{6.12}$$

- $\hat{\tau}_{HT}$의 분산:

$$V(\hat{\tau}_{HT}) = \sum_{i}^{N} \sum_{j>i}^{N} (\pi_i \pi_j - \pi_{ij}) \left(\frac{y_i}{\pi_i} - \frac{y_j}{\pi_j} \right)^2 \tag{6.13}$$

- 추정분산:

$$\hat{V}_{YG}(\hat{\tau}_{HT}) = \sum_{i}^{n} \sum_{i<j}^{n} \frac{(\pi_i \pi_j - \pi_{ij})}{\pi_{ij}} \left(\frac{y_i}{\pi_i} - \frac{y_j}{\pi_j} \right)^2 \tag{6.14}$$

- 추정오차의 한계:

$$2\sqrt{\hat{V}_{YG}(\hat{\tau}_{HT})} \tag{6.15}$$

6.4 Horvitz-Thompson 추정량의 응용

앞 절에서 설명한 HT 추정량은 포함확률을 알고 있다고 가정하면 모든 표본추출방법에 적용할 수 있다. 여기서는 실제로 가장 많이 이용하는 3단계 표본추출방법을 예로 들어 설명하고자 한다.

세대별 경제활동 조사나 의식조사를 위한 표본추출방법은 일반적으로 시·군·구를

PSU로 추출하고 추출된 PSU로부터 동·읍·면을 SSU로 추출하며, 마지막으로 추출된 동·읍·면에서 표본가구를 추출하게 된다. 이때 가구를 **3차 추출단위**(Third Sampling Unit: TSU) 또는 **최종추출단위**(Ultimate Sampling Unit: USU)라 부른다. 이러한 추출 방법을 **3단계 표본추출방법**이라고 한다.

S 시에 거주하는 시민들의 평균 나이와 흡연율을 추정하기 위해서 3단계 표본추출 방법을 적용하였다고 가정하자. 1단계에서는 동(PSU)을 단순임의비복원으로 뽑고, 2단계에서는 뽑혀진 각 동으로부터 m_i개의 가구(SSU)를 단순임의비복원으로 뽑고, 마지막으로 3단계에서는 뽑혀진 각 가구로부터 n_{ij}명을 단순임의비복원으로 뽑는다.

S 시에는 총 L개의 동이 있고, 각 동은 $M_i(i=1, \cdots, L)$개의 가구들로 이루어져 있다. 또한 i 동의 j 번째에 속하는 가구에는 N_{ij}명이 살고 있다.

위와 같은 추출방법에서 S 시에 거주하는 임의의 한 개인 k가 최종표본에 포함될 확률은 아래와 같다.

$$\pi_k = \frac{l}{L}\frac{m_i}{M_i}\frac{n_{ij}}{N_{ij}}, \quad (k=1, \cdots, N) \tag{6.16}$$

따라서 3단계 표본추출방법에서 모집단 평균 μ에 대한 HT 추정량은 식(6.5)와 식(6.16)으로부터 다음과 같이 구해진다.

$$\begin{aligned} \bar{y}_{HT} &= \frac{1}{N}\sum_{i=1}^{n}\frac{y_i}{\pi_i} \qquad (6.17) \\ &= \frac{1}{N}\sum_{i=1}^{L}\sum_{j=1}^{m_i}\sum_{k=1}^{n_{ij}}\frac{y_{ijk}}{\pi_k} \\ &= \frac{1}{N}\frac{L}{l}\sum_{i=1}^{L}\frac{M_i}{m_i}\sum_{j=1}^{m_i}\frac{N_{ij}}{n_{ij}}\sum_{k=1}^{n_{ij}}y_{ijk} \end{aligned}$$

식(6.17)에서 y_{ijk}는 i 번째 선택된 동에서 j 번째 선택된 가구로부터 k 번째로 뽑힌 개인의 특성(연령 또는 흡연 여부)이다. 특히 흡연 여부를 묻는 경우 y_{ijk}는 뽑힌 사람의 흡연 여부에 따라 1 또는 0의 값을 갖는 범주형 변수가 된다.

6.5 연습문제

1 예제 6.2에서 연구변수의 값이 $y_1 = 15$, $y_2 = 10$, $y_3 = 25$라고 할 때, 단순임의표본으로 $s_1 = (1, 2)$가 뽑혔다. 모집단 평균 μ에 대한 HT 추정값을 구하여라.

2 식(6.5)의 HT 추정량이 모집단 평균 μ에 대한 비편향추정량임을 증명하여라.

3 다음은 A 기업의 6개 부서에 있는 종업원 수이다.

부서	1	2	3	4	5	6
종업원 수	9	8	6	2	1	5

이때 직원당 평균 시간외 근무수당을 추정하고자 할 때, 종업원 수의 크기에 비례하도록 크기 $n = 2$인 확률비례표본을 추출하기 위한 SAS 프로그램을 작성하여라.

4 $N = 5$인 모집단 단위들과 그에 대한 보조변수가 다음 표와 같이 주어졌다.

단위	1	2	3	4	5
보조변수	10	200	40	100	300

(1) $\pi_i = 2x_i / \sum_{i=1}^{5} x_i$에 비례하도록 비복원으로 표본 $s = (2, 3)$을 뽑았다. 이때 연구변수의 값이 각각 $y_2 = 20$, $y_3 = 4$일 때, 모집단 평균 μ에 대한 HT 추정값을 구하여라.

(2) $p_i = x_i / \sum_{i=1}^{5} x_i$에 비례하도록 복원으로 $s = (2, 2)$의 표본을 뽑았을 때, 모집단 평균 μ에 대한 HH 추정값을 구하여라. 문제 (1)번에서 $y_2 = 20$으로 조사되었다.

(3) 위의 (1)번과 (2)번의 HT 추정값과 HH 추정값들을 구하기 위한 SAS 프로그램을 작성하여라.

5 식(6.1)의 HH 추정량이 모집단 평균 μ에 대한 비편향추정량임을 증명하여라.

6 식(6.2)와 같이 모집단 평균 μ에 대한 HH 추정량의 분산을 유도하여라.

제 7 장

비추정과 회귀추정

7.1 기본개념

표본조사 이론은 모집단의 특성값인 모수를 추정하는 과정에서 관찰값의 분포함수는 가정하지 않는다. 하지만 관찰값의 분포의 대칭성 또는 전국을 단위로 하는 조사의 경우 조사단위가 균등하게 분포되어 있는지와 같은 가정 등이 요구된다. 즉, 표본조사 이론에서 분포함수 또는 밀도함수가 필요하지 않는 이유는 조사항목(survey item)은 서로 밀도함수가 같지 않으며, 각각의 조사항목마다 밀도함수를 유도하여 모수추정에 이용하는 것이 실질적으로 유용하지 않기 때문이다.

표본설계과정에서 두 가지 주요 과제는 표본추출방법과 모수추정방법이다. 앞에서 살펴본 바와 같이 표본추출방법은 단순임의추출, 계통추출, 층화임의추출, 집락추출, 확률비례추출 등이 고려될 수 있다. 모수추정방법은 표본으로 추출된 관찰값의 정보를 직접 이용하여 추정하는 직접추정(direct estimation)방법과 관찰값 정보 및 이와 관련된 보조정보를 활용하여 추정하는 간접추정(indirect estimation)방법이 있다. 이러한 간접추정방법은 다양한 표본추출방법에 적용하여 추정이 가능하고, 관심변수와 상관이 높은 보조정보를 추정과정에 이용하여 추정의 효율을 높일 수 있으며, 대표적인 방법으로 비추정(ratio estimation)과 회귀추정(regression estimation)이 있다. 즉, 모집단에 관한 보조정보가 알려진 값으로 연구변수와 상관이 높은 경우가 있다. 따라서 이번 장에서는 보조변수(X)와 연구변수(Y) 사이에 어떤 관계를 파악하여 이 관계를 추정에 이용하는 방법을 다루고자 한다. 연구의 대상인 변수(Y)와 값이 알려진 보조변수(X) 사이에 비례관계가 있다면

$$Y \approx bX \quad \text{(여기서 } b\text{는 비례상수)}$$

라고 나타낼 수 있을 것이다. 그런데 이것은 X와 Y의 선형관계

$$Y \approx bX + a$$

의 특별한 경우로 $a = 0$ 일 때이다. 이때, a와 b의 값을 표본에서 얻은 자료를 이용하

여 추정하는 방법을 알아보기로 하자.

우선 7장에서 사용되는 용어의 정의부터 살펴보기로 하자.

정의

이미 값이 알려진 보조변수(X)와 추정하려는 연구변수(Y) 사이에 비례관계가 성립할 때, 이 비(比) 값을 이용하여 모집단 평균과 모집단 총계를 추정하는 방법을 **비추정**(比推定, ratio estimation)이라 한다. 그리고, 보조변수(X)와 추정하려는 연구변수(Y) 사이에 선형관계가 성립할 때, 이 선형관계를 이용하여 모집단 평균과 모집단 총계를 추정하는 방법을 **회귀추정**(回歸推定, regression estimation)이라 한다.

또한, 이번 장에서 사용하는 표본은 단순임의표본으로 한정하고 그 이외의 표본에 대해서는 다른 장에서 설명하기로 한다. 단순임의표본인 경우에도 소표본일 때 비추정량이나 회귀추정량이 편향추정량이 되기 때문에 대표본(경험상 $n \geq 50$)인 경우를 가정하여 설명하고자 한다. 왜냐하면 대표본인 경우 비추정량이나 회귀추정량은 근사적으로 비편향추정량이 되기 때문이다.

7.2 비추정량과 회귀추정량의 사례 및 적용

비추정이나 회귀추정방법은 추정의 정도를 높이기 위해 실제 추정과정에서 많이 사용하는 방법이다. 연구변수(Y)와 관련이 있어 보이는 이미 알려진 보조변수(X) 사이에 선형관계가 있는 몇 가지 예를 들어보자.

예 1 소비자물가지수는 두 시점 사이에 정해진 상품의 구매 가격들의 실질적인 비값으로, 과거 시점에서의 상품의 가격은 보조변수(X)값으로 알려진 것들이고, 현재 시점에서 상품가격들은 연구변수(Y)가 된다.

예 2 병원에서 항생제와 같은 특정 의약품을 얼마나 소비하는가를 알아보려고 할 때 각 병원에서 소비하는 의약품의 양 Y는 연구변수이고 각 병원의 병상 수는 이미 알려진 보조변수 X의 값이다.

예 3 어느 회사에서 금년도 총판매량을 예측해보려고 할 때 금년도 1/4분기의 항목별 총판매량은 연구변수 Y이고, 전년도 같은 기간의 항목별 총판매량은 보조변수 X가 된다.

예 4 특정 연도의 쌀의 총수확량(Y)을 추정하고자 할 때, 쌀의 총경작 면적(X)에 단위 면적당 수확량을 곱하여 총수확량을 추정할 수 있다. 이때 총경작 면적은 정확히 알고 있어야 한다.

이 이외에도 두 경쟁사의 상품에 대한 판매가의 비율이나 한정된 기간에서 두 회사의 생산품에 대한 평균 판매가의 비율 또는 표본으로 선정된 지역의 실업률을 조사하여 전국의 실업률을 추정하는 경우라든지 사회학 분야에서 빈곤아동의 비율 등 비추정법의 적용은 다양한 경우에서 활용 가능하다. 그렇다고 보조변수 X와 연구변수 Y사이의 관계가 비례관계만 있다고는 할 수 없다.

선형관계 $Y \approx bX + a$에서 $a = 0$인 관계가 있을 경우에는 두 변수 사이에 비례관계 $Y \approx bX$가 성립하므로 비추정법을 적용한다. 즉, X와 Y의 관계를 그래프 위에 점으로 표시한 결과 그 점들이 원점을 지나는 직선 주위에 분포하면 비추정법을 적용하고 원점을 지나지 않는 직선 주위에 분포하면 회귀추정법을 사용하면 된다.

7.3 비추정

크기가 N인 모집단으로부터 n개의 표본이 단순임의추출법에 의하여 얻어졌다고 하자. 7.2절에서 이 표본자료의 결과를 보조변수 X와 연구변수 Y의 순서쌍 (x, y)을 좌표평면 위에 점으로 표시한 결과가 원점(origin)을 지나는 직선 위에 분포하면 비추정법을 사용한다고 하였다. 이제 비추정법을 사용하여 추정하는 방법을 살펴보기로 하자.

비추정법에서 추정하고자 하는 모수는 모집단 비(比) R과 그의 분산 $V(r)$, 연구변수 Y의 모집단 총계 τ_y와 분산 $V(\hat{\tau}_y)$ 등이다. 비추정에서 사용되는 기호를 정의하면 다음과 같다.

- R: 모집단 비$(= \dfrac{\tau_y}{\tau_x} = \dfrac{\mu_y}{\mu_x})$
- r : R의 추정량
- $\hat{\tau}_{yr}$: 연구변수 Y의 모집단 총계 τ_y의 비추정량
- μ_x : 보조변수 X의 모집단 평균
- τ_x : 보조변수 X의 모집단 총계

1. 모집단 비의 추정

모집단 비 R의 추정량 r과 그 분산 및 분산추정량은 다음과 같다. 식(7.2)와 식(7.3)에서 만일 보조변수 X의 모집단 평균 μ_x가 알려져 있지 않은 경우 μ_x 대신에 근삿값으로 표본평균 $\bar{x}$를 사용한다.

식(7.1)과 같이 추정된 모집단 비 r을 이용하여 관심변수 Y의 총계와 평균을 추정할 때는 추정값 r에 알려진 보조변수 X의 총계 또는 평균을 곱하여 추정이 가능하다. 이는 $\tau_y = R\tau_x$가 성립하기 때문이다.

■ 모집단 비 R의 추정량:

$$r = \frac{\sum_{i=1}^{n} y_i}{\sum_{i=1}^{n} x_i} \quad \left(= \frac{\bar{y}}{\bar{x}}\right) \tag{7.1}$$

여기서 $\bar{x} = \frac{1}{n}\sum_{i=1}^{n} x_i$, $\bar{y} = \frac{1}{n}\sum_{i=1}^{n} y_i$ 이다.

■ r의 분산:

$$V(r) = \frac{N-n}{nN}\left(\frac{1}{\mu_x^2}\right)S_r^2 \tag{7.2}$$

■ 추정분산:

$$\hat{V}(r) = \frac{N-n}{nN}\left(\frac{1}{\mu_x^2}\right)s_r^2 \tag{7.3}$$

여기서 s_r^2 은 S_r^2 의 추정치로 각각 다음과 같다.

$$S_r^2 = \frac{\sum_{i=1}^{N}(y_i - Rx_i)^2}{N-1}, \quad s_r^2 = \frac{\sum_{i=1}^{n}(y_i - rx_i)^2}{n-1}$$

■ 추정오차의 한계:

$$2\sqrt{\hat{V}(r)} = 2\sqrt{\frac{N-n}{nN}\left(\frac{1}{\mu_x^2}\right)s_r^2} \tag{7.4}$$

2. 모집단 총계의 추정

연구변수 Y의 모집단 총계 τ_y 의 비추정량 $\hat{\tau}_{yr}$ 과 그 분산 및 분산추정량은 다음과 같다.

■ 모집단 총계 τ_y 의 비추정량:

$$\hat{\tau}_{yr} = r\tau_x \tag{7.5}$$

■ $\hat{\tau}_{yr}$ 의 분산:

$$V(\hat{\tau}_{yr}) = \tau_x^2 V(r) = \frac{N(N-n)}{n}S_r^2 \tag{7.6}$$

여기서 $\tau_x = N\mu_x$ 이다.

■ 추정분산:

$$\hat{V}(\hat{\tau}_{yr}) = \tau_x^2 \hat{V}(r) = \frac{N(N-n)}{n}s_r^2 \tag{7.7}$$

■ 추정오차의 한계:

$$2\sqrt{\hat{V}(\hat{\tau}_{yr})} = 2\sqrt{\frac{N(N-n)}{n}s_r^2} \tag{7.8}$$

예제 7.1

오렌지의 가격은 오렌지에 포함된 당분의 양에 따라 결정된다고 한다. 지금 출하를 위해 트럭에 실은 오렌지의 가격을 예측하기 위해서 이 트럭에 실은 오렌지의 총당분의 양을 추정하려고 한다.

만일 전체 오렌지의 당분의 양을 추정하고자 한다면 단순임의추출로 n 개의 오렌지를 추출하여 당분의 양을 측정하여 표본평균 $\overline{y}$ 를 구한 후, 오렌지의 총개수 N을 곱하여 주면 손쉽게 당분의 양을 구할 수 있다. 하지만 트럭에 실은 오렌지 전체의 개수를 센다는 것은 시간적으로 보나 소요되는 인건비를 계산해 보면 단순한 문제가 아니다.

따라서 오렌지의 당분의 양은 오렌지의 무게에 비례한다는 사실을 바탕으로 단순임의표본인 $n = 10$을 뽑아 그들의 무게(파운드)와 당분의 양(파운드)을 측정한 결과를 <표 7.1>에 기록해 두었다. 트럭에 실은 오렌지의 총당분의 양을 추정하고, 추정오차의 한계와 95% 신뢰구간을 구하여라. 그리고 값들을 구하기 위한 SAS 프로그램을 작성하여라.

표 7.1 오렌지 표본에 관한 자료

오렌지	당분의 양 (연구변수 Y의 값)	오렌지의 무게 (보조변수 X의 값)
1	0.024	0.46
2	0.033	0.54
3	0.028	0.49
4	0.025	0.48
5	0.036	0.56
6	0.030	0.52
7	0.019	0.45
8	0.024	0.47
9	0.027	0.49
10	0.029	0.50
합계	0.275	4.96

풀이

모집단 비 R의 추정값은 식(7.1)을 이용하여

$$r = \frac{\sum_{i=1}^{10} y_i}{\sum_{i=1}^{10} x_i} = \frac{0.275}{4.96} = 0.0554$$

와 같이 얻을 수 있으며, r의 추정분산 $\hat{V}(r)$을 구하기 위해서는 μ_x를 알아야 하는데 μ_x는 미지이므로 μ_x 대신 $\bar{x}$를 사용하면

$$\bar{x} = \frac{\sum_{i=1}^{10} x_i}{10} = \frac{4.96}{10} = 0.496$$

이다. 그런데, 식(7.3)의 $\frac{N-n}{nN} = \frac{1}{n}\left(\frac{N-n}{N}\right)$에서 N을 알아야 하는데 N 역시 알지 못한다. 그러나 일반적으로 트럭에 3,500개 정도의 오렌지를 실을 수 있다고 할 경우 $\frac{3,500-10}{3,500} = 0.997 \approx 1$이라고 생각할 수 있다. 그러므로 추정분산은

$$\hat{V}(r) \approx \frac{1}{10} \times 1 \times \frac{1}{0.496^2} \times \frac{\sum_{i=1}^{10}(y_i - rx_i)^2}{10-1}$$

와 같이 계산된다. 여기서,

$$\sum_{i=1}^{10}(y_i - rx_i)^2 = \sum_{i=1}^{10}(y_i^2 - 2rx_iy_i + r^2x_i^2)$$

$$= \sum_{i=1}^{10} y_i^2 - 2r\sum_{i=1}^{10} x_iy_i + r^2\sum_{i=1}^{10} x_i^2$$

$$= 0.007777 - 2(0.0554)(0.1379) + (0.0554)^2(2.4712)$$

$$= 0.000082188$$

이 되므로, 추정분산 $\hat{V}(r)$을 구해보면 다음과 같다.

$$\hat{V}(r) = \frac{1}{10} \times \frac{1}{0.496^2} \times \frac{0.000082188}{9}$$

$$= \frac{0.000082188}{22.14144}$$

$$= 0.000003712$$

이때, 오차의 한계는

$$2\sqrt{\hat{V}(r)} = 2\sqrt{0.000003712}$$
$$= 0.0038533\cdots \approx 0.0039$$

이므로 모집단 비 R의 95% 신뢰구간은 다음과 같다.

$$0.0554 \pm 0.0039 \quad \text{또는} \quad (0.0515, 0.0593)$$

이때 오렌지에 포함된 당분의 총량을 구해야 하는데 트럭에 실은 오렌지의 총무게는 저울을 이용하여 간단히 측정할 수 있다. 트럭에 실은 오렌지의 총무게는 1,980(파운드)라 한다. 따라서 트럭에 실은 오렌지의 당분의 총량 τ_y 의 추정값은

$$\hat{\tau}_{yr} = r\tau_x = 0.0554 \times 1980 = 109.69$$

이며, $\hat{\tau}_{yr}$ 의 추정분산은

$$\hat{V}(\hat{\tau}_{yr}) = \tau_x^2 \hat{V}(r)$$
$$= 1,980^2 \times 0.000003712 = 14.5525$$

이 된다. 따라서 추정오차의 한계는

$$2\sqrt{\hat{V}(\hat{\tau}_{yr})} = 2 \times \sqrt{14.5525} = 7.63$$

이므로 모집단 총계 τ_y 의 95% 신뢰구간은 다음과 같다.

$$109.69 \pm 7.63 \quad \text{또는} \quad (102.06, 117.32)$$

```
/*데이터 입력*/
OPTIONS NODATE;
DATA EX7_1;
INPUT ID Y X @@;
CARDS;
 1 0.024 0.46 2 0.033 0.54 3 0.028 0.49
 4 0.025 0.48 5 0.036 0.56 6 0.03 0.52 7 0.019 0.45
 8 0.024 0.47 9 0.027 0.49 10 0.029 0.50
RUN;
```

```
/*비추정*/
PROC SURVEYMEANS DATA = EX7_1 TOTAL = 3500 RATIO STDERR CLM;
VAR Y X;
RATIO Y/X;
ODS OUTPUT RATIO = MYRATIO;
RUN;

/*통계값 계산*/
DATA MYRATIO;
SET MYRATIO;
TAU_X = 1980;
B_R = 2*STDERR;
LOBOND_R = LOWERCL;
UPBOND_R = UPPERCL;
E_TAU_Y = RATIO*TAU_X;
LOW_TY = E_TAU_Y-2*TAU_X*STDERR;
UP_TY = E_TAU_Y+2*TAU_X*STDERR;
RUN;

/*결과 출력*/
PROC PRINT DATA = MYRATIO SPLIT = '*' LABEL NOOBS;
TITLE '비추정과 총계 추정';
LABEL RATIO = '모집단 비(R)의*추정값'
      B_R = 'R의 추정*오차의 한계'
      LOBOND_R = 'R의 95%*신뢰하한'
      UPBOND_R = 'R의 95%*신뢰상한'
      E_TAU_Y = '모집단 총계의*비추정값'
      LOW_TY = '모집단 총계의*95% 신뢰하한'
      UP_TY = '모집단 총계의*95% 신뢰상한';
VAR RATIO B_R LOBOND_R UPBOND_R E_TAU_Y LOW_TY UP_TY;
RUN;
```

▸ 출력결과

비추정과 총계 추정

모집단 비(R)의 추정값	R의 추정 오차의 한계	R의 95% 신뢰하한	R의 95% 신뢰상한	모집단 총계의 비추정값	모집단 총계의 95% 신뢰하한	모집단 총계의 95% 신뢰상한
0.055444	.003845862	0.051094	0.059794	109.778	102.163	117.393

예제 7.2

통계청의 광업제조업 조사 자료를 이용하여 제조업종(10~34) 25개 산업 중분류 중에서 10개 산업을 단순임의추출하여 제조업 총부가가치 금액을 추정하고자 한다. 2018년도 25개 업종의 총부가가치 금액은 56,524백억 원이다. 다음의 자료를 이용하여 비추정방법으로 2019년 제조업종의 총부가가치액(단위: 백억 원)(τ_y)을 추정하고, 추정오차의 한계를 구하는 SAS 프로그램으로 작성하여라.

표 7.2 10개 제조업종의 부가가치 금액

산업	2018년(X)	2019년(Y)	산업	2018년(X)	2019년(Y)
식료품	2,730	2,920	1차금속	3,131	3,087
담배	220	237	전자	14,617	13,680
가죽	201	197	자동차	5,326	5,539
인쇄	232	243	가구	316	316
화학	5,016	4,767	합계	34,387	33,585
고무	2,598	2,598			

풀이

```
/*데이터 입력*/
DATA EX7_2;
INPUT ID X Y @@;
CARDS;
1 2730 2920 2 220 237 3 201 197 4 232 243 5 5016 4767
6 2598 2598 7 3131 3087 8 14617 13680 9 5326 5539 10 316 316
RUN;

/*비추정*/
PROC SURVEYMEANS DATA = EX7_2 TOTAL = 25 RATIO STDERR CLM;
VAR X Y;
RATIO Y/X;
ODS OUTPUT RATIO = MYOUT;
RUN;

/*총계 추정값 계산*/
DATA MYOUT;
```

```
SET MYOUT;
T_X = 56524;
HT_Y = RATIO*T_X;
B = 2*T_X*STDERR;
LBOUND = HT_Y-B;
UBOUND = HT_Y+B;
RUN;

/*결과출력*/
PROC PRINT DATA = MYOUT NOOBS SPLIT = '*' LABEL;
TITLE '비추정과 총계 추정';
LABEL RATIO = '모집단 비(R)의*추정값'
        HT_Y = '모집단 총계의*비추정값'
        B = '총계의 추정*오차의 한계(B)'
        LBOUND = '모집단 총계의* 95% 신뢰하한'
        UBOUND = '모집단 총계의* 95% 신뢰상한';
VAR RATIO HT_Y B LBOUND UBOUND;
RUN;
```

▸ 출력결과

비추정과 총계 추정

모집단 비(R)의 추정값	모집단 총계의 비추정값	총계의 추정 오차의 한계(B)	모집단 총계의 95% 신뢰하한	모집단 총계의 95% 신뢰상한
0.976648	55204.06	2001.09	53202.97	57205.15

참고로 추정결과를 2019년 조사결과와 비교하면, 통계청 조사결과에서 부가가치 총액은 55,701백억 원으로 나타났으며, 추정결과와 비교하면 95% 신뢰구간에 포함되어 적절하게 추정되었음을 알 수 있다(통계청 KOSIS 광업제조업조사결과, 2019).

모집단 총계를 추정할 경우 비추정량 $\hat{\tau}_{yr} = r\tau_x$ 를 사용하는 것이 단순임의추정량 $\hat{\tau_y} = N\bar{y}$ 를 사용하는 것보다 항상 좋은 것은 아니다. 일반적으로 $r\tau_x$ 의 분산은 보조변수 X와 연구변수 Y 사이의 상관계수 ρ가 0.5보다 크면(즉, 강한 양의 상관관계가 있는 경우) $N\bar{y}$ 의 분산보다 작다. 이러한 성질은 직관적으로 비추정법에서는 보조변수 X에 의하여 주어지는 부가적인 정보를 사용하기 때문인 것을 알 수 있다.

3. 모집단 평균의 추정

앞에서 모집단 비(R)의 추정에서 분산을 계산할 때, 보조변수 X의 모집단 평균 μ_x를 모를 때 μ_x 대신 보조변수 X의 표본평균 $\overline{x}$를 사용하였다. 하지만 여기서는 보조변수 X의 모집단 평균 μ_x가 알려져 있다는 가정하에서 추정이론을 전개하고자 한다.

조사자가 만일 연구변수 Y의 모집단 총계보다 모집단 평균에 대한 추정에 더욱 관심이 있다면, 그에 대한 추정은 다음과 같다.

- 모집단 평균 μ_y의 비추정량:

$$\overline{y}_r = \frac{\sum_{i=1}^{n} y_i}{\sum_{i=1}^{n} x_i}\mu_x = r\mu_x \tag{7.9}$$

- $\overline{y}_r$의 분산:

$$V(\overline{y}_r) = \frac{N-n}{nN}S_r^2 \tag{7.10}$$

- 추정분산:

$$\hat{V}(\overline{y}_r) = \frac{N-n}{nN}s_r^2 \tag{7.11}$$

- 추정오차의 한계:

$$2\sqrt{\hat{V}(\overline{y}_r)} = 2\sqrt{\frac{N-n}{nN}s_r^2} \tag{7.12}$$

예제 7.3

1,000명의 종업원이 있는 어느 회사에서 금년 1/4 분기의 3개월 중 종업원에게 지불된 의료비의 평균값 μ_y를 추정하려고 한다.

분기별로 보고된 의료비는 전년도 회계기록에서 알 수 있다. 100명의 종업원 기록은 1,000명의 모집단 중에서 임의표본으로 얻어졌고, 표본조사의 결과는 다음과 같다고 하자.

$$n = 100\,,\ N = 1{,}000$$

현 1/4 분기 중 표본으로 추출된 종업원에게 지불된 의료비 총액과 전년도 같은 기간 중 의료비 총액은 각각 다음과 같다.

$$\sum_{i=1}^{100} y_i = 2{,}275\,(\text{천원}),\ \ \sum_{i=1}^{100} x_i = 1{,}560\,(\text{천원})$$

또한, 전년도 같은 분기의 의료비 모집단 총액은 $\tau_x = \sum_{i=1}^{1000} x_i = 16{,}250(\text{천원})$이고,

$$\sum_{i=1}^{100} y_i^2 = 53{,}488{,}500,\ \ \sum_{i=1}^{100} x_i^2 = 26{,}397{,}800,\ \ \sum_{i=1}^{100} y_i x_i = 37{,}280{,}301.5$$

이다. 이 자료를 이용하여 다음을 구하여라.

|1| μ_y를 추정하고, 추정오차의 한계를 구하여라.

|2| τ_y를 추정하고, 추정오차의 한계를 구하여라.

풀이

|1|

모평균 μ_y에 대한 비추정량인 $\bar{y}_r = r\mu_x$ 로부터

$$r = \frac{\sum_{i=1}^{100} y_i}{\sum_{i=1}^{100} x_i} = \frac{2{,}275}{1{,}560} = 1.458$$

이므로

$$\bar{y}_r = 1.458 \times 16.25 = 23.698\,(\text{천원})$$

이 된다. 추정오차의 한계는

$$2\sqrt{\hat{V}(\bar{y}_r)} = 2\sqrt{\frac{N-n}{nN}\,\frac{\sum_{i=1}^{100}(y_i - rx_i)^2}{100-1}}$$

에서

$$\frac{N-n}{nN} = \frac{1{,}000-100}{100\times 1{,}000} = 0.009$$

이고,

$$\begin{aligned}\sum_{i=1}^{100}(y_i - rx_i)^2 &= \sum_{i=1}^{100} y_i^2 - 2r\sum_{i=1}^{100} x_i\, y_i + r^2 \sum_{i=1}^{100} x_i^2 \\ &= 53{,}488{,}500 - 2\times 1.458 \times 37{,}280{,}301.5 + 1.458^2 \times 26{,}397{,}800 \\ &= 894{,}633.7\end{aligned}$$

이므로

$$\begin{aligned}2\sqrt{\hat{V}(\bar{y}_r)} &= 2\sqrt{0.009 \times \frac{894{,}633.7}{100-1}} \\ &= 2\sqrt{81{,}330.338} = 570\end{aligned}$$

이 된다. 따라서 μ_y 의 95% 신뢰구간은 다음과 같다.

$$23{,}698 \pm 570 \quad \text{또는} \quad (23{,}128\,,\ 24{,}268)$$

|2|

금년도 1/4분기 중 전 종업원에게 지불된 총의료비 τ_y 의 추정값은

$$\hat{\tau}_y = N\bar{y}_r = 1{,}000 \times 23{,}698 = 23{,}698(\text{천원})$$

이다. 또한, 1/4분기 중 총의료비 추정오차의 한계는

$$\begin{aligned}2\sqrt{\hat{V}(\hat{\tau}_r)} &= 1{,}000 \times 570.369487\cdots \\ &= 570{,}369\end{aligned}$$

이 된다. 따라서 τ_y 의 95% 신뢰구간은 다음과 같다.

$$23{,}698{,}000 \pm 570{,}369 \quad \text{또는} \quad (23{,}127{,}631\,,\ 24{,}268{,}369)$$

예제 7.4

앞의 예제(7.2)의 자료를 이용하여 비추정방법으로 SAS 프로그램 이용하여 모평균 μ_{yr} 을

추정하고, 추정오차의 한계를 구하여라.

풀이

```
/*데이터 입력*/
DATA EX7_4;
INPUT ID X Y @@;
CARDS;
1 2730 2920 2 220 237 3 201 197 4 232 243 5 5016 4767
6 2598 2598 7 3131 3087 8 14617 13680 9 5326 5539 10 316 316
RUN;

/*비추정*/
PROC SURVEYMEANS DATA = EX7_4 TOTAL = 25 MEAN RATIO STDERR CLM;
VAR X Y;
RATIO Y/X;
ODS OUTPUT RATIO = MYOUT;
ODS OUTPUT STATISTIC = MYSTAT;
RUN;

/*X의 표본평균 가져오기*/
DATA MYSTAT(KEEP = MEAN);
SET MYSTAT;
IF VARNAME = 'X';
RUN;

/*결과 데이터 결합*/
DATA MYOUT;
MERGE MYOUT MYSTAT;
RUN;

/*평균 추정값 및 추정오차 계산*/
DATA MYOUT;
SET MYOUT;
MU_X = 56524/25;
BAR_Y = RATIO*MU_X;
B = 2*MEAN*STDERR;
LBOUND = HT_Y-B;
UBOUND = HT_Y+B;
```

```
RUN;

/*결과출력*/
PROC PRINT DATA = MYOUT NOOBS SPLIT = '*' LABEL;
TITLE '모집단 평균의 추정';
LABEL BAR_Y = '모집단 평균의*비추정값'
        B = '평균의 추정*오차의 한계(B)'
        LBOUND = '모집단 평균의* 95% 신뢰하한'
        UBOUND = '모집단 평균총계의* 95% 신뢰상한';
VAR BAR_Y B LBOUND UBOUND;
RUN;
```

▸ 출력결과

모집단 평균의 추정

모집단 평균의 비추정값	평균의 추정 오차의 한계(B)	모집단 평균의 95% 신뢰하한	모집단 평균의 95% 신뢰상한
2208.16	121.738	2086.42	2329.90

참고로 SAS 프로그램을 이용하여 비추정을 할 경우 추정분산($\hat{V}(r)$)의 계산과정에서 보조변수X의 모평균 μ_x를 모른다는 가정을 전제로 표본평균을 이용하여 계산한다. 따라서 만일 모평균 μ_x를 알 경우에는 SAS 프로그램에서 PROC SURVEYMEANS 프로시저를 이용하면 분산추정값에 차이가 발생하므로 유의할 필요가 있다.

7.4 표본크기의 결정

우리는 앞에서 단순임의표본만을 사용하기로 하였다. 그런데 조사를 하려면 몇 개의 표본을 뽑아 조사에 임할 것인가? 즉, 추출해야 할 표본크기는 얼마로 정해야 하는가? 라는 문제에 직면하게 된다.

추정오차의 한계가 B 단위 내에 있는 모수 R, μ_y, τ_y 의 추정량을 구하는 데 요구되는 표본크기를 정하는 것으로 한다. 그러면 B를 어떻게 결정해야 하는가? 추정오차의 한계 B는 보통 신뢰계수가 95%일 때, 모수에 추정량에 대한 오차의 한계로 정한다. 예를 들어, 모집단 비 R의 추정에 필요한 표본크기는 추정오차의 한계를 B라 하면

$$B = 2\sqrt{V(r)}$$

로부터

$$V(r) = \frac{B^2}{4}$$

이므로, 다음과 같이 표현된다.

$$\frac{N-n}{nN}\frac{1}{\mu_x^2}S_r^2 = \frac{B^2}{4}$$

여기서

$$S_r^2 = \frac{\sum_{i=1}^{N}(y_i - Rx_i)^2}{N-1}$$

이다. 위 식으로부터

$$(N-n)S_r^2 = B^2 nN\frac{\mu_x^2}{4}$$

$$NS_r^2 = nS_r^2 + B^2 nN\frac{\mu_x^2}{4}$$

$$= n\left(S_r^2 + B^2 N\frac{\mu_x^2}{4}\right)$$

이므로 요구되는 표본크기 n을 구하면 다음과 같다.

■ 모집단 비 R을 추정하는 데 필요한 표본크기:

$$n = \frac{NS_r^2}{ND + S_r^2} \tag{7.13}$$

여기서 $D = \dfrac{B^2\mu_x^2}{4}$ 이다.

식(7.13)으로부터 μ_x 와 S_r^2 을 아는 경우 예비조사는 필요 없으나, 만일 이 값들을 모를 때에는 예비조사를 통해 얻은 $\overline{x}$ 를 μ_x 대신 사용하고 S_r^2 의 추정값으로 s_r^2 을 사용한다.

같은 방법으로 모집단 평균 μ_y 의 추정량 $\overline{y}_r$ 를 구할 경우와 모집단 총계 τ_y 의 추정량 $\hat{\tau}_{yr}$ 을 구할 경우, 오차의 한계를 모두 B라 할 때 필요한 표본크기는 각각 다음과 같다.

■ 모집단 평균 μ_y 를 추정하는 데 필요한 표본크기:

$$n = \frac{NS_r^2}{ND + S_r^2} \tag{7.14}$$

■ 모집단 총계 τ_y 를 추정하는 데 필요한 표본크기:

$$n = \frac{N^2S_r^2}{D + NS_r^2} \tag{7.15}$$

여기서 $D = \dfrac{B^2}{4}$ 이다.

예제 7.5

사원의 규모가 $N = 1{,}000$명인 어느 제조업체에서 질병으로 인한 작업시간의 손실에 대하여 전년도에서 금년도까지의 변화율을 추정하려고 한다. 예비조사를 위하여 사원 리스트로부터 $n = 10$인 표본을 임의로 뽑아 조사한 결과는 <표 7.3>과 같다.

표 7.3 작업 손실 조사표

사원번호	작년의 손실(X) (시간)	금년의 손실(Y) (시간)
1	14	15
2	24	26
3	16	15
4	31	33
5	34	37
6	28	26
7	12	13
8	16	18
9	2	3
10	15	14
합계	192	200

이 회사의 사원카드에 의하면 전년도 질병으로 인한 작업시간의 총손실(τ_x)은 16,450시간이었다. 이 자료를 사용하여 추정오차의 한계(B)를 0.01로 할 때의 모집단 비 R을 추정하는데 필요한 표본크기 n을 구하여라.

풀이

$$\mu_x = \frac{\tau_x}{N} = \frac{16,450}{1,000} = 16.45$$

이다. 다만 S_r^2을 알 수 없으므로 추정값을 얻기 위해 다음과 같이 예비조사결과를 사용하면

$$r = \sum fromi = 1$$

이고,

$$\sum_{i=1}^{10}(y_i - rx_i)^2 = \sum_{i=1}^{10} y_i^2 - 2r\sum_{i=1}^{10} x_i y_i + r^2 \sum_{i=1}^{10} x_i^2$$
$$= 4,958 - 2 \times 1.0417 \times 4,743 + 1.0417^2 \times 4,558$$
$$= 22.497$$

이 된다. 그러므로

$$s_r^2 = \frac{22.497}{9} = 2.4997$$

이다. 따라서 R을 추정하는 데 필요한 표본크기 n을 구하면 다음과 같다.

$$n = \frac{Ns_r^2}{\frac{NB^2\mu_x^2}{4} + s_r^2} = \frac{1,000 \times 2.4997}{\frac{1,000 \times 0.01^2 \times 16.45^2}{4} + 2.4997}$$

$$= \frac{2499.7}{6.7651 + 2.4997} = 269.806 \cdots \approx 270$$

7.5 회귀추정

연구변수 Y와 보조변수 X 사이에 선형관계가 있고 이것이 원점을 지난다면 비추정이 적절한 방법이다. 하지만 연구변수 Y와 보조변수 X 간의 관계가 원점을 지나지 않지만, $Y \approx bX + a$와 같은 직선적인 관계가 있다면 비추정보다는 보조변수 X에 대한 연구변수 Y의 회귀추정량을 사용하는 것이 적절하다. 이때 보조변수 X에 관한 모든 정보가 알려져 있는 것으로 가정한다.

연구변수 Y와 보조변수 X 사이의 기본적인 관계를 나타내는 직선을 X에 대한 Y의 **회귀직선**(回歸直線, regression line)이라 한다. 이때 보조변수 X는 이미 관측된 고정된 상수이며, Y는 X값이 알려진 상황에서 관찰할 수 있는 값이므로 확률변수로 가정한다.

회귀추정량은 보조변수 X 값들이 주어졌을 때 연구변수 Y의 값에 결정된다. 따라서 표본으로부터 보조변수 X와 연구변수 Y의 관찰값의 쌍 (x_i, y_i)을 얻었을 때 연구변수 Y의 모평균 μ_y에 대한 회귀추정량에 대해 살펴보기로 한다. 한편 지금까지 모수추정을 위해 사용한 SAS 프로시저는 SURVEYMEANS이였으나, 회귀추정의 경우에는 SURVEYREG 프로시저를 이용하게 된다. 이 프로시저는 단순히 모집단 회귀계수의 추정에 대한 결과만을 제시하기 때문에 분산추정이나, 추정오차의 한계를 구하고자 할 때는 별도의 작업이 요구된다. 이에 대해서는 예제를 통해 자세히 살펴보기로 한다.

1. 모집단 평균의 추정

모집단 평균 μ_y의 회귀추정량 $\bar{y}_L$와 그 분산 및 분산추정량은 다음과 같다.

■ 모집단 평균 μ_y의 회귀추정량:

$$\bar{y}_L = \bar{y} + b(\mu_x - \bar{x}) \tag{7.16}$$

여기서 $b = \dfrac{\sum_{i=1}^{n}(y_i - \bar{y})(x_i - \bar{x})}{\sum_{i=1}^{n}(x_i - \bar{x})^2} = \dfrac{\sum_{i=1}^{n}x_i y_i - n\bar{x}\bar{y}}{\sum_{i=1}^{n}x_i^2 - n\bar{x}^2}$ 이다.

■ $\bar{y}_L$의 분산:

$$V(\bar{y}_L) = \frac{N-n}{nN}\frac{1}{N-1}\left[\sum_{i=1}^{N}(y_i - \mu_y)^2 - B^2\sum_{i=1}^{N}(x_i - \mu_x)^2\right] \tag{7.17}$$

여기서 $B = \dfrac{\sum_{i=1}^{N}(y_i - \mu_y)(x_i - \mu_x)}{\sum_{i=1}^{N}(x_i - \mu_x)^2}$ 이다.

■ 추정분산:

$$\hat{V}(\bar{y}_L) = \frac{N-n}{nN}\left(\frac{1}{n-2}\right)\left[\sum_{i=1}^{n}(y_i - \bar{y})^2 - b^2\sum_{i=1}^{n}(x_i - \bar{x})^2\right] \tag{7.18}$$

■ 추정오차의 한계:

$$2\sqrt{\hat{V}(\bar{y}_L)} = 2\sqrt{\frac{N-n}{nN}MSE} \tag{7.19}$$

여기서 $MSE = \left(\frac{1}{n-2}\right)\left[\sum_{i=1}^{n}(y_i - \bar{y})^2 - b^2 \sum_{i=1}^{n}(x_i - \bar{x})^2\right]$ 이다.

식(7.16)에서 b는 식(7.17)의 모집단 회귀계수 B에 대한 표본자료로부터 추정된 최소제곱 회귀추정량이며, 비편향 추정량이다. 한편 식(7.19)의 MSE는 표본자료에서 구한 평균제곱오차로 SAS 출력결과에서 확인할 수 있다.

2. 모집단 총계의 추정

모집단 총계 τ_y의 회귀추정량 $\hat{\tau}_{yL}$과 그 분산 및 분산추정량은 다음과 같다.

- 모집단 총계 τ_y의 회귀추정량:

$$\hat{\tau}_{yL} = N\bar{y}_L \tag{7.20}$$

- $\hat{\tau}_{yL}$의 분산:

$$V(\hat{\tau}_{yL}) = N^2 V(\bar{y}_L) \tag{7.21}$$

- 추정분산:

$$\hat{V}(\hat{\tau}_{yL}) = N^2 \hat{V}(\bar{y}_L) \tag{7.22}$$

여기서 $\hat{V}(\bar{y}_L)$은 식(7.18)과 같다.

- 추정오차의 한계:

$$2\sqrt{\hat{V}(\hat{\tau}_{yL})} = 2\sqrt{N^2 \hat{V}(\bar{y}_L)} \tag{7.23}$$

예제 7.6

K 고등학교 신입생은 300명이라고 한다. 입학 전에 이들에게 수학성취도 검사를 실시한

결과 평균 60점이었다. 입학 후 이들의 1학기 말 평균성적을 알아보기 위하여 임의로 10명의 학생을 추출하여 수학 성취도 검사성적과 학기 말 평균성적을 조사한 결과 다음과 같다. 이 모집단의 1학기 말 평균성적을 추정하고, 추정오차의 한계를 구하여라. 또한, 이에 대한 SAS 프로그램을 작성하여라.

표 7.3 조사결과

학생	수학 성취도(X)	학기 말 평균(Y)
1	47	63
2	51	76
3	29	51
4	72	81
5	65	90
6	55	87
7	36	72
8	83	96
9	42	55
10	60	73
합계	540	744

풀이

$$\bar{x} = \frac{540}{10} = 54,\ \bar{y} = \frac{744}{10} = 74.4$$

$$\sum_{i=1}^{10} x_i y_i = 47\times 63 + 51\times 76 + \cdots + 60\times 73 = 42{,}033$$

$$\sum_{i=1}^{10} x_i^2 = 47^2 + 51^2 + \cdots + 60^2 = 31{,}634$$

이므로

$$b = \frac{42{,}033 - 10\times 54\times 74.4}{31{,}634 - 10\times 54^2} = \frac{1{,}857}{2{,}474} = 0.7506$$

이 된다. 따라서

$$\bar{y}_L = \bar{y} + b(\mu_x - \bar{x})$$

$$= 74.4 + 0.7506(60 - 54) = 78.90$$

이다. 한편,

$$\sum_{i=1}^{10}(y_i-\overline{y})^2=\sum_{i=1}^{10}y_i^2-n\overline{y}^2$$

$$=57{,}330-10\times 74.4^2=1976.4$$

이고,

$$\sum_{i=1}^{10}(x_i-\overline{x})^2=\sum_{i=1}^{10}x_i^2-n\overline{x}^2=2{,}474$$

이므로 $\overline{y}_L$의 추정분산은 다음과 같이 구해진다.

$$\begin{aligned}\hat{V}(\overline{y}_L)&=\frac{N-n}{nN}\left(\frac{1}{n-2}\right)\left[\sum_{i=1}^{10}(y_i-\overline{y})^2-b^2\sum_{i=1}^{10}(x_i-\overline{x})^2\right]\\&=\frac{300-10}{10\times 300}\left(\frac{1}{10-2}\right)[1{,}976.4-0.7506^2\times 2{,}474]\\&=7.04\end{aligned}$$

따라서 오차의 한계는

$$2\sqrt{\hat{V}(\overline{y}_L)}=2\sqrt{7.039115}=5.31$$

이므로 회귀추정법에 모평균 μ_y의 95% 신뢰구간은 다음과 같다.

$$78.90\pm 5.31\quad \text{또는}\ (73.59,\ 84.21)$$

```
/*표본 통계값의 계산*/
PROC UNIVARIATE DATA = EX7_6 NOPRINT;
VAR MATH FIN;
OUTPUT OUT = OUTSTAT N = SAM_N MEAN = M_MATH M_FIN;
RUN;

/*회귀계수 추정 및 RMSE 계산*/
PROC SURVEYREG DATA = EX7_6 TOTAL = 300;
MODEL FIN = MATH;
ODS OUTPUT PARAMETERESTIMATES = MYPARMEST;
ODS OUTPUT FITSTATISTICS = MYFIT;
RUN;
```

```
/*회귀계수 가져오기*/
DATA MYPARES;
SET MYPARMEST;
IF_N_ = 2;
RUN;

/*RMSE 가져오기*/
DATA MYFIT(DROP = nValue1);
SET MYFIT;
IF_N_ = 2;
RENAME cValue1=RMSE;
RUN;

/*통계값 계산*/
DATA DN;
MERGE OUTSTAT MYPARES MYFIT;
COEF = ESTIMATE;
MSE = RMSE**2;
MU_X = 60; POP_N = 300; F = SAM_N/POP_N;
BAR_Y = M_FIN+COEF*(MU_X-M_MATH);
V_BAR_Y = (1-F)/(SAM_N)*MSE;
B = 2*SQRT(V_BAR_Y);
LBOUND = BAR_Y-B;
UBOUND = BAR_Y+B;
RUN;

/*결과 출력*/
PROC PRINT DATA = DN SPLIT = '*' LABEL NOOBS;
TITLE '모집단 평균에 대한 추정:회귀 추정';
LABEL COEF = '회귀계수*추정값(b)'
      BAR_Y = '모집단 평균의*회귀추정값'
      MSE = '평균제곱오차*(MSE)'
      LBOUND = '모평균의*95% 신뢰하한'
      UBOUND = '모평균의*95% 신뢰상한';
 VAR COEF BAR_Y MSE LBOUND UBOUND;
 RUN;
```

▸ 출력결과

모집단 평균에 대한 추정: 회귀 추정

회귀계수 추정값(b)	모집단 평균의 회귀추정값	평균제곱오차 (MSE)	모평균의 95% 신뢰하한	모평균의 95% 신뢰상한
0.75061	78.9036	72.8155	73.5975	84.2098

예제 7.7

통계청의 광업제조업 조사 자료를 이용하여 제조업종(10~34) 25개 산업 중분류 중에서 10개 산업을 단순임의추출하여 제조업 총출하액을 추정하고자 한다. 2018년도 25개 업종의 총출하액은 156,389백억 원이다. 다음의 자료를 이용하여 회귀추정방법으로 2019년 제조업종의 총출하액(단위: 백억 원)(τ_y)을 추정하고, 추정오차의 한계를 구하여라. 또한, 과정을 SAS 프로그램으로 작성하여라.

산업	2018년(X)	2019년(Y)	산업	2018년(X)	2019년(Y)
식료품	8,012	8,406	1차 금속	14,382	14,155
담배	358	371	전자	27,371	25,405
가죽	493	478	자동차	18,869	19,577
인쇄	494	498	가구	779	773
화학	16,246	15,376	합계	93,934	91,968
고무	6,928	6,928			

풀이

```
/*데이터 입력*/
DATA EX7_7;
INPUT IND $ X Y @@;
CARDS;
식료품 8012 8406 담배 358 371 가죽 493 478 인쇄 494 498
화학 16246 15376 고무 6928 6928 1차금속 14382 14155
전자 27371 25405 자동차 18869 19577 가구 779 773
RUN;

/*표본 통계값의 계산*/
```

```
PROC UNIVARIATE DATA = EX7_7 NOPRINT;
VAR X Y;
OUTPUT OUT = OUTSTAT N = SAM_N MEAN = SM_X SM_Y;
RUN;

/회귀계수 및 RMSE 계산*/
PROC SURVEYREG DATA = EX7_7 TOTAL = 25;
MODEL Y = X;
ODS OUTPUT PARAMETERESTIMATES = MYPARMEST;
ODS OUTPUT FITSTATISTICS = MYFIT;
RUN;

/*회귀계수(b) 가져오기*/
DATA MYPARES;
SET MYPARMEST;
IF_N_ = 2;
RUN;

/*RMSE 가져오기*/
DATA MYFIT(DROP = NVALUE1);
SET MYFIT;
IF_N_ = 2;
RENAME CVALUE1=RMSE;
RUN;

/*통계값 계산*/
DATA DN;
MERGE OUTSTAT MYPARES MYFIT;
POP_N = 25; F = SAM_N/POP_N;
COEF = ESTIMATE;
MU_X = 156389/25;
BAR_Y = SM_Y+COEF*(MU_X-SM_X);
HT_Y = POP_N**2*BAR_Y;
MSE = RMSE**2;
V_BAR_Y = (1-F)/(SAM_N)*MSE;
V_HT_Y = POP_N**2*V_BAR_Y;
B = 2*SQRT(V_HT_Y);
LBOUND = HT_Y-B;
UBOUND = HT_Y+B;
```

```
RUN;

/*결과출력*/
PROC PRINT DATA = DN SPLIT = '*' LABEL NOOBS;
TITLE '모집단 총계에 대한 추정:회귀 추정';
LABEL COEF = '회귀계수*추정값(B)'
        HT_Y = '모집단 총계의*회귀추정값'
        MSE = '평균제곱오차*(MSE)'
        LBOUND = '모집단 총계의*95% 신뢰하한'
        UBOUND = '모집단 총계의*95% 신뢰상한';
 VAR COEF HT_Y MSE LBOUND UBOUND;
 RUN;
```

▸ 출력결과

모집단 총계에 대한 추정: 회귀 추정

회귀계수 추정값(b)	모집단 총계의 회귀추정값	평균제곱오차 (MSE)	모집단 총계의 95% 신뢰하한	모집단 총계의 95% 신뢰상한
0.95509	3874972.95	414620.09	3867086.70	3882859.20

7.6 추정량의 상대적 효율

단순임의표본을 사용하여 모집단 평균 μ_y를 추정하는 방법으로 표본평균은 이미 앞장에서 다루었고 이번 장에서는 비추정량과 회귀추정량을 살펴보았다.

그렇다면 이 중에서 어느 방법이 더 좋은 방법인지 어떻게 구별할 수 있을까? 실제로 어느 방법이 가장 좋다고는 말할 수 없으나 추정량들을 비교하는 방법은 다음과 같다.

모집단 평균 μ에 대한 두 개의 추정량 E_1과 E_2가 있다고 할 때 E_1과 E_2가 비편향추정량이거나 근사적으로 비편향인 경우 분산이 적은 쪽을 더 좋은 추정량으로 선택하는 것이 일반적인 방법이다. 왜냐하면 분산이 적은 쪽의 추정값이 신뢰구간의 폭을 더 좁게 할 수 있기 때문이다. 이 방법을 추정량의 **상대적 효율**(相對的 效率, relative efficiency: RE)이라고 한다.

그런데, 분산은 일반적으로 표본크기 n이 커지면 작아지므로 두 추정량 E_1과 E_2를 비교할 때는 표본크기는 같다는 가정하에서 그들의 분산을 비교하여야 한다. 일반적으로 두 분산의 크기는 비를 나타내는 상대적 크기로 표현하는 것이 편리하다. 이 비율을 RE라고 나타내어 다음과 같이 정의한다.

■ 두 추정량 E_1과 E_2의 상대효율:

$$RE\left(\frac{E_1}{E_2}\right) = \frac{V(E_2)}{V(E_1)} \tag{7.24}$$

이때, $RE\left(\frac{E_1}{E_2}\right) > 1$이면 $V(E_2) > V(E_1)$이 되어 추정량 E_1이 E_2보다 더 좋은 추정량이 되므로 이렇게 정의한 것이다. 만일 $RE\left(\frac{E_1}{E_2}\right) = 1$이라면 $V(E_1) = V(E_2)$가 되어 이는 두 추정량 E_1과 E_2의 효율이 같음을 의미한다. 마지막으로 만일 $RE\left(\frac{E_1}{E_2}\right) =$ 2라면 $V(E_2) = 2V(E_1)$와 같이 되어 E_1이 더 좋은 추정량이 되는 것은 물론 E_1과 E_2의 분산을 같게 하려면 E_2의 표본크기는 E_1의 두 배가 되어야 할 것이다. 어느 경우든 $RE\left(\frac{E_1}{E_2}\right)$의 값은 항상 양의 값을 가지는데 이 값이 1보다 적으면 $V(E_2) <$ $V(E_1)$이 되어 E_2가 더 좋은 추정량이 된다. 그런데 위의 정의는 이론적인 분산으로 정의되었고 실제로는 그들의 추정값으로 대신할 수밖에 없다. 즉, 실제로는

$$\widehat{RE}\left(\frac{E_1}{E_2}\right) = \frac{\hat{V}(E_2)}{\hat{V}(E_1)} \tag{7.25}$$

을 사용한다. 여기서, 주의할 점은 분산추정량은 표본에 따라 달라질 수 있으므로

$$\widehat{RE}\left(\frac{E_1}{E_2}\right) = \frac{\hat{V}(E_2)}{\hat{V}(E_1)} > 1$$

라고 해서, 즉 $\hat{V}(E_2) > \hat{V}(E_1)$일 때 반드시 $V(E_2) > V(E_1)$임을 뜻하는 것은 아니

다. 그러나 비교적 큰 표본($n \ge 50$)을 사용하면 $\widehat{RE}\left(\frac{E_1}{E_2}\right) > 1$일 경우 E_1이 E_2보다 더 좋은 추정량이 될 가능성은 그만큼 크다고 할 수 있다. 편향된 추정량의 분산을 비교하는 것은 적절치 못하므로 편향에 대한 의심은 항상 가지고 있어야 한다.

단순임의표본의 평균 $\overline{y}$는 항상 모집단 평균 μ_y의 비편향추정량이지만 비추정량 r은 R의 편향추정량이다. 그러나 X와 Y의 상관관계가 원점을 지나는 직선 위에 그려진다면 편향은 무시될 수 있다.

첫 번째 단순임의표본평균 $\overline{y}$와 비추정량 $\overline{y}_r$을 비교하여 보면

$$\widehat{RE}\left(\frac{\overline{y}_r}{\overline{y}}\right) = \frac{\hat{V}(\overline{y})}{\hat{V}(\overline{y}_r)} = \frac{s_y^2}{s_y^2 + r^2 s_x^2 - 2r\hat{\rho} s_x s_y}$$

이므로

$$s_y^2 > s_y^2 + r^2 s_x^2 - 2r\hat{\rho} s_x s_y$$

일 때, $rs_x^2 < 2\hat{\rho} s_x s_y$이므로

$$\hat{\rho} > r\frac{s_x}{2s_y} = \frac{1}{2}\frac{s_x / \overline{x}}{s_y / \overline{y}}$$

이면, $\widehat{RE}\left(\frac{\overline{y}_r}{\overline{y}}\right) > 1$이 되어 $\overline{y}_r$가 더 좋은 추정량이 된다. 그런데,

$$\hat{\rho} > r\frac{s_x}{2s_y} = \frac{1}{2}\frac{s_x / \overline{x}}{s_y / \overline{y}} = \frac{1}{2}\frac{cv(x)}{cv(y)}$$

(여기서, $\frac{s_y}{\overline{y}}$와 $\frac{s_x}{\overline{x}}$는 각각 y와 x의 표본 변동계수임)

이므로 다음 사실을 알 수 있다.

X의 변동이 Y의 변동에 비하여 상대적으로 적고 X와 Y 사이의 상관계수가 양의 값으로 크면 $\overline{y}_r$는 $\overline{y}$보다 효율적이므로 X의 값을 선택하는 방법을 옵션으로 가질 수

있다면 X값의 변동이 적게(거의 상수값으로) 되도록 선택하여야 한다.

다음으로 단순임의추정량 $\bar{y}$와 회귀추정량 $\bar{y}_L$의 상대효율을 비교하여 보자. μ_y의 회귀추정량 $\bar{y}_L$도 편향추정량인데 표본크기가 50 이상으로 비교적 크고 또한 두 변량의 상관관계가 거의 직선 위에 그려질 경우에 $\bar{y}_L$는 μ_y의 근사 비편향추정량이 되므로 편향은 무시될 수 있다.

두 추정량의 효율을 분산의 크기로 비교하기 위하여

$$\hat{V}(\bar{y}_L) = \frac{N-n}{Nn}\left(\frac{1}{n-2}\right)\left[\sum_{i=1}^{n}(y_i - \bar{y})^2 - b^2\sum_{i=1}^{n}(x_i - \bar{x})^2\right]$$

에서 $n-2$ 대신 $n-1$을 대입하여 보면 다음과 같다.

$$\hat{V}(\bar{y}_L) = \frac{N-n}{nN}s_y^2(1-\hat{\rho}^2) \quad (\text{여기서, } b = \hat{\rho}\frac{s_y}{s_x})$$

따라서 상대효율을 구해 보면

$$\widehat{RE}\left(\frac{\bar{y}_L}{\bar{y}}\right) = \frac{s_y^2}{s_y^2(1-\hat{\rho}^2)} = \frac{1}{1-\hat{\rho}^2}$$

이다. 그런데, $-1 \le \hat{\rho} \le +1$은 $0 \le \hat{\rho}^2 \le 1$이므로

$$\widehat{RE}\left(\frac{\bar{y}_L}{\bar{y}}\right) > 1$$

은 항상 성립한다. 그러므로 $\bar{y}_L$은 언제나 $\bar{y}$보다 더 좋은 추정량이 된다.

마지막으로 비추정량 $\bar{y}_r$과 회귀추정량 $\bar{y}_L$을 비교하여 보자.

$$\widehat{RE}\left(\frac{\bar{y}_L}{\bar{y}_r}\right) = \frac{s_y^2 + r^2 s_x^2 - 2r\hat{\rho}s_x s_y}{s_y^2(1-\hat{\rho}^2)}$$

에서 $\widehat{RE}\left(\dfrac{\overline{y}_L}{\overline{y}_r}\right) > 1$ 을 만족하려면

$$s_y^2 + r^2 s_x^2 - 2r\hat{\rho}\, s_x s_y > s_y^2 (1 - \hat{\rho}^2)$$

또는

$$(rs_x - \hat{\rho}s_y)^2 > 0$$

이어야 한다. 그런데, $\hat{\rho}s_y = bs_x$ 이므로 $(rs_x - bs_x)^2 = s_x^2(r-b)^2 > 0$ 이 된다.

따라서 $r = b$ 일 때 두 추정량은 같게 되며, 이 경우를 제외하고는 위의 식이 항상 성립하므로 $r = b$ 가 아니라면 언제나 회귀추정량 $\overline{y}_L$ 가 비추정량 $\overline{y}_r$ 보다 좋은 추정량이며 더 효율적이다. 여기서 $r = b$ 인 경우는 X 에 대한 Y 의 회귀직선이 원점을 지나는 경우(즉, Y 가 X 에 비례할 경우)이거나 특히 Y 의 분산이 X 의 크기에 비례할 때 나타난다.

7.7 연습문제

1 어떤 중소도시의 주택가격의 변동 경향을 알아보기 위하여 2년 주기로 공지시가의 상대적 변화에 관심을 가지고 조사하기로 하였다. 이 지역의 주택 수는 모두 $N=1,000$채였다. 이 중에서 크기 $n=10$인 단순임의표본을 뽑아 과세기록부로부터 금년도의 주택 감정가(Y)를 얻고, 그 각각에 대한 2년 전의 감정가(X)를 얻었다. 이 조사 자료를 이용하여 2년 동안의 실질적 주택가격의 상대적 변화(R)를 추정하고 추정오차의 한계를 구하여라.

주택 번호	2년 전 감정가(X)	금년 감정가(Y)	주택 번호	2년 전 감정가(X)	금년 감정가(Y)
1	6.5	7	6	8	8.9
2	7.7	8.1	7	7.2	7.7
3	8.1	8.3	8	8.1	8.7
4	5.8	6.4	9	8.3	8.6
5	7.9	8.7	10	6.2	7.1
			합계	73.8	79.5

2 어느 마을에는 150가구가 있으며, 통계학자는 해당 마을에 거주하는 가구의 연간 문화비(단위: 천원) 지출액에 대해 관심이 있어 가구당 연간 총수입액(단위: 천원) 중에서 문화비로 사용하는 금액의 비율을 알아보기 위해 14가구를 단순임의추출하여 조사한 결과가 다음과 같다.

가구번호	총수입(X)	문화비(Y)	가구번호	총수입(X)	문화비(Y)
1	25,400	128	8	36,400	225
2	32,500	150	9	34,500	165
3	29,100	105.6	10	33,000	144
4	35,000	118.9	11	38,500	196
5	34,500	115	12	30,800	153
6	26,800	139	13	28,500	69
7	28,500	151	14	37,600	115
			합계	451,100	1,974.5

(1) 가구 총수입에서 차지하는 문화비의 모집단 비(R)를 추정하고, 추정오차의 한계를 구하여라.

(2) 이를 SAS 프로그램으로 작성하여라.

3 원목을 판매하는 회사에서 원목의 총체적(ft^2)을 추정하려고 한다. 총 $N=270$그루의 원목이 있다. 그중에서 단순임의추출한 크기 $n=12$인 표본을 조사한 결과는 다음과 같다.

표본원목	단면적(X)	체적(Y)	표본원목	단면적(X)	체적(Y)
1	0.32	6.4	7	0.63	12.6
2	0.53	9.9	8	0.52	9.4
3	0.41	7.1	9	0.81	20.2
4	0.93	19.9	10	0.43	9.6
5	0.82	15.4	11	0.8	18
6	0.24	5.8	12	0.62	13.4
			합계	7.06	147.7

여기서, 270그루의 총단면적은 74 제곱피트(ft^2)이다. 이때, 원목의 총체적(τ_y)을 추정하고, 추정오차의 한계를 구하여라.

4 통계청의 광업제조업 조사 자료를 이용하여 제조업종(10~34) 25개 산업 중분류 중에서 10개 산업을 단순임의추출하여 제조업 총출하액(단위: 백억 원)을 추정하고자 한다. 2018년도 25개 업종의 총출하액은 156,389백억 원이다. 다음의 자료를 이용하여 비추정방법으로 2019년 제조업종의 총출하액(τ_y)을 추정하고, 추정오차의 한계를 구하여라. 또한, 이 과정을 SAS 프로그램으로 작성하여라.

산업분류	2018년(X)	2019년(Y)	산업분류	2018년(X)	2019년(Y)
식료품	8,012	8,406	고무	6,928	6,928
담배	358	371	1차 금속	14,382	14,155
가죽	493	478	전자	27,371	25,405
인쇄	494	498	자동차	18,869	19,577
화학	16,246	15,376	가구	779	773
			합계	93,934	91,968

5 전국 1,140개의 요양병원으로부터 3개의 병원을 임의로 추출하여 조사한 결과가 다음 표와 같다. 이 자료를 이용하여 다음을 구하여라.

병원번호	병상 수(X)	의약품 구매량(Y)
119	190	190
774	530	420
649	360	310
합계	1,080	920

(1) $Y \approx aX$ 라고 가정하고

① 비 $\dfrac{Y_i}{X_i}$ 의 평균 $a_{(1)}$ 을 구하여라.

② 평균비 $a_{(2)} = \dfrac{\overline{y}}{\overline{x}}$ 을 구하여라.

(2) 위에서 구한 각각의 방법으로 총 1,140개 병원들의 의약품(Y) 의

① 총구매량을 추정하여라.

② 평균 구매량을 추정하여라.

(여기서, 총병상 수 τ_x = 178,040이다.)

(3) $Y \approx aX + b$ 라고 가정하고 최소제곱법을 이용하여

① a와 b를 추정하여라.

② 의약품의 평균 구매량과 총구매량을 추정하여라.

(4) (2)의 ②와 (3)의 ②에서 구한 평균 구매량의 분산추정량을 구하여 비교하여라.

(5) 위의 결괏값들을 얻기 위한 SAS 프로그램을 작성하여라.

6 예제 7.2의 자료를 이용하여 2019년 부가가치 총액 τ_y 에 대한 회귀추정량 ($\hat{\tau}_{yL}$)과 추정오차의 한계를 구하여라.

7 넓이가 1,000 에이커(acre)인 조림지의 에이커 당 평균 원목 수(μ_y)를 추정하려고 한다. 1 에이커 단위로 구획을 구성하여 그중에서 n 개의 표본을 뽑아 원목 수(y)를 조사하려고 한다. 그런데 조사자는 전 조림지의 원목 수를 헤아릴 수 있는 항공사진을 보유하고 있어 에이커 당 평균 원목 수(μ_x)를 알 수 있다고 한다. 이 경우 비추정법을 이용하여 평균 원목 수를 추정하는 것이 적절하다고 생각된다. 그런데, 모분산을 알 수

없으므로 $n=$ 10인 표본을 뽑아 예비조사를 하여 다음 결과를 얻었다. 추정오차의 한계 $B=$ 1.00이 되게 하려면 몇 개의 표본이 필요한가?

구획	항공사진(X)	실제조사(Y)	구획	항공사진(X)	실제조사(Y)
1	21	24	6	16	18
2	13	15	7	28	33
3	19	22	8	25	29
4	23	25	9	7	7
5	11	12	10	29	27
			합계	192	214

8 연습문제 6의 자료를 바탕으로 $N\overline{y}$를 사용한 τ_y의 추정값을 구하고, 그 추정오차의 한계를 구하여 식(7.4)의 결과와 비교하여라. 또한, $N\overline{y}$의 값이 비추정값에 비하여 훨씬 큰 이유를 설명하여라(μ_x와 $\overline{x}$의 값을 비교하여라).

9 식(7.2)를 증명하여라.

제8장

이중추출법

8.1 기본개념

앞에서 다룬 층화추출법이나 비추정 및 회귀추정에서는 보조변수를 이용하여 추정량의 정도를 높일 수 있었다. 그러나 이러한 방법들은 보조변수에 대한 사전정보를 알고 있는 경우에만 사용할 수 있었다. 보조변수에 대한 사전정보가 없는 경우에 대표본에서 보조변수의 분포를 추정하여 이용할 수 있는 방법을 생각해 볼 수 있다.

정의

모집단으로부터 임의의 확률추출법으로 대표본(1단계 표본)을 추출하여 보조변수의 정보를 얻고, 연구변수에 대한 추정의 정도를 높이기 위하여 보조정보를 이용하여 다시 대표본에서 소표본(2단계 표본)을 추출하는 방법을 **이중추출법**(二重抽出法, double sampling) 또는 **이상추출법**(二相抽出法, two-phase sampling)이라고 한다. 이때, 2단계 표본을 **부차표본**(sub-sample)이라고 하고 3단계 이상의 부표본으로부터 얻어지면 이를 **다상추출법**(多相抽出法, multi-phase sampling)이라 한다.

이중추출과정을 단계별로 살펴보면 다음과 같다.

첫째, 1단계에서는 보조변수 X에 대한 정보를 얻기 위하여 대표본을 추출한다.

둘째, 2단계에서는 조사목적에 따른 연구변수 Y를 조사하기 위하여 1단계에서 얻은 표본을 이용하여 다시 부차표본이 되는 소표본(1단계 표본에 비해 상대적으로 작은 규모의 표본)을 추출한다.

일반적으로 층화추출법은 층화지표로 이용되는 보조변수에 대한 사전정보를 알고 있는 경우에 사용할 수 있지만, 이중추출법은 보조변수에 대한 사전정보가 없는 경우에 대표본에서 보조변수의 분포를 추정하여 이용할 수 있으므로 현실적으로 매우 유용한 방법이다.

마찬가지로, 표본추출이론에서 주로 사용하는 추정방법인 비추정과 회귀추정에서는 연구변수 Y와 상관관계가 높은 보조변수 X의 모집단 평균이나 모집단 총계를 사전정보로 알고 있어야 하는데, 사전정보가 없는 경우에 필요한 보조정보를 대표본에서 추출하여 보조변수를 추정하는 방법으로 이중추출법이 사용된다.

또한, 이중추출법은 층화추출법이나 집락추출법과 같이 비용의 절감효과를 가지고 있다. 이중추출법의 1단계 표본은 표본크기가 크지만 단위당 비용은 적게 들며, 2단계 표본은 표본크기는 작지만 단위당 조사비용은 많이 든다.

이중추출법과 2단계 추출법과의 차이를 비교해 보면, 이중추출법에서는 1단계 추출단위와 2단계 추출단위가 같고, 2단계 추출법에서는 1단계 추출단위가 2단계 추출단위의 집합이 된다. 예를 들어 어느 대학에서 신입생들을 대상으로 여론조사를 실시하였을 때 이중추출법에서는 1단계 추출단위와 2단계 추출단위가 모두 학과인 반면에 2단계 추출법에서는 1단계 추출단위가 단과대학이고, 2단계 추출단위는 그 단과대학 내에 있는 학과가 된다.

다음에 다루는 추출방법들은 앞 장에서 언급되었던 방법들을 2단계에 걸쳐 실시하는 것이므로 추출방법에 대해 SAS 프로그램을 시용히는 예제는 다루지 않기로 한다.

8.2 층화이중추출법

층화추출에 있어서 각 층의 크기 N_h를 모르는 경우가 있다. 예를 들어 가구주의 직종별 가구소득을 조사하고자 하는데, 직종을 층으로 구성할 경우 직종별 가구 수는 알 수 없다. 이 경우 층화표본을 추출하기 위해 이중추출방법을 이용할 수 있다.

L개의 층으로 구성된 크기가 N인 모집단에서 1단계 표본으로 크기가 n'인 단순임의표본을 추출하여 층을 분류한다. 이때, $h\,(h=1,2,\cdots,L)$층에 속하는 표본 수를 $n_h{}'$라 하면, h층에 대해 층별 비율 $W_h = \dfrac{N_h}{N}$는 $w_h = \dfrac{n_h{}'}{n'}$로 추정된다. 여기서, $\sum_{h=1}^{L} n_h{}' = n'$이다. 2단계로 h층의 크기가 $n_h{}'$인 1단계 표본으로부터 n_h개를 단순임의추출한다. 이때, $\sum_{h=1}^{L} n_h = n$이다. 층화이중추출에서 1단계 대표본은 층별 비율 W_h를 추정하기 위한 것이며, 2단계 소규모 표본은 각 층의 모평균 μ_h를 추정하기 위한 것이다.

1. 모집단 평균의 추정

층화이중추출에 의한 모집단 평균을 추정하기 위해 h층의 i 번째 단위를 y_{hi}라 할 때, h층의 모집단 평균 μ_h는

$$\mu_h = \frac{1}{N_h}\sum_{i=1}^{N_h} y_{hi} \tag{8.1}$$

이며, 모집단 평균 μ는 다음과 같이 정의된다.

$$\mu = \sum_{h=1}^{L} W_h \mu_h \tag{8.2}$$

모집단 평균 μ의 추정량 $\overline{y}_{dst}$와 그 분산 및 분산추정량은 다음과 같다.

- h층의 모집단 평균 μ_h의 추정량:

$$\overline{y}_h = \frac{1}{n_h}\sum_{i=1}^{n_h} y_{hi} \tag{8.3}$$

- 모집단 평균 μ의 추정량:

$$\overline{y}_{dst} = \sum_{h=1}^{L} w_h \overline{y}_h \tag{8.4}$$

- $\overline{y}_{dst}$의 분산:

$$V(\overline{y}_{dst}) = \left(\frac{1}{n'} - \frac{1}{N}\right) S^2 + \sum_{h=1}^{L} \frac{n_h' - n_h}{n_h} \frac{W_h S_h^2}{n'} \tag{8.5}$$

여기서 $S^2 = \sum_{h=1}^{L} \frac{N_h - 1}{N-1} S_h^2 + \sum_{h=1}^{L} \frac{N_h}{N-1}(\mu_h - \mu)^2$ 이고,

$S_h^2 = \frac{1}{N_h - 1}\sum_{i=1}^{N_h}(y_{hi} - \mu_h)^2$ 이다.

■ 추정분산:

$$\hat{V}(\bar{y}_{dst}) \approx \left(\frac{1}{n'} - \frac{1}{N}\right)s^2 + \sum_{h=1}^{L} \frac{n_h' - n_h}{n_h} \frac{w_h s_h^2}{n'} \tag{8.6}$$

여기서 $s^2 = \sum_{h=1}^{L} \frac{n_h - 1}{n-1} s_h^2 + \sum_{h=1}^{L} \frac{n_h}{n-1}(\bar{y}_h - \bar{y}_{dst})^2$ 이고,

$s_h^2 = \frac{1}{n_h - 1} \sum_{i=1}^{n_h} (y_{hi} - \bar{y}_h)^2$ 이다.

■ 추정오차의 한계:

$$2\sqrt{\hat{V}(\bar{y}_{dst})} = 2\sqrt{\left(\frac{1}{n'} - \frac{1}{N}\right)s^2 + \sum_{h=1}^{L} \frac{n_h' - n_h}{n_h} \frac{w_h s_h^2}{n'}} \tag{8.7}$$

식(8.4)의 추정량은 층의 크기 N_h 를 모를 때, 층화추출에 의해 모집단 평균을 추정하는 것이며, $\bar{y}_{dst}$ 는 모집단 평균 μ 의 비편향추정량이 된다. $\bar{y}_{dst}$ 의 분산식(8.5)에서 S^2 은 전체 모분산이고, S_h^2 은 h층에서의 모분산이다. 따라서, 식(8.5)의 첫 번째 항은 대표본 간의 분산이며, 두 번째 항은 대표본 내의 분산을 나타낸다. 식(8.6)에서 s^2 은 전체표본분산이고, s_h^2 은 h층에서의 표본분산을 의미한다.

2. 모집단 총계의 추정

h층의 모집단 총계 τ_h는

$$\tau_h = N_h \mu_h = N_h \frac{1}{N_h} \sum_{i=1}^{N_h} y_{hi} = \sum_{i=1}^{N_h} y_{hi} \tag{8.8}$$

이며, 모집단 총계 τ는 다음과 같이 정의된다.

$$\tau = \sum_{h=1}^{L} \tau_h \tag{8.9}$$

모집단 총계 τ의 추정량 $\hat{\tau}_{dst}$과 그 분산 및 분산추정량은 다음과 같다.

- h층의 모집단 총계 τ_h의 추정량:

$$\hat{\tau}_h = \frac{N_h}{n_h} \sum_{i=1}^{n_h} y_{hi} \tag{8.10}$$

- 모집단 총계 τ의 추정량:

$$\hat{\tau}_{dst} = N \sum_{h=1}^{L} w_h \overline{y}_h \tag{8.11}$$

- $\hat{\tau}_{dst}$의 분산:

$$V(\hat{\tau}_{dst}) \approx N(N-n')\frac{S^2}{n'} + N^2 \sum_{h=1}^{L} \frac{n_h{}' - n_h}{n_h} \frac{W_h S_h^2}{n'} \tag{8.12}$$

- 추정분산:

$$\hat{V}(\hat{\tau}_{dst}) = N(N-n')\frac{s^2}{n'} + N^2 \sum_{i=1}^{L} \frac{n_h{}' - n_h}{n_h} \frac{w_h s_h^2}{n'} \tag{8.13}$$

- 추정오차의 한계:

$$2\sqrt{\hat{V}(\hat{\tau}_{dst})} = 2\sqrt{N(N-n')\frac{s^2}{n'} + N^2 \sum_{i=1}^{L} \frac{n_h{}' - n_h}{n_h} \frac{w_h s_h^2}{n'}} \tag{8.14}$$

예제 8.1

통계조사 연구소에서 자연과학대학과 인문사회과학대학으로 구성된 A 대학교를 다니고 있는 2,000명의 대학생을 대상으로 컴퓨터활용 정도를 알아보기 위하여 표본조사를 실시하여 주당 컴퓨터 사용시간을 추정하고자 한다. 통계조사 연구소에서는 자연과학대학의 학생 수가 인문사회과학대학의 학생 수보다 많다고 하는 사전정보를 바탕으로 모집단을 2개의 층으로 나누기로 하였다.

1단계로 층의 크기를 알아보기 위하여 500명의 학생을 단순임의추출한 결과 자연과학대학을 다니고 있는 학생이 300명, 인문사회과학대학을 다니고 있는 학생이 200명으로 나타났다. 1단계에서 추출된 300명의 자연과학대학을 다니고 있는 학생으로부터 20명의 학생을 추출하고, 200명의 인문사회과학대학을 다니고 있는 학생으로부터 10명의 학생을 추출하여 주당 컴퓨터 사용시간을 조사한 결과는 다음과 같다.

자연과학대학 (층 1)	20, 21, 17, 19, 20, 18, 19, 16, 21, 23, 19, 22, 24, 21, 20, 21, 20, 22, 15, 22
인문, 사회과학대학 (층 2)	10, 11, 14, 9, 8, 12, 13, 10, 11, 12

|1| 자연과학대학을 다니고 있는 학생들의 주당 컴퓨터 사용시간을 추정하여라.

|2| 인문사회과학대학을 다니고 있는 학생들의 주당 컴퓨터 사용시간을 추정하여라.

|3| A 대학교를 다니고 있는 학생들의 주당 컴퓨터 사용시간을 추정하여라.

|4| A 대학교를 다니고 있는 학생들의 주당 컴퓨터를 사용하는 평균시간에 대한 추정오차의 한계를 구하여라.

|5| A 대학교를 다니고 있는 학생들의 주당 컴퓨터를 사용하는 총시간 수를 추정하여라.

|6| A 대학교를 다니고 있는 학생들의 주당 컴퓨터를 사용하는 총시간 수에 대한 추정오차의 한계를 구하여라.

|7| 위의 결과를 얻기 위한 SAS 프로그램을 작성하여라.

풀이

문제로부터 다음 사실을 알 수 있다.

$$N = 2{,}000,\ n' = 500,\ n_1{}' = 300,\ n_2{}' = 200,$$

$$n = 30,\ n_1 = 20,\ n_2 = 10,$$

$$w_1 = \frac{300}{500} = 0.6,\ w_2 = \frac{200}{500} = 0.4$$

|1|

$$\bar{y}_1 = \frac{1}{n_1}\sum_{i=1}^{n_1} y_{1i} = \frac{1}{20}(20 + 21 + \cdots + 22) = \frac{400}{20} = 20$$

| 2 |

$$\bar{y}_2 = \frac{1}{n_2}\sum_{i=1}^{n_2} y_{2i} = \frac{1}{10}(10 + 11 + \cdots + 12) = \frac{110}{10} = 11$$

| 3 |

$$\bar{y}_{dst} = \sum_{h=1}^{2} w_h \bar{y}_h = 0.6 \times 20 + 0.4 \times 11 = 16.4$$

| 4 |

$$\hat{V}(\bar{y}_{dst}) = \left(\frac{1}{n'} - \frac{1}{N}\right)s^2 + \sum_{h=1}^{L} \frac{n_h' - n_h}{n_h}\frac{w_h s_h^2}{n'}$$ 에서

$$s_1^2 = \frac{1}{n_1 - 1}\sum_{i=1}^{n_1}(y_{1i} - \bar{y}_1)^2$$

$$= \frac{1}{20-1}\{(20-20)^2 + (21-20)^2 + \cdots + (22-20)^2\}$$

$$= \frac{98}{19} = 5.158$$

$$s_2^2 = \frac{1}{n_2 - 1}\sum_{i=1}^{n_2}(y_{2i} - \bar{y}_2)^2$$

$$= \frac{1}{10-1}\{(10-11)^2 + (11-11)^2 + \cdots + (12-11)^2\}$$

$$= \frac{30}{9} = 3.333$$

$$s^2 = \sum_{i=1}^{2}\frac{n_i - 1}{n-1}s_i^2 + \sum_{i=1}^{2}\frac{n_i}{n-1}(\bar{y}_i - \bar{y}_{dst})^2$$

$$= \frac{20-1}{30-1}\times 5.158 + \frac{10-1}{30-1}\times 3.333$$

$$+ \frac{20}{30-1}\times(20-16.4)^2 + \frac{10}{30-1}\times(11-16.4)^2$$

$$= 23.4069$$

이므로

$$\hat{V}(\bar{y}_{dst}) = \left(\frac{1}{500} - \frac{1}{2{,}000}\right)\times 23.4069$$

$$+ \frac{300-20}{20}\frac{0.6\times 5.158}{500} + \frac{200-10}{10}\frac{0.4\times 3.333}{500}$$

$$= 0.17243$$

$$\hat{V}(\bar{y}_{dst}) = \left(\frac{1}{500} - \frac{1}{2{,}000}\right) \times 23.4069$$

$$+ \frac{300-20}{20}\frac{0.6 \times 5.158}{500} + \frac{200-10}{10}\frac{0.4 \times 3.333}{500}$$

$$= 0.17243$$

이다. 따라서 추정오차의 한계는 다음과 같다.

$$2\sqrt{\hat{V}(\bar{y}_{dst})} = 2\sqrt{0.17243} = 2 \times 0.415247 = 0.83049$$

| 5 |

$$\hat{\tau}_{dst} = N\sum_{h=1}^{L} w_h \bar{y}_h = 2{,}000 \times 16.4 = 32{,}800$$

| 6 |

모집단 총합에 대한 추정오차의 한계

$$2\sqrt{\hat{V}(\hat{\tau}_{dst})} = 2\sqrt{N^2 \hat{V}(\bar{y}_{dst})} = 2\sqrt{2{,}000^2 \times 0.17243} = 1660.99$$

| 7 |

```
/*데이터 입력*/
OPTIONS NODATE;
DATA EX8_1;
INPUT DEPT $ Y @@;
CARDS;
NAT 20 SOC 10 NAT 21 SOC 11 NAT 17 SOC 14 NAT 19 SOC 9
NAT 20 SOC 8 NAT 18 SOC 12 NAT 19 SOC 13 NAT 16 SOC 10 NAT 21 SOC 11 NAT 23 SOC 12 NAT
19 NAT 22 NAT 24 NAT 21 NAT 20 NAT 21 NAT 20 NAT 22 NAT 15 NAT 22
RUN;

/*항목별 값 지정*/
DATA DOB_S;
SET EX8_1;
SAM_N1 = 500; SAM1_N1 = 300; SAM1_N2 = 200;
SAM_N2 = 30; SAM2_N1 = 20; SAM2_N2 = 10;
W_1 = SAM1_N1/SAM_N1; W_2 = SAM1_N2/SAM_N1;
```

```
RUN;

/*층 1 구분*/
DATA DOB_S1;
SET DOB_S;
IF DEPT = 'NAT';
RUN;

/*층 1의 통계값 산출*/
PROC MEANS DATA = DOB_S1 N MEAN VAR NOPRINT;
VAR Y W_1 W_2;
OUTPUT OUT = DOB_A MEAN = MEAN_Y1 W_1 W_2
                        VAR = SS_Y1;
RUN;

/*층 2 구분*/
DATA DOB_S2;
SET DOB_S;
IF DEPT = 'SOC';
RUN;

/*층 2 통계값 산출*/
PROC MEANS DATA = DOB_S2 N MEAN VAR NOPRINT;
VAR Y W_1 W_2;
OUTPUT OUT = DOB_B MEAN = MEAN_Y2 W_1 W_2
                        VAR = SS_Y2;
RUN;

/*추정값 계산*/
DATA DOB_W;
MERGE DOB_A DOB_B;
POP_N = 2000; SAM_N1 = 500; SAM1_N1 = 300; SAM1_N2 = 200;
SAM_N2 = 30; SAM2_N1 = 20; SAM2_N2 = 10;
Y_BAR = W_1*MEAN_Y1 + W_2*MEAN_Y2;
W_1 = SAM1_N1/SAM_N1; W_2 = SAM1_N2/SAM_N1;
S_1 = ((SAM2_N1-1)*SS_Y1+(SAM2_N2-1)*SS_Y2)/(SAM_N2-1);
DIF_Y1 = (MEAN_Y1-Y_BAR)**2;
DIF_Y2 = (MEAN_Y2-Y_BAR)**2;
```

```
S_2 = (SAM2_N1/(SAM_N2-1))*DIF_Y1+(SAM2_N2/(SAM_N2-1))*DIF_Y2;
SST = S_1+S_2;
VAR_1 = (1/SAM_N1-1/POP_N)*SST;
VAR_2 = (SAM1_N1-SAM2_N1)/SAM2_N1*(W_1*SS_Y1)/SAM_N1;
VAR_3 = (SAM1_N2-SAM2_N2)/SAM2_N2*(W_2*SS_Y2)/SAM_N1;
E_V_MU_Y = VAR_1+ VAR_2+ VAR_3;
B_MU_Y = 2*SQRT(E_V_MU_Y);
EST_TAU = POP_N*(W_1*MEAN_Y1+W_2*MEAN_Y2);
B_TAU = 2*POP_N*SQRT(E_V_MU_Y);
RUN;

/*결과 출력*/
PROC PRINT DATA = DOB_W SPLIT = '*' LABEL NOOBS;
TITLE '층화이중추출에 의한 모집단 평균의 추정';
LABEL MEAN_Y1 = '층 1의 *모평균 추정값'
      MEAN_Y2 = '층 2의 *모평균 추정값'
      Y_BAR = '모집단 평균의*추정치'
      E_V_MU_Y = '추정분산'
      B_MU_Y = '평균에 대한* 추정 오차의 한계'
      EST_TAU = '모집단 총계의*추정치'
      B_TAU = '총계에 대한* 추정 오차의 한계';
VAR  MEAN_Y1 MEAN_Y2 Y_BAR E_V_MU_Y
     B_MU_Y EST_TAU B_TAU;
RUN;
```

▸ 출력결과

층화이중추출에 의한 모집단 평균 추정

층 1의 모평균 추정값	층 2의 모평균 추정값	모집단 평균의 추정치	추정분산	평균에 대한 추정 오차의 한계	모집단 총계의 추정치	총계에 대한 추정 오차의 한계
20	11	16.4	0.17243	0.83049	32800	1660.99

8.3 이중추출법을 이용한 비추정

비추정을 실시할 때 보조변수 X의 모집단 평균을 알 수 없는 경우에 1단계 표본으로부터 모집단 평균을 추정하기 위하여 이중추출법을 사용하고자 한다.

크기가 N인 모집단에서 1단계 표본으로 크기가 n'인 단순임의표본을 추출하여 보조변수 X의 값 x_i만을 관찰한다. 2단계로 크기가 n'인 1단계 표본으로부터 n개의 부차표본을 단순임의추출하여 연구변수 Y의 값 y_i를 관찰한다. 결국 n개의 부차표본에 대해서는 보조변수 X와 연구변수 Y의 관찰값을 얻는다.

이렇게 이중추출법을 이용한 비추정은 보조변수 X에 관한 정확한 정보가 없을 때, 두 변수의 비를 추정하거나 모집단 평균 또는 모집단 총계를 추정하는 데 사용되며 비추정량은 보조변수 X와 연구변수 Y 사이의 관계가 원점을 통과하는 직선의 관계일 때 주로 사용된다. 예를 들어 소득에 대한 저축 비율이나 단위 면적당 수확량 또는 총투자액에 대한 생산액 등이 있다.

1. 모집단 평균의 추정

1단계 표본에서 보조변수 X의 모집단 평균 μ_x에 대한 표본평균 $\overline{x}'$는 다음과 같다.

$$\overline{x}' = \frac{1}{n'}\sum_{i=1}^{n'} x_i \qquad (8.15)$$

모집단 평균 μ_y의 비추정량 $\overline{y}_{dr}$와 그 근사분산 및 분산추정량은 다음과 같다.

■ 연구변수 Y에 대한 모집단 평균 μ_y의 비추정량:

$$\overline{y}_{dr} = \frac{\overline{y}}{\overline{x}}\overline{x}' \qquad (8.16)$$

여기서, $\overline{x} = \frac{1}{n}\sum_{i=1}^{n} x_i, \quad \overline{y} = \frac{1}{n}\sum_{i=1}^{n} y_i$

■ 비추정량 $\overline{y}_{dr}$ 의 근사분산:

$$V(\overline{y}_{dr}) \approx \left(\frac{1}{n'} - \frac{1}{N}\right)S_y^2 + \left(\frac{1}{n} - \frac{1}{n'}\right)S_r^2 \tag{8.17}$$

$$= \frac{N-n'}{N}\frac{S_y^2}{n'} + \frac{n'-n}{n'}\frac{S_r^2}{n}$$

여기서, $S_y^2 = \frac{1}{N-1}\sum_{i=1}^{N}(y_i - \mu_y)^2$

$S_r^2 = \frac{1}{N-1}\sum_{i=1}^{N}(y_i - Rx_i)^2, \ R = \frac{\mu_y}{\mu_x}$

■ 추정분산:

$$\hat{V}(\overline{y}_{dr}) = \frac{N-n'}{N}\frac{s_y^2}{n'} + \frac{n'-n}{n'}\frac{s_r^2}{n} \tag{8.18}$$

여기서, $s_y^2 = \frac{1}{n-1}\sum_{i=1}^{n}(y_i - \overline{y})^2$

$s_r^2 = \frac{1}{n-1}\sum_{i=1}^{n}(y_i - rx_i)^2, \ r = \frac{\overline{y}}{\overline{x}}$

■ 추정오차의 한계:

$$2\sqrt{\hat{V}(\overline{y}_{dr})} = 2\sqrt{\frac{N-n'}{N}\frac{s_y^2}{n'} + \frac{n'-n}{n'}\frac{s_r^2}{n}} \tag{8.19}$$

식(8.16)에서 $\overline{x}$ 와 $\overline{y}$ 는 2단계 표본으로부터 얻어진 표본평균이며 식(8.18)에서 s_y^2 은 부차표본에 있는 연구변수 Y 의 표본분산을 나타낸다.

비추정량 식(8.16)는 편향추정량이지만, 편향은 n' 과 n 이 크다면 무시할 수 있다. 식(8.17)의 S_r^2 에 있는 $\sum_{i=1}^{N}(y_i - Rx_i)^2$ 항을 다른 형태로 표현해 보면

$$\sum_{i=1}^{N}(y_i - Rx_i)^2 = \sum_{i=1}^{N}[(y_i - \mu_y) - R(x_i - \mu_x)]^2 \qquad (8.20)$$

$$= \sum_{i=1}^{N}(y_i - \mu_y)^2 - 2R\sum_{i=1}^{N}(y_i - \mu_y)(x_i - \mu_x)$$

$$+ R^2\sum_{i=1}^{N}(x_i - \mu_x)^2$$

이므로

$$\sum_{i=1}^{N}(y_i - \mu_y)^2 = (N-1)S_y^2,\ \sum_{i=1}^{N}(x_i - \mu_x)^2 = (N-1)S_x^2$$

에서

$$\rho = \frac{\sum_{i=1}^{N}(y_i - \mu_y)(x_i - \mu_x)}{(N-1)S_y S_x}$$

인 사실로부터 다음 식을 얻을 수 있다.

$$\sum_{i=1}^{N}(y_i - Rx_i)^2 = (N-1)(S_y^2 - 2R\rho S_y S_x + R^2 S_x^2) \qquad (8.21)$$

식(8.21)을 식(8.17)에 대입하여 다음과 같은 다른 형태의 분산식을 얻을 수 있다.

$$V(\bar{y}_{dr}) \approx \left(\frac{1}{n'} - \frac{1}{N}\right)S_y^2 + \left(\frac{1}{n} - \frac{1}{n'}\right)(S_y^2 - 2R\rho S_y S_x + R^2 S_x^2) \qquad (8.22)$$

식(8.22)를 보면 보조변수 X와 연구변수 Y는 양의 상관관계를 가지고 있을 때, 분산이 작아지게 되어 비추정량의 효율이 증대됨을 알 수 있다.

2. 모집단 총계의 추정

1단계 표본에서 보조변수 X의 모집단 총계 τ_x에 대한 추정량 $\hat{\tau}_x$은

$$\hat{\tau}_x = \frac{N}{n'}\sum_{i=1}^{n'} x_i \tag{8.23}$$

이다.

모집단 총계 τ_y의 비추정량 $\hat{\tau}_{dr}$과 그 근사분산 및 분산추정량은 다음과 같다.

- 연구변수 Y에 대한 모집단 총계 τ_y의 비추정량:

$$\hat{\tau}_{dr} = r\,\hat{\tau}_x \tag{8.24}$$

여기서, $r = \sum_{i=1}^{n} y_i / \sum_{i=1}^{n} x_i$는 2단계 표본의 표본비이다.

- $\hat{\tau}_{dr}$의 근사분산:

$$V(\hat{\tau}_{dr}) \approx N(N-n')\frac{S_y^2}{n'} + N^2\frac{n'-n}{n'}\frac{S_r^2}{n} \tag{8.25}$$

- 추정분산:

$$\widehat{V}(\hat{\tau}_{dr}) \approx N(N-n')\frac{s_y^2}{n'} + N^2\frac{n'-n}{n'}\frac{s_r^2}{n} \tag{8.26}$$

- 추정오차의 한계:

$$2\sqrt{\widehat{V}(\hat{\tau}_{dr})} = 2\sqrt{N(N-n')\frac{s_y^2}{n'} + N^2\frac{n'-n}{n'}\frac{s_r^2}{n}} \tag{8.27}$$

예제 8.2

어느 소비자 단체에서 특정지역의 1,000가구를 대상으로 연간 총수입 중 의류비로 지출되

는 금액의 비율과 총액을 추정하기 위하여 표본조사를 실시하였다. 특정 지역의 연간 총수입에 관한 사전정보가 전혀 없는 관계로 인해 1단계로 특정 지역의 연간 총수입 평균을 알아보기 위하여 100가구를 임의표본으로 추출하여 평균을 구해 본 결과 $\bar{x}' = 3,100$(만원)으로 나타났다. 1단계에서 추출된 100가구로부터 10가구를 추출하여 얻은 연간 총수입(X)과 의류비로 지출된 금액(Y)은 다음과 같다.

표 8.1 표본가구들에 관한 자료

표본가구	총수입(X)	의류비(Y)
1	2,900	150
2	3,000	220
3	2,800	170
4	3,500	300
5	3,000	210
6	2,700	180
7	3,400	220
8	2,600	190
9	3,000	270
10	3,100	190

|1| 연간 총수입 중 의류비로 지출되는 금액의 평균을 추정하여라.

|2| 연간 총수입 중 의류비로 지출되는 금액의 평균에 대한 추정오차의 한계를 구하여라.

|3| 연간 총수입 중 의류비로 지출되는 금액의 총액을 추정하여라.

|4| 연간 총수입 중 의류비로 지출되는 금액의 총액에 대한 추정오차의 한계를 구하여라.

풀이

|1|

$\bar{y}_{dr} = \dfrac{\bar{y}}{\bar{x}}\bar{x}'$ 에서 $\bar{x}' = 3{,}100$ 이고

$$\bar{x} = \frac{1}{10}(2{,}900 + 3{,}000 + \cdots + 3{,}100) = 3{,}000,$$

$$\bar{y} = \frac{1}{10}(150 + 220 + \cdots + 190) = 210$$

이므로 $\bar{y}_{dr} = \frac{210}{3,000} \times 3,100 = 217$ 이다.

|2|

$\hat{V}(\bar{y}_{dr}) = \frac{N-n'}{N}\frac{s_y^2}{n'} + \frac{n'-n}{n'}\frac{s_r^2}{n}$ 에서

$$\begin{aligned} s_y^2 &= \frac{1}{n-1}\sum_{i=1}^{n}(y_i - \bar{y})^2 \\ &= \frac{1}{10-1}\{(150-210)^2 + (220-210)^2 + \cdots + (190-210)^2\} \\ &= 2{,}088.89 \end{aligned}$$

$$\begin{aligned} s_r^2 &= \frac{1}{n-1}\sum_{i=1}^{n}(y_i - rx_i)^2 \\ &= \frac{1}{10-1}\{(150-0.07\times 2{,}900)^2 + (220-0.07\times 3{,}000)^2 + \cdots \\ &\quad + (190-0.07\times 3{,}100)^2\} \\ &= 1{,}267.56 \end{aligned}$$

이므로

$$\begin{aligned} \hat{V}(\bar{y}_{dr}) &= \frac{1{,}000-100}{1{,}000}\times\frac{2{,}088.89}{100} + \frac{100-10}{100}\times\frac{1{,}267.56}{10} \\ &= 132.88 \end{aligned}$$

이다. 따라서, 추정오차의 한계는 다음과 같다.

$$2\sqrt{\hat{V}(\bar{y}_{dr})} = 2\sqrt{132.88} = 23.05$$

|3|

$\hat{\tau}_{dr} = r\hat{\tau}_x$ 에서

$$r = \frac{\sum_{i=1}^{n} y_i}{\sum_{i=1}^{n} x_i} = \frac{2{,}100}{30{,}000} = 0.07$$

$$\hat{\tau}_x = N\bar{x}' = 1{,}000\times 3{,}100 = 3{,}100{,}000$$

이므로

$$\hat{\tau}_{dr} = 0.07 \times 3,100,000 = 217,000$$

|4|

$$\hat{V}(\hat{\tau}_{dr}) = N(N-n')\frac{s_y^2}{n'} + N^2\frac{n'-n}{n'}\frac{s_r^2}{n}$$

$$= 1,000(1,000-100)\frac{2,088.89}{100} + (1,000)^2\frac{100-10}{100}\frac{1,267.56}{10}$$

$$= 132,880,410$$

이므로 추정오차의 한계는 다음과 같다.

$$2\sqrt{\hat{V}(\hat{\tau}_{dr})} = 2\sqrt{132,880,000} = 23,054.75$$

8.4 이중추출법을 이용한 회귀추정

회귀추정에서는 보조변수 X의 모집단 평균 μ_x를 알고 있어야 하지만, 모를 경우에는 이중추출법을 사용하여 회귀추정을 할 수 있다.

크기가 N인 모집단에서 1단계 표본으로 크기가 n'인 단순임의표본을 추출하여 보조변수 X의 값 x_i만을 관찰한다. 2단계로 크기가 n'인 1단계 표본에서 n개의 부차표본을 단순임의추출하여 연구변수 Y의 값 y_i를 관찰한다.

보조변수 X와 연구변수 Y사이의 관계가 서로 직선의 관계가 있는 경우에는 비추정량보다는 X에 대한 Y의 선형관계를 추정하는 회귀추정량을 사용하는 편이 바람직하다.

그러나 회귀추정량은 실제조사에서 2단계 표본크기 n에 따라 회귀계수를 계산하는데 많은 시간과 노력을 요구하게 된다.

1. 모집단 평균의 추정

1단계 표본에서 보조변수 X의 모집단 평균 μ_x에 대한 표본평균 $\overline{x}'$은

$$\overline{x}' = \frac{1}{n'}\sum_{i=1}^{n'} x_i \tag{8.28}$$

이다. 모집단 평균 μ_y의 회귀추정량 $\overline{y}_{dL}$와 그 근사분산 및 분산추정량은 다음과 같다.

■ 연구변수 Y에 대한 모집단 평균 μ_y의 회귀추정량:

$$\overline{y}_{dL} = \overline{y} + b(\overline{x}' - \overline{x}) \tag{8.29}$$

여기서, $b = \dfrac{\sum_{i=1}^{n}(y_i - \overline{y})(x_i - \overline{x})}{\sum_{i=1}^{n}(x_i - \overline{x})^2}$ 이다.

■ $\overline{y}_{dL}$의 근사분산:

$$V(\overline{y}_{dL}) \approx \frac{S_y^2(1-\rho^2)}{n} + \frac{\rho^2 S_y^2}{n'} - \frac{S_y^2}{N} \tag{8.30}$$

여기서, S_y^2은 Y의 모분산이고, ρ는 X와 Y의 상관계수이다.

■ 추정분산:

$$\hat{V}(\overline{y}_{dL}) = \frac{s_{yx}^2}{n} + \frac{s_y^2 - s_{yx}^2}{n'} - \frac{s_y^2}{N} \tag{8.31}$$

여기서, $s_{yx}^2 = \dfrac{1}{n-2}\left[\sum_{i=1}^{n}(y_i - \overline{y})^2 - b^2\sum_{i=1}^{n}(x_i - \overline{x})^2\right]$

$s_y^2 = \dfrac{1}{n-1}\sum_{i=1}^{n}(y_i - \overline{y})^2$ 이다.

■ 추정오차의 한계:

$$2\sqrt{\hat{V}(\overline{y}_{dL})} = 2\sqrt{\frac{s_{yx}^2}{n} + \frac{s_y^2 - s_{yx}^2}{n'} - \frac{s_y^2}{N}} \tag{8.32}$$

식(8.26)에서 b는 X에 대한 Y의 회귀계수의 추정값으로 2단계 표본에서 최소제곱법에 의해 구해진다.

회귀추정량 식(8.25)는 편향추정량이지만, 편향은 n'과 n이 크다면 무시할 수 있다. 식(8.25)에서 $b = 0$이라면 단순임의표본평균 $\overline{y}$와 같게 되며, $b = \dfrac{\overline{y}}{\overline{x}}\,(= r)$이라면 식(8.14)의 비추정량과 같게 되는데 이것은 X에 대한 Y의 회귀직선이 원점을 통과할 때를 의미한다. 또한, $b = 1$이면 $\overline{y}_{dL} = \overline{x}' + (\overline{y} - \overline{x})$가 되며, 이는 차의 추정량이다. 식(8.30)은 $\rho = 0$일 때 단순임의표본평균 $\overline{y}$의 분산과 같게 되며, $S_y^2(1-\rho^2)$은 회귀모형에서 잔차의 평균제곱과 같다. 식(8.31)에서 s_{yx}^2은 표본에서의 잔차의 평균제곱이며, $S_y^2(1-\rho^2)$의 비편향추정량이다. 또한, s_y^2도 S_y^2의 비편향추정량이다.

2. 모집단 총계의 추정

모집단 총계 τ의 추정량 $\hat{\tau}_{dL}$와 그 분산 및 분산추정량은 다음과 같다.

■ 모집단 총계 τ의 추정량:

$$\hat{\tau}_{dlr} = N\overline{y}_{dL} \tag{8.33}$$

■ $\hat{\tau}_{dL}$의 근사분산:

$$V(\hat{\tau}_{dL}) \approx N^2\left[\frac{S_y^2(1-\rho^2)}{n} + \frac{\rho^2 S_y^2}{n'} - \frac{S_y^2}{N}\right] \tag{8.34}$$

■ 추정분산:

$$\hat{V}(\hat{\tau}_{dL}) = N^2\left[\frac{s_{yx}^2}{n} + \frac{s_y^2 - s_{yx}^2}{n'} - \frac{s_y^2}{N}\right] \tag{8.35}$$

■ 추정오차의 한계:

$$2\sqrt{\hat{V}(\hat{\tau}_{dL})} = 2\sqrt{N^2\left[\frac{s_{yx}^2}{n} + \frac{s_y^2 - s_{yx}^2}{n'} - \frac{s_y^2}{N}\right]} \tag{8.36}$$

예제 8.3

B 대학에서 4학년 학생 2,000명을 대상으로 영어실력을 측정해 보기 위해 표본조사를 실시하여 토익(TOEIC)점수를 추정해 보고자 한다.

1단계로 그들이 취득한 교양 영어점수의 평균을 알아보기 위하여 500명을 임의표본으로 추출하여 평균을 구해 본 결과 80점으로 나타났다. 2단계로 1단계에서 추출된 500명에서 10명을 추출하여 얻은 교양 영어점수(X)와 토익점수(Y)는 다음과 같다. 이때, 교양 영어점수와 토익점수는 100점을 만점으로 환산한 점수이다.

표 8.2 표본학생들이 얻은 점수에 관한 자료

표본 학생	교양 영어점수(X)	토익점수(Y)
1	85	85
2	80	90
3	80	80
4	75	95
5	85	90
6	75	85
7	80	75
8	70	75
9	90	85
10	90	90

|1| 회귀추정량을 이용하여 B 대학에 다니는 4학년 학생들의 토익점수의 평균을 추정하여라.

|2| B 대학에 다니는 4학년 학생들의 토익점수의 평균에 대한 추정오차의 한계를 구하여라.

|3| B 대학에 다니는 4학년 학생들의 토익점수의 합계를 추정하여라.

|4| B 대학에 다니는 4학년 학생들의 토익점수의 합계에 대한 추정오차의 한계를 구하여라.

풀이

|1|

$\bar{y}_{dL} = \bar{y} + b(\bar{x}' - \bar{x})$ 에서 $\bar{x}' = 80$ 이고

$$\bar{x} = \frac{1}{10}(85 + 80 + \cdots + 90) = 81,$$

$$\bar{y} = \frac{1}{10}(85 + 90 + \cdots + 90) = 85$$

$$b = \frac{\sum_{i=1}^{n}(y_i - \bar{y})(x_i - \bar{x})}{\sum_{i=1}^{n}(x_i - \bar{x})^2} = \frac{125}{390} = 0.321$$

이므로

$$\bar{y}_{dL} = 85 + 0.321 \times (80 - 81) = 84.679 \text{ 이다.}$$

|2|

$\hat{V}(\bar{y}_{dL}) = \dfrac{s_{yx}^2}{n} + \dfrac{s_y^2 - s_{yx}^2}{n'} - \dfrac{s_y^2}{N}$ 에서

$$\begin{aligned} s_y^2 &= \frac{1}{n-1}\sum_{i=1}^{n}(y_i - \bar{y})^2 \\ &= \frac{1}{10-1}\{(85-85)^2 + (90-85)^2 + \cdots + (90-85)^2\} \\ &= 44.44 \end{aligned}$$

$$\begin{aligned} s_{yx}^2 &= \frac{1}{n-2}\left[\sum_{i=1}^{n}(y_i - \bar{y})^2 - b^2\sum_{i=1}^{n}(x_i - \bar{x})^2\right] \\ &= \frac{1}{10-2}[400 - (0.321)^2 \times 390] \\ &= 44.98 \end{aligned}$$

이므로

$$\begin{aligned} \hat{V}(\bar{y}_{dlr}) &= \frac{44.98}{10} + \frac{44.44 - 44.98}{500} - \frac{44.44}{2,000} \\ &= 4.265 \end{aligned}$$

이므로 추정오차의 한계는 다음과 같다.

$$2\sqrt{\widehat{V}(\bar{y}_{dlr})} = 2\sqrt{4.265} = 4.1304$$

|3|

$$\hat{\tau}_{dL} = N\bar{y}_{dL} = 2{,}000 \times 84.679 = 169{,}358$$

|4|

$$\begin{aligned} 2\sqrt{\hat{V}(\hat{\tau}_{dL})} &= 2\sqrt{N^2\,\hat{V}(\bar{y}_{dL})} \\ &= 2\sqrt{(2{,}000)^2 \times 4.265} = 8260.75 \end{aligned}$$

8.5 연습문제

1 어느 광고회사에서는 2,500명의 여성을 대상으로 하루에 어느 정도 TV를 시청하는지를 알아보기 위해서 표본조사를 실시하였다. 여성을 일반 가정에 있는 전업 여성과 직장에 다니고 있는 직장 여성으로 층화를 하였으나, 층의 크기에 대한 정확한 정보가 부족하여 1단계에서 2,500명의 여성으로부터 600명을 임의추출하여 조사해 본 결과 전업 여성은 450명, 직장 여성이 150명으로 나타났다. 2단계로 1단계에서 추출된 전업 여성 450명으로부터 15명을 임의추출하고, 직장 여성 150명에서 10명을 임의추출하여 TV 시청시간을 조사한 결과는 다음과 같다.

전업 여성	6, 5, 3, 1, 4, 2, 3, 4, 5, 3, 4, 4, 5, 5, 6
직장 여성	3, 2, 2, 4, 5, 2, 1, 4, 3, 4

(1) 전업 여성이 하루에 TV를 시청하는 평균시간을 추정하여라.

(2) 직장 여성이 하루에 TV를 시청하는 평균시간을 추정하여라.

(3) 모든 여성이 하루에 TV를 시청하는 평균시간을 추정하여라.

(4) 모든 여성이 하루에 TV를 시청하는 평균시간에 대한 95% 신뢰구간을 구하여라.

(5) 모든 여성이 하루에 TV를 시청하는 총시간 수를 추정하여라.

(6) 모든 여성이 하루에 TV를 시청하는 총시간 수에 대한 95% 신뢰구간을 구하여라.

(7) 위의 추정값들을 얻기 위한 SAS 프로그램을 작성하여라.

2 200개의 대리점을 가지고 있는 컴퓨터 회사에서는 작년에 비해 올 한 해 동안 각 대리점들이 컴퓨터 프린터를 판매하여 얻은 수입의 평균을 추정하기 위하여 표본조사를 실시하였다. 각 대리점들이 작년에 컴퓨터 프린터를 판매하여 얻은 수입에 대한 정확한 정보가 없기 때문에 1단계로 200개의 대리점에서 50개의 대리점을 임의추출하여 작년에 컴퓨터 프린터를 판매하여 벌어들인 수입(단위: 만원)의 평균을 조사한 결과 950(만원)이라는 사실을 알 수 있었다. 2단계로 50개의 대리점에서 10개의 대리점을 임의추출하여 얻은 컴퓨터 프린터 판매에 의한 작년 수입(X)과 올해 수입(Y)은 다음과 같다.

표본 대리점	작년 수입 (X)	올해 수입 (Y)	표본 대리점	작년 수입 (X)	올해 수입 (Y)
1	900	800	6	850	700
2	800	1,000	7	950	1,300
3	1,200	900	8	1,100	1,000
4	1,300	1,200	9	700	850
5	1,000	950	10	1,200	1,100

(1) 비추정량을 이용하여 컴퓨터 회사가 올 해 컴퓨터 프린터를 판매하여 얻은 수입의 평균을 추정하여라.

(2) 컴퓨터 회사가 올 해 컴퓨터 프린터를 판매하여 얻은 수입의 평균에 대한 추정오차의 한계를 구하여라.

(3) 컴퓨터 회사가 올 해 컴퓨터 프린터를 판매하여 얻은 수입의 총액을 추정하여라.

(4) 컴퓨터 회사가 올 해 컴퓨터 프린터를 판매하여 얻은 수입의 총액에 대한 추정오차의 한계를 구하여라.

3 500그루의 사과나무가 있는 어느 과수원에서 사과의 수확량을 이중추출법에 의한 회귀추정량을 이용하여 추정하고자 한다. 수확량을 조사하는 방법으로는 실제로 사과의 개수를 측정하는 실측법과 눈으로 대략적으로 측정하는 목측법을 함께 사용하였다. 1단계로 100그루의 사과나무를 임의추출하여 목측법을 통해 1그루당 평균 사과개수를 구해 본 결과 190개로 나타났다. 2단계로 1단계에서 추출된 100그루의 사과나무로부터 10그루를 임의추출하여 측정한 목측치(X)와 실측치(Y)는 다음과 같다.

표본 사과나무	목측치 (X)	실측치 (Y)	표본 사과나무	목측치 (X)	실측치 (Y)
1	180	195	6	200	215
2	190	180	7	220	235
3	210	200	8	190	190
4	170	210	9	200	230
5	230	225	10	210	220

(1) 사과나무 1그루당 평균 사과개수를 추정하여라.

(2) 사과나무 1그루당 평균 사과개수에 대한 추정오차의 한계를 구하여라.

(3) 과수원에서 수확될 사과의 총계를 추정하여라.

(4) 과수원에서 수확될 사과의 총계에 대한 추정오차의 한계를 구하여라.

4 한국의 4년제 대학에 등록한 학생의 수와 교수의 수를 이용하여 대학교당 평균 등록자 수를 추정하고자 한다.

대학교	층 1		층 2	
	등록자 수	교수 수	등록자 수	교수 수
1	1,618	122	7,330	300
2	1,140	88	2,500	150
3	1,100	65	12,300	682
4	1,225	55	950	80
5	790	79	1,300	100
6	1,600	79	5,900	110
7	746	40	8,800	120
8	1,600	75	6,500	235
9	746	32	6,400	250
10	1,700	75	780	100
계	12,265	710	52,760	2,127

이중추출방법을 사용하여 1단계에서 $n' = 141$개 대학교를 단순임의추출하여 $n_1{}' = 84$개의 사립대학교, $n_2{}' = 57$인 국립대학교로 분류하였다. 위의 표는 이러한 정보를 이용하여 각 층에서 $n_1 = 10$, $n_2 = 10$개의 대학을 단순임의추출하여 등록자의 수와 교수 수를 관찰한 결과이다. 이 자료를 이용하여 4년제 대학교의 대학교당 평균등록자 수를 추정하고, 추정오차의 한계를 구하여라.

5 층화이중추출법의 추정량 $\bar{y}_{dst}$가 모집단 평균 μ의 비편향추정량임을 보여라.

6 연습문제 8.4의 자료로부터 1단계 표본은 $n' = 141$이며, 두 개의 층을 통합하여 2단계 표본을 $n = 20$으로 고려하여, 대학교당 교수의 수를 연구변수 Y로 대학교당 등록자 수를 보조변수 X라 할 때 다음을 추정하여라.

(1) 비추정방법을 이용하여 연구변수 Y에 대한 평균, 즉 대학교당 평균 교수의 수를 추정하고, 추정오차의 한계를 구하여라(단, 한국의 전체 4년제 대학의 평균 등록자 수

는 μ_x = 1,730명이라 한다).

(2) 회귀추정방법을 이용하여 연구변수 Y에 대한 평균, 즉 대학교당 평균 교수 수를 추정하고, 추정오차의 한계를 구하여라(단, 한국의 전체 4년제 대학의 평균 등록자 수는 μ_x = 1,730명이라 한다).

7 층화이중추출법의 분산이 식(8.5)임을 증명하여라.

8 이중추출법을 이용한 비추정량 $\overline{y}_{dr}$의 근사분산이 식(8.25)임을 증명하여라.

9 이중추출법을 이용한 회귀추정량 $\overline{y}_{dL}$의 근사분산이 식(8.30)임을 증명하여라.

제 9 장

비확률표본추출법

9.1 기본개념

비확률표본추출은 확률적 방법이 아닌 주관적인 방법으로 표본을 추출하기 때문에 표본의 대표성은 없지만, 확률표본추출방법을 사용할 수 없는 불가피한 경우나 연구 특성상 특정한 대상을 표본으로 해야 하는 경우 또는 시간과 비용을 줄이고자 하는 경우에 사용한다. 또한, 비확률표본추출은 표본을 추출하기 위해서 프레임(frame)이나 목록을 만들기 복잡하거나 어려울 경우, 그리고 추정하고자 하는 모수가 확률표본이 아니더라도 결과에 큰 영향이 없는 경우 손쉽게 사용될 수 있는 방법으로 사회과학 분야에서 많이 쓰이고 있다. 비확률표본추출방법은 표본자료로 표본오차를 추정할 수가 없어서 조사자가 추정치의 편차를 계산할 수 없으며, 따라서 그 조사결과를 일반화하는 데는 문제가 있다.

9.2 비확률표본추출의 종류

1. 간편표본추출

간편표본추출(convenience sampling)은 모집단에 대한 정보가 전혀 없는 경우이거나 모집단의 구성요소 간의 차이가 없다고 판단될 때, 표본선정 시 편리성에 기준을 두고 조사자가 마음대로 표본을 선정하는 방법이다. 모든 표본추출기법 중에서 가장 비용이 적게 들고 시간을 절약할 수 있는 기법이다. 이 기법을 이용하면 접근이 쉬운 조사대상만을 표본으로 선정하게 되어 표본의 편중이 생기기 쉽고, 표본의 대표성이 떨어진다. 예를 들어 길거리에서 만난 사람을 대상으로 표본조사를 하는 경우를 들 수 있다.

이러한 임의표본추출은 하나의 아이디어나 가설을 추출하기 위한 탐색연구나 설문지의 사전조사에 주로 이용되며 정확한 자료입수보다는 신속하게 어느 정도 정확한 정보를 얻고자 한 경우에 주로 이용된다. 그러나 기술조사나 인과조사를 위한 표본추출 방법으로는 적당하지 못하다.

2. 무계획적표본추출

일종의 간편표본추출법으로 대부분의 생물학적 연구에서 동물 우리나 물고기를 기르는 저수지에서 조사를 위해서 견본을 선택할 때, **무계획적표본추출**(haphazard sampling)이 이용된다. 이 방법은 생물학적인 조사를 위해 우리 안으로 직접 손을 넣거나, 그물망을 이용하여 견본이 될 동물들을 무작위로 잡는 방법이다. 이 방법은 민첩하지 않거나 허약한 동물들이 먼저 견본으로 잡히는 단점이 있다. 따라서, 자료의 최종분석에서 편향에 의한 문제가 발생할 수도 있다.

3. 우연적표본추출

우연적표본추출(accidental or incidental sampling)도 일종의 간편표본추출법으로, 한 쇼핑센터 안으로 들어가는 사람들 가운데 10번째마다 한 명씩 면접하는 방법으로 표본을 추출하는 방식이며 언뜻 보면 확률표본처럼 보인다. 그러나 이 방법은 가장 비확률적 방법으로서 연구자의 주관이 개입되고 오류가 발생하기가 쉽다. 모집단을 구성하고 있는 모든 사람이 그 장소에 들어갈 동등한 기회를 가지는 것이 아니기 때문에 우연적 표본추출방법으로 추출한 표본은 대표성이 없다.

4. 유의추출법

유의추출법(purposive sampling)은 표본을 구성하는 단위를 추출하는 데 있어 확률적으로 추출하는 것이 아니고 주관적 판단에 따라서 표본을 추출하는 방법을 말한다. 모집단의 특성에 대해서 조사자가 정확히 알고 있는 경우에 제한적으로 사용할 수 있는 방법이다. 그래서 조사자의 풍부한 경험을 활용하는 표본추출방법이다. 따라서 그 활용분야도 극히 제한적이고 특수한 분야에서 사용된다. 일반적으로 이 방법은 예비조사 등에 보조적으로 이용하고, 본 조사에서는 확률추출법을 이용한다.

유의추출법은 표본추출 작업이 용이하고 조사에 협력한 사람(혹은 조직)만이 표본으로 선출되기 때문에 본 조사를 쉽게 진행할 수 있다는 장점이 있는 반면에 조사자의 판단이 확실한 것인가를 검정하지 못하면 결과에 대한 신뢰성을 믿을 수 없으며 표본오차의 크기가 어느 정도일지 또는 잘못된 결론이 나올 가능성은 어느 정도인지 알 수 없다.

5. 판단표본추출

판단표본추출(judgement sampling)은 전문가나 전문가들의 그룹이 모집단을 대표할 수 있다고 판단되는 전형적인 단위를 표본으로 추출하는 것이다. 이 방법은 조사대상이 되는 모집단의 경계를 한정할 수 없을 때에도 조사가 가능하며 적은 비용으로 실시할 수 있어 주로 예비조사에서 이용되고 있다. 그러나 이 방법은 전문가들의 의견이 서로 일치하지 않게 된다면, 서로 다른 판단기준을 가지고 조사대상자들을 선정하여 조사에서 상당한 편의가 발생하게 된다.

6. 가용표본추출

가용표본추출(available sampling)은 조사에 쉽게 동원할 수 있는 표본을 대상으로 표본추출을 한다. 예를 들어 연구자의 가족이나 친척, 친구, 이웃 등을 표본으로 이용하는 방법이다. 이 방법은 설문지를 사전에 검사하거나 예비조사를 할 때 유용하지만 추출된 표본이 모집단을 반드시 대표한다고 보기는 어려우므로 외적 타당도를 지니지 못한다.

7. 지원자표본추출

지원자표본추출(volunteer sampling)은 응답자들이 보통 사람들로 구성된 무계획적 표본추출의 특별한 경우로 생각할 수 있다. 이 방법은 특정한 모집단에서 자료를 얻기 위해 이용되며, 자원해서 조사에 응하는 사람들을 표본으로 삼는 방식이다. 많은 의학적 연구에서 연구자들이 윤리적인 의료규칙을 준수해야 하므로, 자발적으로 지원하는 표본으로 연구가 실시된다. 자진해서 응하는 사람들만 표본으로 삼기 때문에 가용표본추출과 마찬가지로 수집된 자료에 따른 오류가 발생할 수 있으므로 과학적인 표본추출이라 할 수 없다.

9. 제한적표본추출

제한적표본추출(restrictive sampling)로 자료를 얻는 것은 생각보다 쉽다. 품질관리를 목적으로 석탄무더기나 철광석무더기에서 표본을 선택한다고 하자. 석탄무더기에서 커다란 조각들은 무더기의 아래쪽에 굴러 떨어져 가장자리에 쌓이게 된다. 이러한 상태에서 석탄을 한 삽 가득 채운다면, 조사자가 편리에 의해 무더기의 가장자리인 한 장소에서 표본을 취하기 때문에 심각한 편의가 발생할 수 있다.

혈액표본은 혈액이 표본추출지점(주사바늘의 위치)을 통과할 때 표본으로 취해지기 때문에, 제한적 표본으로 간주할 수 있다. 역사적이나 고고학적인 표본들은 관심 있는 역사적 시기나 연대로 골동품들이 표집되기 때문에, 전형적인 제한적표본이 된다. 일반 대중들의 TV 카메라 인터뷰들도 제한적표본이 된다. 카메라를 특정위치에 설치하고 인터뷰를 실시하거나 지나가는 보행인을 필름에 담게 된다. 이런 방법은 심각한 편의를 갖는 표본이 추출될 수 있다는 점에 주의해야 한다.

9. 눈덩이표본추출

눈덩이표본추출(snowball sampling)은 용어 자체가 의미하는 것처럼 작은 눈덩이를 굴려서 점점 큰 눈덩이를 만들어 가는 것이다.

이 방법은 모집단을 잘 모르거나 모집단을 알고 있다고 해도 조사자들이 조사대상으로 조사에 응하는 것을 원하지 않을 때 활용될 수 있는 방법이다. 또한, 표본을 뽑을 수 있는 추출틀이 없거나 불완전한 추출틀을 가지고 있는 경우에 처음에는 소수의 조사 대상자를 찾아내어 조사를 실시한 뒤에, 이들을 이용하여 다른 조사대상자를 소개받아 명부에 포함시켜 조사하고, 또 다른 조사대상자를 찾기 위해 이들을 이용하여 필요한 표본크기가 채워질 때까지 이러한 방법을 계속해서 수행해 가는 방법이다.

따라서 비밀을 확인하려는 목적이 있는 표본조사에서 제한적으로 활용될 수 있는 방법이며, 비밀 고액과외 실태의 조사, 내기 골프를 즐기는 사람들의 조사, 사상적으로 문제가 되는 집단의 조사, 마약 복용자, 동성연애자, 불법체류자 등의 연구에 주로 이용된다.

이 방법은 조사집단의 구성원들이 다른 구성원들의 이름을 누설하여 불이익을 초래한다면 효율성이 떨어지게 된다. 마약 복용자와 같은 경우는 만약 그가 다른 사람의 이름을 밝혀 경찰에 노출되거나, 자신에게 가해지는 보복 때문에 다른 복용자의 이름을 밝히려 하지 않을 것이므로 조사자는 조사의 수행단계에서 세심한 주의를 기울여야 한다. 이러한 이유들로 눈덩이표본추출법은 표본추출에서부터 조사에 이르기까지 과정이 공개되지 않는 표본조사법이다.

눈덩이표본추출과정은 다음과 같다.

① 조사목적에 부합되는 몇 명을 대상으로 특징을 조사한다.
② 첫 번째 과정에서 표본으로 추출한 사람을 조사원으로 활용하여 조사목적에 부합되는 표본을 추출케 한다.
③ 두 번째 단계에서 조사한 사람을 다시 조사원으로 활용하여 두 번째 과정과 같은 조사를 실시한다.
④ 이상과 같은 과정을 구하고자 하는 표본크기를 모두 조사할 때까지 반복한다.

이러한 눈덩이표본추출의 단점은 다음과 같다. 우선적으로 S_i를 i 번째 표본추출단계라 하면 단계 S_1부터 S_k까지 응답자의 추출이 비확률적이다. 비록 몇몇 연구자들이 각 단계에서 확보된 응답자 가운데 확률추출을 함으로써 이 문제를 해결하려고 하였으나 사회적 네트워크가 큰 사람은 고립되어 있는 사람보다 추출될 가능성이 더 크게 된다. 단계 S_1부터 S_k까지 응답자는 조사자의 주관적 판단과 연구자들이 수용할 수 없거나 제어할 수 없는 많은 요인에 영향을 받기 때문에 편향된다.

눈덩이표본추출은 매력적인 몇 가지 중요한 장점이 있다. 그중에서 가장 중요한 장점은 추출하기 어려운 개개인의 응답자를 저비용과 상대적으로 효율적인 방법으로 얻을 수 있다는 것이며 또한 자료를 빠르게 수집할 수 있다는 것이다. 이 방법은 처음으로 탐구하는 현상이나 모수의 수가 적은 모집단의 연구에 추가 연구의 표본설계를 할 수 있는 효과적인 방법이다.

10. 할당표본추출

확률표본추출은 무작위성을 고려하기 때문에, 추정량의 편향 또는 비편향성과 정도를 계산할 수 있다. 그러나, 만약 전혀 무작위성을 고려하지 않는다면, 좋지 않은 표본추출이라고 할 수 있는가? 예를 들어 어떤 학교의 재학생 중에 60%가 남학생이고, 40%가 여학생이라고 하자. 단순임의표본은 거의 정확하게 60%의 남학생을 포함하지 못할 것이다. 왜, 정확하게 60%의 남학생이 포함될 때까지 한번에 한 명씩 학생을 선택할 수 없는 것인가?

할당표본추출(quota sampling)은 사회조사에서 사용되는 유의추출법의 하나로 모집단이 여러 가지 특성으로 구성되어 있는 경우에 각 특성에 따라서 층을 구성한 다음, 층별의 크기에 비례하여 표본을 배분하거나 동일한 크기의 표본을 조사원이 해당하는 층 내에서 임의로 선정하여 조사하는 표본조사방법이다.

할당표본추출에서는 표본에 포함될 남자 또는 여자의 수, 도시 또는 농촌의 가구 수 등으로 구분하여 추출된 단위 수가 먼저 할당되어진다. 그러므로 표본은 지역별, 성별, 경제적 수준 등을 고려하여 대부분이 집단에 고르게 분포한다. 할당추출법의 목적은 일정한 특성을 지니고 있는 표본요소의 구성비율이 동일한 특성을 지니고 있는 모집단의 구성비율에 일치하도록 표본을 추출하므로 모집단을 대표할 수 있도록 하는 데에 있다.

일반적으로 할당표본추출은 앞에서 설명한 층화표본추출과 함께 사용하는 것이 바람직한 방법이다. 그 이유는 표본을 할당하는 경우 층의 크기에 비례해서 할당해야 하므로 층의 크기를 모르는 경우에 이 방법을 사용하려면 다시 층의 크기에 대한 사전조사가 필요하게 되기 때문이다. 즉, 층화추출로 각 층에 필요한 표본의 크기를 구한 다음, 각 층에서 표본을 추출하는 데 할당추출을 그대로 사용할 수 있기 때문이다.

할당표본추출은 조사자에게 표본추출의 가이드라인만을 주고 그 범위에서 할당된 표본을 추출하여 조사하게 하는 방법이므로 두 방법 모두 모집단을 층화한 뒤에 사용하고 있다는 공통점을 가지고 있으나 최종 표본을 정하는 방법은 서로 다른 차이점이 있다.

할당표본추출은 시간과 비용을 절감할 수 있는 장점이 있는 반면에 조사자가 할당기준을 지키지 않을 때는 비표본오차가 커질 수 있으며 어떻게 표본을 할당하느냐 하는 문제도 난제로 남는다. 따라서 할당표본추출을 하는 경우에는 다음 사항을 유의하여야 한다.

① 각 범주에 할당된 응답자의 비율이 정확해야만 하고, 모집단의 구성비율은 가장 최근에 얻어진 것이어야 한다.
② 적절한 통제 특성을 설정해야 한다. 즉, 연구의 초점이 되는 모든 특성을 다 포함해야 한다. 만약 미니스커트에 대한 사람들의 태도를 조사할 경우 연령에 따라 이에 대한 태도가 달라질 수 있으므로 연령을 통제 요소로 고려하지 않는다면 잘못된 결과를 가져올 수 있다. 한편 너무 과다한 통제 변수를 도입하게 된다면 분류로 인한 어려움이 있다.
③ 표본 구성요소의 선정시 조사원이 가지는 편견에 유의해야 한다. 각 범주에 맞는 특성을 갖춘 응답자일지라도 조사원이 잘 모르는 사람이거나 인상이 좋지 않을 경우 조사대상에서 제외될 수가 있어서 조사과정에서 보이지 않는 편견이 개입될 수 있다. 따라서 조사원에 대한 교육이 철저히 이루어져야 한다.

위에서 언급한 표본추출 외에도 비확률표본추출방법으로 주관적표본추출(subjective sampling), 구조적표본추출(structural sampling), 전문가표본추출(expert(choice) sampling)과 같은 전략적제보자표본추출(strategic informant sampling)이 있다. 그리고 균형표본추출(balanced sampling), 확률표본추출과 비확률표본추출의 중간 개념을 이용한 절단표본추출(cutoff sampling), 제어표본추출(controlled sampling), 일탈표본추출(deviant sampling), 보행자조사법(sidewalk survey), 전형표본추출(representative sampling), 모형표본추출(modal instance sampling), 다양성표본추출(heterogeneity(diversity) sampling) 등이 있다.

제 10 장

비표본오차

10.1 비표본오차의 유형 및 원인

조사대상자들로부터 자료를 수집하는 과정에서 발생하는 오차와 실사나 집계, 분석에서 일어나는 회답오차나 무회답오차, 표본선택의 오차 등을 **비표본오차**(非標本誤差, non-sampling error)라 한다. 이는 조사대상자의 수가 많아짐에 따라 증가하는 오차로써 표본조사와 전수조사 시 모두 발생하는 오차이다. 일반적으로 대규모 통계조사에서는 비표본오차가 표본오차보다 심각한 문제를 일으킨다. 보통 표본오차는 표본의 크기가 증가함에 따라 감소하지만 비표본오차는 표본의 크기가 커지면 증가하는 경향이 있다. 그래서 모집단이 큰 경우 전수조사에서 발생된 비표본오차는 표본조사에서 일어나는 비표본오차보다 훨씬 크다. 이러한 이유로 잘 관리된 표본조사가 전수조사보다 정확도가 높은 경우가 대부분이다.

정의

조사대상자들로부터 자료를 수집하는 과정에서 발생되는 오차, 실사나 집계, 분석에서 일어나는 오차, 즉 응답오차, 무응답오차, 표본선택의 오차 등을 **비표본오차**(非標本誤差, nonsampling error)라 한다.

가령 중국에서는 90년대 인구조사에서 약 500만 명의 조사원을 동원하였다. 이러한 전수조사에서는 표본오차는 적다 하더라도 500만 명의 조사원에 대한 통제와 10억이 넘는 조사대상자들에 대한 자료수집과정에서 발행되는 비표본오차의 정도는 상상하기 어려울 정도이다.

비표본오차의 유형과 원인을 요약하면 다음과 같다.

① 비포함 오류의 원인

추출들의 불완전하여 모집단에 포함된 대상이 표본으로 추출될 가능성이 없는 경우를 말한다. 대표적으로 전화조사를 실시하는 경우 전화번호부에 등록되지 않은 사람은 조사에서 제외될 경우가 있다.

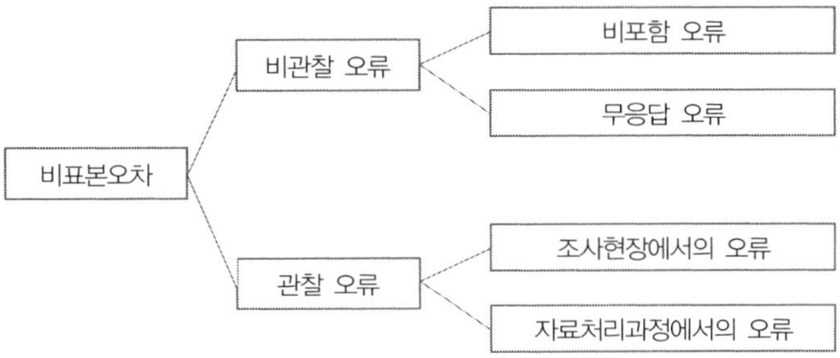

그림 10.1 비표본오차의 유형

② 무응답 오류의 원인

면접조사 등에서 응답자의 부재나 응답 거부 등에 의하여 조사가 불가능한 경우에 발생한다.

③ 조사현장에서의 오류의 원인

질문에 대한 응답자의 허위대답이나 응답자가 질문을 받아들이는 과정에서 응답자의 인식의 차이 및 조사현장에서 조사원의 부정확한 질문의 경우에 발생한다.

④ 자료처리과정에서의 오류의 원인

조사 자료를 집계할 때의 계산 착오, 컴퓨터를 사용해서 자료를 분석하기 위해서 조사 자료를 입력할 때의 입력 착오의 경우이다.

10.2 조사단계별 비표본오차

조사과정에서의 단계별 비표본오차는 조사계획단계, 실사단계, 집계단계에서 각각 비표본오차는 발생한다.

1. 조사계획단계

① 조사항목이 조사목적과 불일치하거나 부적당한 경우(연구목적의 불명확성).

② 조사범위의 불분명하거나 추출단위가 면적단위일 때 경계가 부정확하여 일어나는 누락 또는 중복.

③ 표본추출틀(frame)이 정확하지 못한 경우.

④ 표본추출에 편향이 발생하는 경우.

⑤ 면접방법 또는 실측방법이 부정확한 경우.

2. 실사단계

① 조사원의 훈련이 불충분하거나, 조사원에 대한 지도·감독이 소홀한 경우.

② 응답자의 응답오차와 무응답으로 인한 오차.

③ 조사감독이 철저하지 못한 경우.

3. 집계단계

① 부호화, 코딩 등에서 발생하는 오차.

② 분석된 자료의 도표화에서 생기는 오류.

③ 결과발표나 인쇄과정 중에 범해지는 기타 오차.

10.3 발생요인별 비표본오차

1. 무응답오차

무응답오차(無應答誤差, nonresponse error)는 모집단 중 일부의 데이터를 조사할 수 없어서 발생하는 관찰불가능에 의한 오차이다. 무응답의 경우, 무응답자가 어떤 특성을 가진 집단일 경우에는 조사결과에 실제적인 오차를 가져올 수 있다. 예를 들어 1936년 미국의 Literary Digest라는 잡지는 루즈벨트(F.D.Roosevelt)와 랜던(A.E. Landon)이 입후보한 대통령선거결과를 예측하기 위한 조사를 실시하였다. 그 잡지는 전화번호부에서 무작위로 대상자를 선정하여 누구를 지지할 것인지를 묻는 질문을 했다. 조사결과, 질문에 응한 응답자의 절반 이상이 랜던의 지지를 표명했으나 실제로는 루즈벨트가 당선되었다. 이는 질문에 응했으나 지지 후보를 밝히지 않은 무응답자들 가운데 루즈벨트를 지지하는 사람들이 많았기 때문이며, 따라서 이 조사결과는 심한 오차를 나타냈던 것이다.

무응답이 발생하는 원인별 특징은 다음과 같다.

① 응답자의 부재

조사대상자에 따라 조사에서 만날 가능성이 다르며, 면접조사에서는 방문시각이 중요하다. 그러므로 전화나 사전에 우편통지를 통해 면접시기를 정하는 것이 좋다. 또한, 부재중일 때는 재방문을 통해 응답률을 높일 수 있다.

② 응답거부

응답자의 개성이나 성격에 따라 응답거부를 할 수 있다. 이는 면접의 방법과 조사의 주체가 누구인가가 중요한 역할을 한다. 또한 질문의 성격에 따라 응답거부가 나타날 수 있다. 그러므로 사생활이나 사회적으로 민감한 사항에 대한 질문은 응답거부가 발생할 가능성 높기 때문에 연구에 꼭 필요한 사항이 아니면 설문지에서 제외하거나, 조사방법을 달리하는 등의 조치를 취하는 것이 좋다.

③ 조사불능

조사기간 중 육체적이나 정신적인 질병으로 응답을 할 수 없는 경우나, 응답자가 조사사항에 관하여 무지하거나 응답을 원하지 않는 경우이다. 이때는 표본을 대체하는 등의 방법을 취해야 한다.

④ 설문지 분실 또는 접근 불가

우편조사 등에서 설문지가 분실되는 경우 또는 위험하고 고립된 환경 때문에 조사기간 중에 조사대상에게 접근이 불가능한 경우이다. 또한 조사는 했으나 그 결과가 분실, 파손되었거나 설문지의 응답에 신뢰성이 없는 경우이다.

이러한 무응답오차를 감소시킬 수 있는 대책은 다음과 같다.

① 자료수집절차의 개선

응답자에게 익명성을 보장하여, 응답자로 하여금 조사에 적극적으로 협조할 수 있는 동기를 부여하고, 사전통지를 통해 면접시간을 조정하거나, 조사원의 교육 및 면접방법 또는 측정방법의 기술을 지도한다.

② 재방문(call-back)

응답자가 부재중일 때 무응답의 비율을 감소시키는 방법이며 통상적으로 사용된다. 예를 들어 우편조사에서 질문에 답하지 않은 사람들에게 반복적으로 설문지를 우송하는 방법이 일종의 재방문이다.

③ 무응답의 부차표본추출

Hansen과 Hurwitz가 제안한 방법으로 처음 조사는 우편조사로 실시하고, 우편조사에 불응한 대상자에 대해서 부차표본을 추출하여 면접조사를 실시하는 방법이다.

④ 무응답의 대체

무응답자에 대한 조사값을 다른 측정치나 과거의 정보를 이용하여 특성이 비슷한 응답자의 조사값으로 대체하는 것을 말한다. 무응답에 대한 대체의 주요한 방법은 다음과 같다.

㉠ 콜덱방법

현재의 무응답자료를 과거에 실시한 자료를 이용해서 특성이 비슷한 자료와 대체하는 방법을 말하며, 경우에 따라서는 여러 가지의 값이 존재하는 경우에는 이들의 평균으로 대체한다.

㉡ 핫덱방법

현재 조사된 자료들 중에서 같은 계층에 속한 자료들을 이용하여 대체하는 방법을 말한다. 조사된 자료가 지역적으로 밀접한 관련이 있는 경우에는 무응답자료와 가장 가까운 위치에 있는 자료를 이용해서 무응답을 대체한다.

㉢ 평균값 대체 방법

조사에 응답한 사람들의 자료를 이용하여 이들의 평균값을 무응답자료에 대체하는 방법이다.

㉣ 회귀 대체 방법

관찰변수와 강한 상관관계가 존재하는 보조변수를 이용하여 이들 간의 선형회귀식을 추정한 후 무응답자들의 자료를 회귀식으로부터 나온 값으로 대체하는 방법이다.

2. 무응답효과에 대한 이론적 접근

무응답오차와 무응답효과 등에 대한 이론적 접근은 표본조사에서 매우 중요하게 연구되는 분야이다. 기본적으로 무응답효과에 대한 이론은 먼저 응답자층과 무응답자층으로 구분하고, 무응답자층에서 무응답자를 재조사를 통해 조사한 결과를 바탕으로 이루어진다. 즉, 앞서 살펴본 층화이중추출의 개념과 매우 유사하다.

크기 n 인 표본 중에서 n_1 은 응답하였고, 나머지 $n_2 = n - n_1$ 은 무응답하였다고 하고 이들 무응답자인 n_2 로부터 다시 $r_2 (< n_2)$ 개를 표본추출하여 이들에 대해서 재조사를 하였다고 하자. 여기서 $n_2 = cr_2 (c > 1)$ 로 두면 응답자(n_1)의 표본평균을 $\bar{y}_1$, 무응답자 중 r_2 에 대해 재조사를 한 결과의 표본평균을 $\bar{y}_{2r}$ 라 하면 모평균 μ 의 비편향 추정량은

$$\bar{y} = \frac{1}{n}(n_1 \bar{y}_1 + n_2 \bar{y}_{2r})$$

이다. 단, 이때 r_2 명은 완전히 응답한다고 가정한다.

$\bar{y}$ 의 분산 $V(\bar{y})$를 구하면 다음과 같다.

$$V(\bar{y}) = \frac{N-n}{N}\frac{S^2}{n} + \frac{(c-1)}{n}w_2 S_2^2$$

여기서, $S^2 = \frac{1}{N-1}\sum_i^N (y_i - \mu)^2$ 이고 $S_2^2 = \frac{1}{N_2 - 1}\sum_i^{N_2}(y_{2i} - \mu_2)^2$ 이며 y_{2i}는 모집단의 무응답층의 i 번째 단위의 변량의 관찰값이다.

Hansen과 Hurwitz는 조사비용 c와 표본 수 n의 값을 비용함수를 이용하여 다음과 같이 결정하고 있다. 즉, k_0을 최초 면접 시 단위당 조사비용이라 하고 k_1, k_2를 각각 응답층, 무응답층에 대한 조사 및 집계의 단위당 조사비용이라 할 때 비용함수로

$$K = k_0 n + k_1 n_1 + k_2 n_2$$

를 고려한다. 이 비용함수와 분산 $V(\bar{y})$에서 최적조건에 맞는 c, n을 구하면 각각 다음과 같다.

$$c = \sqrt{\frac{k_2(S^2 - w_2 S_2^2)}{S_2^2(K_0 + k_1 w_1)}}, \quad n = \frac{N\,[S^2 + (c-1)w_2 S_2^2]}{NV(\bar{y}) + S^2}.$$

단, 여기서 $V(\bar{y})$는 목표 정도로 지정한 값이다.

실제 설계단계에서 미지인 값 S^2, S_2^2, w_2에 대하여는 적절한 값을 설정한 후, 위의 공식을 이용하면 최적값에 보다 가까운 c와 n을 구할 수 있다.

Politz와 Simmons(1949)는 면접조사에서 무응답의 편향 중 주요 부분인 부재자의 편향을 재조사를 이용해 현저히 감소시키는 방식을 제안하고 있다. 이 방법은 먼저 모집단을 조사원이 조사자를 방문했을 때 재택 확률에 따라 L개의 층으로 나눈다. h 번째 층에 속하는 응답자의 재택 확률을 π_h 라 하자. 지금 표본에 대하여 최초 방문 시에 재택이라면 또 응답한 피조사자를 앞에서와 같이 L개의 층으로 나누고, h 번째 층의 표본총계를 y_h 라 하면,

$$\bar{y}' = \frac{1}{n} \sum_{h=1}^{L} \frac{y_h}{\pi_h}$$

을 모평균 μ의 추정량으로 사용할 수 있다. 단, $\sum_{h}^{L}$는 π_h가 0인 층을 제외한 총합을 의미한다.

재택 확률이 0인 층은 제외되지 않으므로, 그 부분의 편향은 남지만 다른 부분의 편향은 이 방식에서 이론상으로 제외되게 된다. 그러나 π_h를 어떻게 추정할 것인가의 문제가 있다. 조사원이 방문 시에 과거 5일 동안에 피조사자가 그 시점을 포함한 특정 시간대(예를 들면 오후 7~9시의 2시간)에 재택하는 날짜 수를 조사하고, 그 결과에 따라 피조사자의 재택 확률이 $1/5$, $2/5$, $3/5$, $4/5$, $5/5$인 층으로 나누는 방법이 Politz와 Simmons에 의해 연구된 바 있다. 그러나 이 추정량의 분산은 크게 나타나는 문제점이 있다. 한편 Simmons는 이 방법과 수회의 재조사를 조합시킨 방법을 연구하였다.

측정오차에 대해서는 여러 가지 오차요인들이 전체오차에 미치는 영향과 이들 상호작용을 규정하는 수학적 모형을 설정해서 논할 필요가 있으나, 그러한 구조는 당연히 조사방법에 의존하는 것으로 일반적으로 통용되는 이론을 전개하기란 곤란한 면이 있다.

3. 응답오차

조사단위가 가지고 있는 변수의 참값과 조사단위를 측정하여 얻은 값은 차이가 있기 마련인데, 이 차이를 **응답오차**(應答誤差, response error)라고 한다. 응답오차의 크기는 조사의 성격이나 수집하고자 하는 정보의 종류에 따라 좌우되며 조사자나 응답자 모두에게 책임이 있을 수 있다.

응답오차의 주요 발생 원인은 다음과 같다.

① 조사원에 대한 불충분한 감독

② 조사원의 경험 미숙과 훈련부족

③ 자료수집 과정상의 문제점과 응답자로 인해 발생되는 기타의 오차

4. 통계 작성의 오차

통계 작성의 오차(tabulation errors)는 조사 · 수집된 자료를 처리 · 분석하는 과정에서 발생하는 오차를 의미한다.

이러한 통계 작성오차의 주된 발생 원인은 다음과 같다.

① 기초자료의 검사 미흡

조사원에 의해서 수집된 조사표는 감독자 또는 자료 전문 검사원에 의해서 현장에서 조사표를 점검하거나 비합리적인 응답을 검색하지만, 그럼에도 불구하고 이와 같은 절차를 소홀히 함으로써 발생하는 오차이다.

② 자료처리 과정 중에 발생하는 오차

컴퓨터에 데이터를 입력하는 과정에서 부호화, 코딩, 자료입력 등의 과정에서 발생하는 오차이다.

③ 공표 과정에서 발생하는 오차

보고서는 조사목적, 표본설계, 조사표와 실사 과정에 대해 정확히 알려야 함에도 불구하고, 이와 같은 사항들을 제대로 발표하지 않으므로 실제 보고서 상에서 발생하는 오차이다.

10.4 비표본편향과 비표본분산

기댓값과 참값의 차이는 총편향(total bias)이 되며, 표본편향(sampling bias)과 비표본편향(non-sampling bias)으로 구성된다.

$$\text{총편향} = \text{표본편향} + \text{비표본편향}$$

이와 더불어 총오차는 다음과 같이 다시 쓸 수 있다.

$$총오차 = 표본분산 + 비표본분산 + 표본편향 + 비표본편향 + 교호작용$$

1. 비표본편향

비표본편향을 알아보기 위해 확률화 과정을 두 가지 단계로 가정한다. 하나는 조사단위의 추출과정이고, 다른 하나는 조사원의 추출과정이다. $\overline{y}_{sr}$ 는 s 번째 표본을 r 번째 조사원이 조사하여 얻은 μ 의 추정량이라 하고, 조사단위의 s 번째 표본은 고정되었다고 하자. 2단계 확률화 과정에 의한 $\overline{y}_{sr}$ 의 조건부 기댓값은

$$E(\overline{y}_{sr}) = \overline{y}_{s\cdot}$$

이다. 이것은 참값에서 얻는 표본평균 $\overline{y}_s$ 와 다를 수 있다. 다음에 1단계 확률화 과정에 의한 $\overline{y}_{s\cdot}$ 의 기댓값은

$$E(\overline{y}_{s\cdot}) = \mu'$$

이다. 이것은 모평균 μ 와 다를 수 있다. 이 차이를 총편향이라 한다.

$$B_t(\overline{y}_{sr}) = \mu' - \mu$$

표본편향은 다음과 같이 나타낼 수 있다.

$$B_s(\overline{y}) = E(\overline{y}_s) - \mu$$

표본편향은 각 조사단위의 참값에서 얻은 표본평균의 기댓값과 모평균의 참값과의 차이가 된다.

총편향은 표본편향과 비표본편향 합이므로 비표본편향은 다음과 같다.

$$B_r(\bar{y}_{sr}) = B_t(\bar{y}_{sr}) - B_s(\bar{y}_s)$$
$$= \mu' - E(\bar{y}_s)$$
$$= E(\bar{y}_{s\cdot} - \bar{y}_s)$$

이것은 비표본오차의 기댓값이다. 전수조사에 있어 표본편향은 존재하지 않고 총편향만 존재한다. 표본조사에 있어서도 조사단위의 관점에서 추정량이 비편향추정량이라면 총편향은 비표본편향만 존재한다. 일반적으로 비표본편향은 사후조사에 의해 검정한다.

2. 비표본분산

s 번째 조사단위 표본과 r 번째 조사원의 표본에 의한 추정량 $\bar{y}_{sr}$ 의 평균제곱오차는 다음과 같다.

$$MSE(\bar{y}_{sr}) = E(\bar{y}_{sr} - \mu)^2$$

여기서 μ 는 모집단 평균의 참값이다. 이것은 모평균의 참값과 추정량과의 편차를 나타낸 것인데 여기에는 표본오차와 비표본오차가 모두 포함된다.

MSE 는 다음과 같이 분산과 편향으로 다시 분해된다.

$$MSE(\bar{y}_{sr}) = V(\bar{y}_{sr}) + B^2(\bar{y}_{sr})$$
$$= E(\bar{y}_{sr} - \mu')^2 + (\mu' - \mu)^2$$

여기서 μ' 은 두 단계의 확률화 과정에 의한 추정량의 기댓값이다. $(\mu' - \mu)$ 는 $\bar{y}_{sr}$ 의 편향을 나타낸다. $\bar{y}_{sr}$ 의 분산은 다시 다음과 같이 표본분산과 비표본분산으로 분해된다.

$$V(\bar{y}_{sr}) = V[E(\bar{y}_{sr})] + E[V(\bar{y}_{sr})]$$
$$= V(\bar{y}_{s\cdot}) + E\left[E(\bar{y}_{sr} - \bar{y}_{s\cdot})^2\right]$$

위 식의 오른쪽의 두 번째 항은 비표본분산에 해당되며, 다음과 같이 쓸 수 있다.

$$(\bar{y}_{sr} - \bar{y}_{s\cdot}) = (\bar{y}_{sr} - \bar{y}_{s\cdot} - \bar{y}_{\cdot r} + \mu') + (\bar{y}_{\cdot r} - \mu')$$

여기서 $\bar{y}_{\cdot r} = E(\bar{y}_{sr})$ 이므로 비표본분산은 다음과 같다.

$$E[E(\bar{y}_{sr} - \bar{y}_{s\cdot})^2)] = E(\bar{y}_{sr} - \bar{y}_{s\cdot} - \bar{y}_{\cdot r} + \mu')^2 + E(\bar{y}_{\cdot r} - \mu')^2$$

위 식의 첫 번째 항은 표본오차와 비표본오차의 교호작용에 해당되고 두 번째 항은 조사원의 분산이다. 따라서 추정량의 평균제곱오차는 표본분산, 표본오차와 비표본오차의 교호작용, 조사원의 분산, 표본편향과 비표본편향의 제곱을 합한 것이므로 다음과 같다.

$$\begin{aligned} MSE(\bar{y}_{sr}) = &\ V(\bar{y}_{s\cdot}) + E(\bar{y}_{sr} - \bar{y}_{s\cdot} - \bar{y}_{\cdot r} + \mu')^2 \\ &+ V(\bar{y}_{\cdot r}) + (\mu' - \mu)^2 \end{aligned}$$

10.5 비표본오차의 평가방법

통계조사를 통해서 조사결과를 얻으면 반드시 조사에 대한 비표본오차를 측정해야 하고, 그 결과에 따라 조사결과의 수준을 파악하게 된다. 비표본오차에 대한 측정은 추정량의 총오차를 성분별로 분석하여 측정가능하다. 이때 총오차는 표본오차와 비표본오차로 구성되며 조사과정에서 표본조사의 계획과 표본추출, 실사와 자료의 집계가 오차 없이 정확히 일치한다면 총오차는 표본오차만을 포함하여 평균제곱오차(MSE)와 같아지게 된다. 비표본오차에 대한 평가 방법들을 정리하면 다음과 같다.

1. 일관성점검

조사표를 설계할 때 조사내용의 질을 검사할 수 있는 항목과 함께 조사하는 방법이다. 예를 들어 농가마다 작물별 재배면적을 조사하면서 총경지면적 항목을 조사표에 포함시켜 작물별 재배면적의 합을 총경지면적과 비교하여 조사의 질을 파악할 수 있다. 이와 더불어 그래프를 이용하여 이상치를 검출하는 방법으로 가구당 가계 소비액을 조사할 경우 조사가구의 1인당 가계소비액을 계산하여 그래프로 작성하면 일정한 경향을 나타낼 것이다. 이와 같은 특정한 경향선에서 크게 벗어나는 값이 있으면 이 가구의 조사내용을 점검하도록 한다.

2. 표본점검

조사과정에서 중요한 일부의 작업에 대하여 독립적으로 중복하여 실사하는 방법이다. 대규모의 표본조사에서는 모든 조사단위를 소수의 조사원이 모집단 전체를 조사할 수 없으므로 조사작업의 일부분에 한정하여 실시한다. 중복실사 작업을 담당하는 조사원은 잘 훈련되고 경험이 많은 우수 조사원이어야 한다. 또한, 표본이 적절하게 설계되고 점검작업이 효율적으로 실시된다면 비표본오차의 탐지뿐만 아니라, 그 크기에 대한 윤곽도 파악할 수 있다.

3. 사후 표본조사점검

센서스나 대규모 표본조사에서 조사된 표본 일부를 추출하여 본조사의 조사원보다 우수한 조사원이 재조사하는 것을 의미한다. 이렇게 함으로써 비표본오차를 평가하고 본조사의 질을 파악할 수 있다. 두 조사 사이의 시기에서 많은 차이가 나면 모집단의 변동이 생길 수 있고, 또 응답자의 기억이 감소하기 때문에 본조사 직후에 실시하여야 하며, 점검표본에 포함된 단위들에 대한 두 개의 측정값을 대응시켜 관찰된 값 사이의 차이를 분석하여 비표본오차의 원인과 성질을 파악할 수 있다.

4. 외부기록점검

전수조사에서 비표본오차를 평가하는 방법이다. 적절한 방법으로 표본을 택하여 모든 단위들이 전수조사에서 조사되었는지 확인하고, 서로 대응될 경우 두 조사값 사이에 차이가 있는지 알아본다. 예를 들어 인구조사(센서스)에 대한 점검을 실시하는데 이용할 수 있는 점검표본으로는 최근의 출생기록부나 양로연금수혜자명부 등이 있다.

5. 품질관리기법

조사업무는 대규모이고 반복적인 특성을 가진 작업의 일종으로 볼 수 있기 때문에 통계적 품질관리기법을 전수조사나 표본조사 업무에 적용할 수 있다. 관리도나 합격샘플링기법들은 대규모 표본조사나 전수조사에서 자료의 질을 평가하거나 최종결과의 신뢰도를 높이는 방안으로 이용되고 있으며, 전수조사나 표본조사의 조사과정을 제품의 제조과정으로 볼 수 있고 조사원이 비표본오차가 많이 포함된 조사결과를 얻는 것을 불량품으로 간주하여 품질관리기법을 적용한다.

6. 중복부차표본기법

동일한 표본설계에 의해 추출된 L개의 부차표본에서 모수의 추정량을 각각 구하여 서로 다른 M개의 부차표본에서 다른 점을 연구하는 방법이다. 이 방법은 전수조사나 표본조사에서 조사원의 편향이나 면접 또는 집계방법의 차이에서 발생하는 비표본오차를 측정하는 데 사용될 수 있다.

① 연결부차표본

주로 조사자 간의 편향을 구하는 것이 목적으로 부차표본이 서로 연관성을 갖도록 구성하는 방법으로 연결부차표본은 우선 두 개 이상의 동질적인 조사단위로 이루어진 집락을 표본추출하고, 각 집락에서 조사단위를 하나씩을 추출하여 부차표본을 만든다. 이처럼 부차표본을 얻으면 각각 다른 조사원이 조사하여 부차표본에서의 결과를 비교한다. 이 비교는 비표본편향의 차를 나타내며 편향의 크기와 방향을 나타내지는 않는다.

② 독립부차표본

독립부차표본은 신뢰성 있는 모수추정이 주된 목적이고, 상이한 과정의 효과비교가 부차적 목적일 때 사용되며, 많은 특성값을 조사하는 대규모의 표본조사에서 총변동을 분석하는 데 유익하다.

10.6 비표본오차의 발생에 대한 대처방안

비표본오차는 그 범위가 광범위하고 흔히 발생하므로 어떤 논리적인 방법으로 이를 제거하는 것은 불가능하다. 이는 표본오차와 같이 정형화되어 있는 문제가 아니다. 표본오차의 경우는 표본규모를 증가시키면 감소하지만 비표본오차의 경우는 표본의 규모를 증가시킬 경우 오차가 더욱 증가할 수가 있다. 이렇듯 비표본오차를 감소시킬 수 있는 방법은 표본규모를 증가시키는 것보다는 다음의 방법을 취한다.

① 자료수집상의 방법을 개선하는 데 중점을 두도록 한다.
② 조사자는 비표본오차의 발생 원인을 이해해야만 비표본오차를 감소시킬 수 있다.
③ 자료의 타당성을 입증하기 위하여 가능한 한 편향이 없는 정보에 의존한다.
④ 동일한 질문도 형태를 달리하여 응답자료를 수집, 비교함으로써 일관성 있는 응답을 구한다.
⑤ 동일한 응답자를 대상으로 시간이 경과함에 따라 응답에 일관성 있는가의 여부를 검토할 수 있는 방안 등이 제시되고 있다.

10.7 비표본오차가 발생하는 표본의 예

종합적으로 비표본오차가 발생하는 표본의 예를 보면 다음과 같다.

① 개인의 특성을 추정할 경우, 가구를 표본으로 선정하고, 각 가구 내에서 한 명을 면접하면 편향이 생긴다. 이 경우에는 추출단위의 가중값, 즉 가구 가중값을 고려해야 한다.

② 지도상에서 표본가구를 선정할 경우 임의의 점을 택하여 이 점에 가장 가까운 가구를 선정하게 되면 편향이 생긴다.

③ 전형적인 표본이나 유의표본은 추출확률이 없기 때문에 편향을 가진다.

④ 층화추출의 경우 단순임의추출 공식을 사용하면 잘못된 추정으로 오차가 발생한다.

⑤ 불완전한 추출틀에서 표본을 추출하면 편향표본이다.

⑥ 표본으로 선정된 단위가 원하는 것이 아닌 경우 다른 표본을 선정하면 편향표본이 된다.

⑦ 표본관찰값에서 극단값이라고 생각되는 값을 제거시키면 편향을 가지게 된다.

⑧ 표본가구가 빈 가구 또는 부재가구일 때, 그 다음 가구로 대체하면 대체 오차가 발생한다.

10.8 연습문제

1 표본오차와 비표본오차를 정의하여라.

2 무응답오차가 발생하는 경우를 나열하여라.

3 무응답오차를 감소시킬 수 있는 대책을 설명하여라.

4 무응답값을 대체할 수 있는 방법을 열거하여라.

5 비표본편향과 비표본분산을 사용하여 총편향과 총오차를 설명하여라.

6 비표본오차의 평가 방법을 나열하여라.

7 비표본오차의 발생의 대처 방안을 설명하여라.

제 11 장

분산추정방법

11.1 기본개념

단순 또는 복합 표본 설계에서 비추정, 회귀계수, 상관계수 등에 대한 추정량들은 비선형(nonlinear) 형식을 취한다. 이러한 비선형추정량들에 대한 정확한 표본분산을 구하기란 어려우며, 비편향 분산을 추정하는 것은 더욱 어렵다.

이러한 비선형추정량들의 분산을 추정하는 방법으로 테일러 근사 분산추정, 잭나이프 분산추정, 균형 반복 대체 분산추정방법들이 있으며, 이 방법들은 최근 통계분석 프로그램에서 모듈로 구현되어 쉽게 분산추정값을 구할 수 있다.

조사 자료에 대한 가장 통상적인 분산추정방법은 테일러 시리즈 전개방법에 의한 분산추정이다. 이 방법은 추정량을 테일러 전개하여 선형 근사식을 구한 후 분산을 추정하는 방법이다. 테일러 근사 분산추정량은 활용도가 매우 높으나, 선형근사식의 도출이 복잡한 경우 적용이 어렵다는 단점이 있다. 이러한 단점을 보완하기 위한 대체 추정방법으로 원래의 표본에서 반복표본(replicate sample)을 추출하여 이들의 분산을 구하는 방법이 있다. 이러한 방법 중에는 잭나이프 방법과 균형반복대체 방법들이 있으며 SAS에서는 이러한 근사적인 분산추정방법들을 프로그램으로 제공하고 있다.

11.2 테일러 분산추정

테일러 시리즈 분산추정방법은 추정량에 대한 선형 근사식을 구한 후 선형 근사추정량에 대한 분산추정치를 이용하는 방법이다(Woodruff 1971, Fuller 1975). 만일 표본설계가 집락추출일 경우에는 1차 추출단위(PSU)들 간의 변동으로부터 분산을 추정하게 된다. 만일 표본설계가 층화인 경우에는 전체 분산을 추정하기 위해 층별 분산추정치를 통합하여 추정한다.

SAS의 SURVEYMEANS 프로시저에서는 기본적인 분산추정방법으로 테일러 분산추정법을 적용하고 있다. 따라서 분산추정방법을 별도로 지정하지 않으면 테일러 분산추정방법이 사용된다.

```
PROC SURVEYMEANS DATA=DATA VARMETHOD=TAYLOR;
STRATA STRATUM;
CLUSTER PUS;
WEIGHT WEIGHT;
VAR VARIABLE;
RUN;
```

추정치에 대한 t 검정을 위해 자유도는 집락의 수에서 층의 수를 뺀 값이 된다. 다단계 표본설계의 경우 테일러 근사 추정방법은 1단계 표본설계에 좌우된다. 그러므로 분석에서 요구하는 입력 자료는 단지 1단계 집락(PSU)과 1단계 층화 변수만이 포함된다. 분산추정방법에서는 1단계 추출률이 작거나, 1단계 표본이 복원으로 추출된 경우를 가정한다. 종종 복합표본조사에서 응답자는 불균등 확률추출을 반영하고, 무응답을 조정한 불균등 가중치를 가지게 된다. 이러한 경우 적절한 표본추출가중치는 연구모집단에 대한 추정에 반드시 필요하다. 복합표본설계에서 모평균 μ에 대한 추정치는 다음과 같다.

$$\bar{y} = \frac{\sum_{h=1}^{L}\sum_{i=1}^{n_h}\sum_{j=1}^{m_{hi}} w_{hij} y_{hij}}{\sum_{h=1}^{L}\sum_{i=1}^{n_h}\sum_{j=1}^{m_{hi}} w_{hij}} \tag{11.1}$$

여기서 w_{hij}는 h층의 i 번째 집락의 j 번째 단위에 대한 가중값이다.

그러면 $\bar{y}$의 분산추정치는 다음과 같이 표현되며 h층의 분산추정치는 테일러 근사에 의한 분산추정치가 된다.

$$\hat{V}(\bar{y}) = \sum_{h=1}^{H} \hat{V}_h(\bar{y}) \tag{11.2}$$

$$\hat{V}_h(\bar{y}) = \frac{n_h(1-f_h)}{n_h - 1}\sum_{i=1}^{n_h}(e_{hi.} - \bar{e}_{h..})^2 \tag{11.3}$$

여기서 $e_{hi.} = \left(\sum_j^{m_{hi}} w_{hij}(y_{hij} - \bar{y})\right) / \sum_h \sum_i \sum_j w_{hij}$, $\bar{e}_{h..} = \left(\sum_{i=1}^{n_{hi}} e_{hi.}\right) / n_h$이다.

11.3 잭나이프 분산추정

잭나이프 분산추정은 원래 추정량의 편향을 줄이기 위한 방법으로 Quenouille(1949)에 의해 제안되었다. 이를 Tukey(1958)가 분산을 추정하기 위한 방법으로 제안하였고, Durbin(1959)은 유한모집단에 대한 표본추출상황에서 분산을 추정하기 위해 사용하였으며, 보다 상세한 이론은 Wolter(1985)에 의해 연구되었으며 현재 Wolter의 이론을 적용한 분산추정의 방법이 활용되고 있다. 통상적으로 활용되고 있는 잭나이프 분산추정량은 다음과 같은 절차로 추정된다.

크기 n인 표본으로부터 y_1, y_2, $\cdots$, y_n인 값을 추정하고자 하는 모수 θ가 있다고 가정하자. 그러면 전체 표본에서 추정되는 모수 θ의 추정량을 $\hat{\theta}$이라 하고, i 번째 표본단위를 제거한 후 표본으로부터 추정된 추정량을 $\hat{\theta}_{(i)}$이라 하자. 다음으로 i 번째 유사추정치(pseudo-value)를 $\hat{\theta}_i = n\hat{\theta} - (n-1)\hat{\theta}_{(i)}$이라 하면, 이들 유사 추정치들의 평균을 θ의 Tukey 잭나이프 추정량이라 하고, $\hat{\theta}_{JK}$으로 표현한다. 이와 더불어 잭나이프 분산추정량은 다음과 같다.

$$\hat{V}_{JK}(\hat{\theta}) = \frac{n-1}{n}\sum_{i=1}^{n}(\hat{\theta}_i - \hat{\theta}_{JK})^2 \tag{11.4}$$

만일 1차 추출단위가 집락인 층화집락추출에서 1차추출단위를 단순임의복원추출하는 경우 n_h개의 표본 PSU를 N_h인 모집단 PSU로부터 추출한다고 가정하자. 여기서 $h=1$, $\cdots$, L로 층을 나타낸다. 또한, 모수 θ의 추정량을 $\hat{\theta}$이라 한다면 잭나이프 추정량은 다음과 같은 절차로 추정된다.

먼저 한 번에 한 개의 PSU를 제거하고 각각의 층에 있는 제거되지 않은 집락에 대한 전체 표본 가중값을 조정한다. 이때 각 층마다 독립적으로 이러한 작업을 반복한다. 이때 각 층에서 반복적으로 조정된 가중값을 반복 가중값(replicate weight)이라 한다.

$\hat{\theta}_r$을 r번 반복해서 구한 θ의 추정량이라 하면 $\hat{\theta}$의 잭나이프 분산추정량은 다음과 같다.

$$\hat{V}_{JK}(\hat{\theta}) = \frac{n_h - 1}{n_h} \sum_{r=1}^{R} (\hat{\theta}_r - \hat{\theta})^2 \tag{11.5}$$

여기서 R은 총반복 횟수를 나타내며, $(n_h - 1)/n_h$을 잭나이프 계수라 한다.

통상적으로 반복 횟수는 전체 표본에 있는 집락의 총개수와 같다. 즉, 1차 추출단위인 표본집락의 수가 100개이면, 반복 횟수 또한 100회가 된다. 특정한 조건이 없다면 한번에 1개의 집락을 제거하는 delete-one jackknife 잭나이프 방법을 적용하여 SAS 프로그램을 구현하였다.

```
PROC SURVEYMEANS DATA = DATA VARMETHOD = JK;
STRATA STRATUM;
CLUSTER PUS;
WEIGHT WEIGHT;
VAR VARIABLE;
RUN;
```

만일 추정값이 빈도수인 경우 다음과 같이 SURVEYFREQ 프로시저를 사용하고, 이때 각 셀마다 추정되는 잭나이프 분산추정량은 반복 횟수별로 적용되는 반복 가중값을 사용하여야 한다.

SURVEYREG와 SURVEYLOGISTIC의 경우 또한 같은 방법으로 잭나이프 분산추정값을 구할 수 있다.

```
PROC SURVEYFREQ DATA = DATA VARMETHOD = JK;
WEIGHT WEIGHT;
REPWEIGHT RWEIGHT1-RWEIGHT100/JKCOEFS = JKCOEFFICIENTS;
TABLES VAR1*VAR2;
RUN;
```

11.4 BRR 분산추정

분산을 반복적인 방법으로 추정하는 또 하나의 방법은 균형반복대체(balanced repeated replicate: BRR) 방법이다. BRR 방법은 각 층마다 2개의 PSU가 있는 대규모 층의 표본설계에 적합하다. 이때 층별로 표본 PSU들은 복원추출에 의해 선택된다. 각 층의 반복표본(또는 반표본)은 하나의 PSU를 제거하고 남은 PSU의 원래 가중값의 두 배를 함으로써 얻어진다. 측정한 균형 조건을 만족시키기 위해 PSU들은 Hadamard 행렬에 따라 제거된다. 따라서 완전 표본추정치 $\hat{\theta}$의 BRR 분산추정량은 다음과 같이 주어진다.

$$\hat{V}_{BRR}(\hat{\theta}) = \frac{1}{R}\sum_{r=1}^{R}(\hat{\theta}_r - \hat{\theta})^2 \tag{11.6}$$

여기서 $\hat{\theta}_r$은 r 번째 균형 반 표본을 사용하여 구한 θ의 추정량이며, R은 총대체횟수이다.

참고로 Fay의 BRR 분산추정량은 비선형추정량일 경우 $\hat{\theta}_r$의 한 개 이상의 추정량이 정의되지 않지만, 완전표본추정량 $\hat{\theta}$은 정의된다. 이 방법은 전통적인 BRR과 유사하지만, 각각의 층별로 하나의 PSU를 제거하는 대신에 원래의 가중치에 계수 ϵ를 곱한다. 각 층마다 남아있는 PSU에 대한 원래의 가중치에는 2-ϵ를 곱한다. $\hat{\theta}$에 대한 Fay의 BRR 분산추정량은 다음과 같다.

$$\hat{V}_{FAY}(\hat{\theta}) = \frac{1}{R(1-\epsilon)^2} \sum_{r=1}^{R} (\hat{\theta}_r - \hat{\theta})^2 \qquad (11.7)$$

여기서 $0 \leq \epsilon \leq 1$이며, 만일 ϵ이 0이면 원래의 BRR 분산추정치와 같다.

BRR 방법으로 분산을 추정할 경우 각각의 층별로 2개의 PSU가 필요하다. 만일 반복 가중값을 REPWEIHGT로 지정하지 않으면, STRATA 명령을 반드시 지정해야 한다.

```
PROC SURVEYMEANS DATA = DATA VARMETHOD = BRR;
STRATA STRATUM;
CLUSTER BRR_PUS;
WEIGHT WEIGHT;
VAR VARIABLE;
RUN;
```

11.5 연습문제

1 다음 자료를 이용하여 평균에 대한 테일러 분산추정값을 구하여라(단, ST: 층, PSUID: 집락, HID: 가구 ID, INCOME: 가구소득, HWEIGHT: 가구 가중값).

ST	PSUID	HID	INCOME	HWEIGHT
1	1	1	456	78
1	1	2	420	56
1	2	3	120	98
1	2	4	180	12
2	3	5	190	65
2	3	6	782	35
2	4	7	890	67
2	4	8	150	98
3	5	9	189	10
3	5	10	179	15
3	6	11	450	56
3	6	12	230	46

2 연습문제 1의 자료를 이용하여 평균에 대한 잭나이프 분산추정값을 SAS를 이용하여 구하여라.

3 연습문제 1의 자료를 이용하여 평균에 대한 BRR 분산추정값을 SAS를 이용하여 구하여라.

연습문제 풀이

1장

1 (1) 추출틀: 목표모집단의 원소를 제한, 정의하고, 접근 가능한 물리적인 도구나 장치를 의미한다.

(2) 추출단위: 모집단에서 표본을 추출하기 위해 설정한 기본단위들의 집합이다.

(3) 목표모집단: 추정에 필요한 모수와 원하는 정보를 얻을 수 있는 원소들의 집합이다.
조사모집단: 추출틀에 있는 단위들로 목록이 작성되어 있거나, 다단계 추출의 틀처럼 보다 복잡한 틀의 개념으로 정의될 수 있는 모든 원소들의 집합이다.

(4) 정도: 추정량과 추정량의 기댓값과의 편차
정확도: 추정량과 모수와의 편차

2 조사비용과 노력의 절감.
조사결과의 신속한 처리.
추정에 대한 표본오차의 합리적인 관리.
일정한 정도에 따르는 추정이 가능하도록 표본설계가 가능하다.

3 (1) 모집단: 대한민국에 거주하고, 대학에 재학중인 남녀 대학생 전체

(2) 관심 모집단의 특성치: 남녀 대학생의 한 달 평균 용돈액수

(3) 변수: 한 달 평균 용돈 액수

(4) 표본: 학생 표본은 먼저, 전국에 분포한 대학을 지역별 분포에 따라 표본을 추출하고, 표본에 속한 대학에 재학중인 학생을 남녀별, 학년별로 추출한다.

(5) 관찰: 표본내 각 지역의 대학에 재학중인 학생은 자계식 설문지를 우편으로 우송받아 기록한다. 만일 우편이 회송되지 않는 경우 전화조사를 이용하여 재조사를 실시한다.

5 표본추출 → 자료수집 → 자료처리 → 추정과 결과분석 → 결과의 발표와 사후평가

2장

1 복원추출:

표본	$\bar{y}$	s^2
2, 2	2.0	0.0
2, 3	2.5	0.5
2, 4	3.0	2.0
3, 2	2.5	0.5
3, 3	3.0	0.0
3, 4	3.5	0.5
4, 2	3.0	2.0
4, 3	3.5	0.5
4, 4	4.0	0.0

$$\mu = \frac{1}{3}(2+3+4) = 3$$

$$\sigma^2 = \frac{1}{3}\{(2-3)^2+(3-3)^2+(4-3)^2\} = \frac{2}{3}$$

$$S^2 = \frac{1}{3-1}\{(2-3)^2+(3-3)^2+(4-3)^2\} = 1$$

이므로

$$E(\bar{y}) = 3 = \mu$$

$$E(s^2) = \frac{2}{3} = \sigma^2$$

비복원추출:

표 본	$\bar{y}$	s^2
2, 3	2.5	0.5
2, 4	3.0	2.0
3, 4	3.5	0.5

$$E(\bar{y}) = 3 = \mu$$

$$E(s^2) = \frac{3}{3} = 1 = S^2$$

3 (1) $E(\bar{y}) = E\left(\frac{1}{n}\sum_{i=1}^{n} y_i\right) = \frac{1}{n}\sum_{i=1}^{n} E(y_i) = \frac{1}{n}\sum_{i=1}^{n}\mu = \mu$

(2) $E(s^2) = E\left[\frac{1}{n-1}\sum_{i=1}^{n}(y_i - \bar{y})^2\right]$

$$= \frac{1}{n-1}E\left[\sum_{i=1}^{n}\{(y_i-\mu)-(\bar{y}-\mu)\}^2\right]$$

$$= \frac{1}{n-1}E\left[\sum_{i=1}^{n}(y_i-\mu)^2 - n(\bar{y}-\mu)^2\right]$$

$$= \frac{1}{n-1}\left[E\sum_{i=1}^{n}(y_i-\mu)^2 - E\{n(\bar{y}-\mu)^2\}\right]$$

$$= \frac{1}{n-1}\left[nE(y_i-\mu)^2 - E\{n(\bar{y}-\mu)^2\}\right]$$

$$= \frac{1}{n-1}\left[n\sigma^2 - n\frac{\sigma^2}{n}\right]$$

$$= \frac{1}{n-1}(n-1)\sigma^2 = \sigma^2$$

5 (1) $\bar{y} = \frac{1}{10}(10+8+12+4+11+7+5+8+10+8) = 8.3$

(2) $\hat{\tau} = N\bar{y} = 50 \times 8.3 = 415$

(3) $s^2 = \frac{1}{n-1}\left[\sum_{i=1}^{n} y_i^2 - n\bar{y}^2\right]$

$$= \frac{1}{10-1}(747 - 688.9) = 6.46$$

(4) $\hat{V}(\hat{\tau}) = N^2\left(\frac{N-n}{N}\right)\frac{s^2}{n} = 50^2\left(\frac{50-10}{50}\right)\frac{6.46}{10} = 1,292$

(5)
```
OPTIONS NODATE;
DATA PROB2_5;
INPUT Y @@;
CARDS;
 10 8 12 4 11 7 5 8 10 8
RUN;

PROC SURVEYMEANS DATA = PROB2_5 TOTAL = 50;
```

```
VAR Y;
ODS OUTPUT STATISTICS = MYSTAT2_5 (KEEP = N MEAN STDERR);
RUN;

PROC PRINT DATA = MYSTAT2_5;
RUN;

DATA MYSTAT2_5;
SET MYSTAT2_5;
RENAME MEAN = Y_MEAN   STDERR = Y_STDERR;
RUN;

DATA MY_ALL;
SET MYSTAT2_5;
POP_N = 50;
N = 10;
TAU = POP_N*Y_MEAN;
TAU_VAR = POP_N**2*(Y_STDERR)**2;
RUN;

PROC PRINT DATA = MY_ALL;
RUN;
```

7 (1) $N=100{,}000$, $n=1{,}000$, $a=860$이므로 표본비율은 $\hat{p}=\frac{860}{1{,}000}=0.86$이다.

(2) 추정분산을 구하면 $\hat{V}(\hat{p})=\frac{N-n}{N}\frac{\hat{p}\hat{q}}{n-1}=\frac{100{,}000-1{,}000}{100{,}000}\frac{0.86\times 0.14}{999}=0.000119$

따라서 추정오차의 한계는 $2\sqrt{\hat{V}(\hat{p})}=2\times\sqrt{0.000119}=0.022$이다.

9 신뢰수준 95%하에서 $z_{\alpha/2}=2$이므로 $D=\frac{B^2}{4}=\frac{(0.05)^2}{4}=0.000625$이고,

$\hat{p}=0.2$, $\hat{q}=0.8$이다. 따라서

$$n=\frac{6{,}000\times(0.2)(0.8)}{(6{,}000-1)\times 0.000625+(0.2)(0.8)}=245.56\approx 246$$

3장

1 $n_1 = 2, n_2 = 3$인 가능한 표본에 대한 표본평균을 구하면 다음과 같다.

표 본		표본평균		
층 1	층 2	$\bar{y}_1$	$\bar{y}_2$	$\bar{y}_{st}$
2, 4	9, 12, 18	3	13	8.71
	9, 12, 21	3	14	9.29
	9, 18, 21	3	16	10.43
	12, 18, 21	3	17	11.00
2, 6	9, 12, 18	4	13	9.14
	9, 12, 21	4	14	9.71
	9, 18, 21	4	16	10.86
	12, 18, 21	4	17	11.43
4, 6	9, 12, 18	5	13	9.57
	9, 12, 21	5	14	10.14
	9, 18, 21	5	16	11.29
	12, 18, 21	5	17	11.86

(1) 첫 번째 표본 (2, 4), (9, 12, 18)인 경우:

$$\bar{y}_{st} = \frac{1}{N}\sum N_h \bar{y}_h = \frac{1}{7}(3\times 3+4\times 13) = 8.71$$

두 번째 표본도 마찬가지로 구한다.

(2) $N_1 = 3, N_2 = 4, N = 7, n_1 = 2, n_2 = 3, \mu_1 = 4, \mu_2 = 15$이고

$$S_1^2 = \frac{1}{3-1}[(2-4)^2+(4-4)^2+(6-4)^2] = 4,$$

$$S_2^2 = \frac{1}{4-1}[(9-15)^2+(12-15)^2+(18-15)^2+(21-15)^2] = 30$$

이므로

$$V(\bar{y}_{st}) = \frac{1}{N^2}\sum N_h^2 \frac{N_h - n_h}{N_h}\frac{S_h^2}{n_h}$$

$$= \frac{1}{7^2}\left(3^2\times\frac{3-2}{3}\times\frac{4}{2}+4^2\times\frac{4-3}{4}\times\frac{30}{3}\right) = 0.94$$

(3) $\mu = 10.29$,

$$S^2 = \frac{1}{7-1}[(2-10.29)^2+(4-10.29)^2+(6-10.29)^2+(9-10.29)^2$$
$$+(12-10.29)^2+(18-10.29)^2+(21-10.29)^2] = 50.90$$

이므로

$$V(\bar{y}) = \frac{N-n}{N}\frac{S^2}{n} = \frac{7-5}{7}\frac{50.90}{5} = 2.91$$

(2)와 (3)의 결과로부터 $V(\bar{y}_{st}) < V(\bar{y})$ 임을 알 수 있다.

3 (1) $\bar{y}_{st} = W_1\bar{y}_1 + W_2\bar{y}_2 = 0.1\times 95+0.9\times 15 = 23$

(2) $$\widehat{V}(\bar{y}_{st}) = \frac{1}{N^2}\sum N_h^2\frac{N_h-n_h}{N_h}\frac{s_h^2}{n_h}$$
$$= \frac{1}{50{,}000^2}\left[5{,}000^2\frac{5{,}000-200}{5{,}000}\frac{50^2}{200}+45{,}000^2\frac{45{,}000-300}{45{,}000}\frac{10^2}{300}\right]$$
$$= 0.3882$$

(3) 모집단 평균의 95% 신뢰구간:

$$\bar{y}_{st}\pm z_{\alpha/2}\sqrt{\widehat{V}(\bar{y}_{st})} = 23\pm 2\times\sqrt{0.3882} = 23\pm 1.2461$$

또는 $(21.7539,\ 24.2461)$

(4) 모집단 비율의 95% 신뢰구간:

$$\hat{p}_{st} = W_1\hat{p}_1 + W_2\hat{p}_2 = 0.1\times 0.15+0.9\times 0.11 = 0.114$$

$$\hat{V}(\hat{p}_{st}) = \frac{1}{N^2}\sum N_h^2\frac{N_h-n_h}{N_h}\frac{\widehat{p_h}\widehat{q_h}}{n_h-1}$$
$$= \frac{1}{50{,}000^2}\left[5{,}000^2\frac{5{,}000-200}{5{,}000}\frac{(0.15)(0.85)}{200-1}\right.$$
$$\left.+45{,}000^2\frac{45{,}000-300}{45{,}000}\frac{(0.11)(0.89)}{300-1}\right]$$
$$= 0.00027$$ 이므로

$$\hat{p}_{st}\pm z_{\alpha/2}\sqrt{\widehat{V}(\hat{p}_{st})} = 0.114\pm 2\times\sqrt{0.00027} = 0.114\pm 0.0329$$

또는 $(0.0811,\ 0.1469)$

(5)
```
OPTIONS NODATE;
DATA PROB3_3;
INPUT STRATA $ POP_N_I SAM_N_I Y_BAR_I SI P_HAT_I @@;
POP_N = 50000;
W_I = POP_N_I/POP_N;
```

```
CARDS;
 ST1 5000 200 95 50 0.15 ST2 45000 300 15 10 0.11
RUN;

DATA AN3_3;
SET PROB3_3;
ST_YBAR = 0; VAR_YBAR = 0; P_ST = 0; VAR_P_ST = 0;
DO I = 1 TO 2;
ST_YBAR = ST_YBAR+W_I*Y_BAR_I;
F_I = SAM_N_I/POP_N_I;
VAR_YBAR = VAR_YBAR+(POP_N_I/POP_N)**2*(SI**2/SAM_N_I)*(1-F_I);
P_ST = P_ST+W_I*P_HAT_I;
VAR_P_ST = VAR_P_ST+W_I**2*(P_HAT_I*(1-P_HAT_I)/(SAM_N_I-1))*
           (POP_N_I-SAM_N_I)/(POP_N_I);
END;
RUN;

PROC MEANS DATA = AN3_3 NOPRINT;
VAR ST_YBAR;
OUTPUT OUT = BARST MEAN = Y_BARST;
RUN;

PROC MEANS DATA = AN3_3 NOPRINT;
VAR VAR_YBAR;
OUTPUT OUT = BARVAR MEAN = VAR_Y_ST;
RUN;

PROC MEANS DATA = AN3_3 NOPRINT;
VAR P_ST;
OUTPUT OUT = PST MEAN = P_HAT;
RUN;

PROC MEANS DATA = AN3_3 NOPRINT;
VAR VAR_P_ST;
OUTPUT OUT = VARPST MEAN = VAR_PHAT;
RUN;
```

```
DATA A;
MERGE BARST BARVAR PST VARPST;
Z = 2;
LOBOND_Y = Y_BARST-Z*SQRT(VAR_Y_ST);
UPBOND_Y = Y_BARST+Z*SQRT(VAR_Y_ST);
LOBOND_P = P_HAT-Z*SQRT(VAR_PHAT);
UPBOND_P = P_HAT+Z*SQRT(VAR_PHAT);
RUN;

PROC PRINT DATA = A SPLIT = '*' LABEL NOOBS;
TITLE "모집단 평균과 비율의 95% 신뢰구간";
LABEL Y_BARST = '모집단 평균의*추정치'
      VAR_Y_ST = '추정분산*(Y_BARST)'
      LOBOND_Y = '모집단 평균의*신뢰하한'
      UPBOND_Y = '모집단 비율의*신뢰상한'
      P_HAT = '모집단 비율의*추정치'
      VAR_PHAT = '추정분산*(P_HAT)'
      LOBOND_P = '모집단 비율의*신뢰하한'
      UPBOND_P = '모집단 비율의*신뢰상한';
VAR Y_BARST VAR_Y_ST LOBOND_Y UPBOND_Y P_HAT
    VAR_PHAT LOBOND_P UPBOND_P;
RUN;
```

5 (1) 비례배분: $n_1 = 1200,\ n_2 = 200,\ n_3 = 600$

(2) 네이만배분: $n_h = n\dfrac{N_h\sqrt{\hat{p}_h\hat{q}_h}}{\sum N_h\sqrt{\hat{p}_h\hat{q}_h}}$ 이므로 $n_1 = 1222,\ n_2 = 166,\ n_3 = 612$

7 (1) 비례배분에 의하면 $n = \dfrac{N\sum N_h\hat{p}_h\hat{q}_h}{N^2D + \sum N_h\hat{p}_h\hat{q}_h}$ 이므로, $n = 571$

(2) 비례배분을 하면, $n_1 = 114,\ n_2 = 171,\ n_3 = 286$

(3)
```
OPTIONS NODATE;
DATA PROB3_7;
```

```
INPUT STRATA $ POP_N_I P_HAT_I @@;
POP_N = 10000;
CARDS;
ST1 2000 0.10 ST2 3000 0.15 ST3 5000 0.20
RUN;

DATA AN3_7;
SET PROB3_7;
BUNJA_1 = 0;
DO I = 1 TO 3;
BUNJA_1 = BUNJA_1+POP_N_I*P_HAT_I*(1-P_HAT_I);
END;
BUNJA = POP_N*BUNJA_1;
RUN;

PROC MEANS DATA = AN3_7 NOPRINT;
VAR BUNJA BUNJA_1 ;
OUTPUT OUT = BUNJA MEAN = FBUNJA FBUNJA_1;
RUN;

DATA LAN3_7;
SET BUNJA;
ERR = 0.03; POP_N = 10000;
Z = 2;
D_SQ = (ERR/Z)**2;
BUNMO = POP_N**2*D_SQ+FBUNJA_1;
SAM_N = ROUND(FBUNJA/BUNMO);
RUN;

PROC PRINT DATA = LAN3_7 LABEL NOOBS;
LABEL SAM_N = '총표본 수';
VAR SAM_N;
RUN;

DATA LAN3_7; SET LAN3_7 LAN3_7 LAN3_7; RUN;

DATA ALLOC3_7(KEEP = POP_N_I POP_N W_I SAM_N SAM_N_I);
```

```
MERGE LAN3_7 PROB3_7;
DO I = 1 TO 3;
W_I = POP_N_I/POP_N;
SAM_N_I = CEIL(W_I*SAM_N);
END;
RUN;

PROC PRINT DATA = ALLOC3_7 LABEL NOOBS;
TITLE "비례배분에 의한 표본 배분";
LABEL SAM_N_I = '각 층의 크기';
VAR SAM_N_I;
RUN;
```

9 (1) $\bar{y}_{st} = \sum_{h=1}^{3} W_h \bar{y}_h$ =60.21

$\hat{V}(\bar{y}_{st}) = \sum W_h^2 \left(\frac{N_h - n_h}{N_h}\right) \frac{s_h^2}{n_h} = 2.242$이므로 95% 신뢰수준하에서 추정오차의 한계는 $2\sqrt{\hat{V}(\bar{y}_{st})} = 2.995$

(2) $\bar{y}_1 = 79.71, \bar{y}_2 = 65.20, \bar{y}_3 = 37.56$이며, 각각의 층별 추정오차의 한계는 층 1은 4.73, 층 2는 4.72, 층 3은 5.92이므로 층별로 차이가 있다고 할 수 있다.

(3) 네이만배분은 $n_h = n\frac{N_h s_h}{\sum N_h s_h}$ 이므로 $n_1 = 14,\ n_2 = 24,\ n_3 = 22$

(4) 비례배분에 의한 표본크기 결정 $n = \frac{N\sum N_h s_h^2}{N^2 D + \sum N_h s_h^2}$ 이므로 $n = 31$

11 복원추출의 경우 $V(\bar{y}_h) = \frac{N_h - 1}{N_h} \frac{S_h^2}{n_h} \approx \frac{S_h^2}{n_h}$ 이므로

$$V(\bar{y}_{st}) = \frac{1}{N^2} \sum N_h^2 V(\bar{y}_h) = \frac{1}{N^2} \sum N_h^2 \frac{S_h^2}{n_h}$$

이다.

4장

1 (1) 책값으로 지불한 금액의 평균에 대한 추정량을 $\bar{y}_{sy}$ 라 하면

$$\bar{y}_{sy} = \frac{1}{n}\sum_{i=1}^{n} y_i$$

$$= \frac{870}{30} = 29$$

이 된다. 책값으로 지불한 금액의 합계에 대한 추정량을 $\hat{\tau}_{sy}$ 이라 하면

$$\hat{\tau}_{sy} = N\bar{y}_{sy}$$

$$= 6{,}000 \cdot 29 = 174{,}000$$

이 된다.

(2) $\widehat{V}(\bar{y}_{sy}) = \dfrac{N-n}{N}\dfrac{s^2}{n}$ 에서

$$s^2 = \frac{1}{30-1}\sum_{i=1}^{30}(y_i - \bar{y}_{sy})^2$$

$$= \frac{1}{29}\{(30-29)^2 + (22-29)^2 + \cdots + (38-29)^2\}$$

$$= \frac{5{,}734}{29} = 197.724$$

이므로 $\widehat{V}(\bar{y}_{sy}) = \dfrac{6{,}000-30}{6{,}000}\dfrac{197.724}{30} = 6.558$ 이 된다. 따라서 추정오차의 한계는 $2\sqrt{\widehat{V}(\bar{y}_{sy})} = 2\sqrt{6.558} = 5.122$ 가 되며, 구하고자 하는 신뢰구간은 29 ± 5.122 또는 $(23.878\ ,\ 34.122)$ 이다.

(3) $\widehat{V}(\hat{\tau}_{sy}) = N^2\,\widehat{V}(\bar{y}_{sy})$

$$= (6{,}000)^2 \cdot 6.558 = 236{,}088{,}000$$

이므로 추정오차의 한계는

$2\sqrt{\widehat{V}(\hat{\tau}_{sy})} = 2\sqrt{236{,}088{,}000} = 30{,}730.31$

가 되며, 구하고자 하는 신뢰구간은

$174{,}000 \pm 30{,}730.31$ 또는 $(143{,}269.69,\ 204{,}730.31)$

이다.

3 (1) 캔의 평균 부피 추정값을 $\bar{y}_{sy}$ 이라 하면

$$\bar{y}_{sy} = \frac{1}{n}\sum_{i=1}^{n} y_i$$

$$= \frac{4300.4}{36} = 119.5$$

(2) SAS 프로그램

```
OPTIONS NODATE;
DATA PROB4_3;
INPUT Y @@;
CARDS;
120     119.7   120.1   120.3   120.1   118
119.1   119.8   120.3   119.8   120     118.3
118.7   120.1   119.8   118.7   119     118.8
120.5   118.7   119.1   119.3   119.4   118.9
117.5   119.3   119.5   119.7   119.3   120.5
118.5   119.8   118.7   120.5   120.2   120.4
RUN;
PROC SURVEYMEANS DATA = PROB5_2 TOTAL = 1800
VAR Y;
RUN;
```

(3) 표본크기 결정

$N = 1800,\ D = \frac{B^2}{4} = \frac{0.1^2}{4} = 0.0025,\ s^2 = 0.58$이므로

$$n = \frac{Ns^2}{ND + s^2}$$

$$= \frac{1800 \cdot 0.58}{1800 \cdot 0.0025 + 0.58}$$

$$= 205.5 \approx 206$$

5 $D = \frac{B^2}{4} = \frac{0.05^2}{4} = 0.000625$ 이므로

$$n = \frac{Npq}{ND + pq}$$

$$= \frac{10{,}000 \cdot (0.7 \cdot 0.3)}{10{,}000 \cdot 0.000625 + (0.7 \cdot 0.3)}$$

$$= 325.08 \approx 326$$

이다.

7 급내상관계수 ρ는 다음과 같이 정의된다.

$$\rho = \frac{E(y_{ij} - \mu)(y_{iu} - \mu)}{E(y_{ij} - \mu)^2}$$

한 계통표본 내에 n개의 추출단위가 있을 때, 서로 다른 짝이 추출되는 경우의 수는 $\binom{n}{2} = \frac{n(n-1)}{2}$ 이다. 모집단에는 k개의 계통표본이 있으므로 모두 $\frac{kn(n-1)}{2}$ 가지의 서로 다른 짝들이 있다. 그러므로, ρ의 분자는

$$E(y_{ij} - \mu)(y_{iu} - \mu) = \frac{2}{kn(n-1)} \sum_{i=1}^{k} \sum_{j<u}^{n} (y_{ij} - \mu)(y_{iu} - \mu)$$

이고, 분모는

$$E(y_{ij} - \mu)^2 = \frac{1}{N} \sum_{i=1}^{k} \sum_{j=1}^{n} (y_{ij} - \mu)^2$$

$$= \frac{N-1}{N} \frac{1}{N-1} \sum_{i=1}^{k} \sum_{j=1}^{n} (y_{ij} - \mu)^2$$

$$= \frac{N-1}{N} S^2$$

이므로

$$\rho = \frac{2}{n-1} \sum_{i=1}^{k} \sum_{j<u}^{n} (y_{ij} - \mu)(y_{iu} - \mu) \frac{1}{N-1} \frac{1}{S^2}$$

이 된다.

따라서 급내상관계수 ρ를 이용하여 $V(\bar{y}_{sy})$를 구해보면 다음과 같다.

$$V(\bar{y}_{sy}) = E(\bar{y}_{sy} - \mu)^2$$

$$= \frac{1}{k} \sum_{i=1}^{k} (\bar{y}_i - \mu)^2$$

$$= \frac{1}{k}\sum_{i=1}^{k}\left(\frac{1}{n}\sum_{j=1}^{n}y_{ij} - \mu\right)^2$$

$$= \frac{1}{k}\frac{1}{n^2}\sum_{i=1}^{k}\left[\sum_{j=1}^{n}(y_{ij} - \mu)\right]^2$$

$$= \frac{1}{k}\frac{1}{n^2}\left[\sum_{i=1}^{k}\sum_{j=1}^{n}(y_{ij} - \mu)^2 + 2\sum_{i=1}^{k}\sum_{j<u}^{n}(y_{ij} - \mu)(y_{iu} - \mu)\right]$$

$$= \frac{1}{k}\frac{1}{n^2}\left[(N-1)S^2 + 2\frac{n-1}{2}(N-1)S^2\rho\right]$$

$$= \frac{1}{k}\frac{1}{n^2}\left[(N-1)S^2 + (N-1)S^2(n-1)\rho\right]$$

$$= \frac{N-1}{N}\frac{S^2}{n}\left[1 + (n-1)\rho\right]$$

5장

1 자료에 대한 기본 통계량을 요약하면 아래와 같다.

구분	평균	합	표준편차(SD)
병상 수	353	3,530	326.45
지난 한 달 동안 입원환자 수	2,283	22,830	

(1) 모집단 평균 μ에 대한 추정값은 식(5.1)을 이용하여 다음과 같이 얻어진다.

$$\bar{y}_d = \frac{\sum_{i=1}^{10}\tau_i}{\sum_{i=1}^{10}M_i} = \frac{22{,}830}{3{,}530} = 6.467$$

다음으로 $N = 33,\ n = 10$이고, $\overline{M} \doteq \overline{m} = \frac{1}{10}\sum_{i=1}^{10}M_i = 353$이므로 식(5.3)에 의하여 $s_c^2 = 106{,}569.28$

$$\widehat{V}(\bar{y}_d) = \frac{33-10}{33\times 10\times 353^2}\times 106{,}569.28 = 0.0596$$

$$\therefore\ 2\sqrt{\widehat{V}(\bar{y}_{d})} = 2\times 0.244 = 0.488$$

(2) 식(5.17)에 의하여

$$n = \frac{33 \times 106{,}569.28}{33 \times 7418.72 + 106{,}569.28} = \frac{3{,}516{,}786.24}{351{,}387.0}4$$

$$= 10.0083 \doteqdot 10.$$

(단, $D = B^2 \overline{M}^2/4 = 0.488^2 \times 353^2/4 = 7{,}418.72$)

3

조사구	가구 수(m_i)	가구총소득(y_i)	$y_i - m_i\overline{y}_d$	$(y_i - m_i\overline{y}_d)^2$
1	68	2,210	-1564.68	2448224
2	100	2,390	-3161	9991921
3	70	2,430	-1455.7	2119062
4	58	3,110	-109.58	12007.78
5	55	3,500	446.95	199764.3
6	60	2,900	-430.6	185416.4
7	61	3,340	-46.11	2126.132
8	80	4,500	59.2	3504.64
9	85	8,100	3381.65	11435557
10	40	5,100	2879.6	8292096
합계	677	37,580		34689679

가구당 월평균 소득 $\overline{y}_d = \frac{\sum y_i}{\sum m_i} = \frac{37580}{677} = 55.51$

$N = 200,\ n = 10$ 이고, $\overline{M} \doteqdot \overline{m} = \frac{1}{10}\sum_{i=1}^{10} M_i = 67.7$ 이므로 식(5.3)에 의하여 $s_c^2 = 3468968$

이므로 분산추정값은 $\widehat{V}(\overline{y}_d) = \frac{200-10}{200 \times 10 \times 67.7^2} \times 3468968 = 71.903$

$\therefore\ 2\sqrt{\widehat{V}(\overline{y}_d)} = 2 \times 8.48 = 16.96$

5 데이터를 요약정리하면 다음과 같다.

지역	모집단 (N)	표본 수 (n)	고객 수 합계 (m_i)	매출액 합계 (y_i)	매출액 분산 (s_c^2)
A	45	8	109	3,370	11863967.9
B	70	10	144	3,560	1608874274
계	115	18			

두 개의 지역에 매장이 분포되어 있기 때문에 지역별 매장의 규모가 다르다. 따라서 결합추정의 방법을 적용하면 매장당 평균 매출액을 구하기 위해 먼저 층별 평균집락 크기와 평균 매출액을 구하면, 층 A에서는 $\overline{m}_A = 109/8 = 13.63$, $\overline{y}_{tA} = 3370/8 = 421.3$, 층 B에서는 $\overline{m}_B = 144/10 = 14.4$ $\overline{y}_{tB} = 3580/10 = 358$이므로 결합비 추정량은 다음과 같다.

$$\overline{y}_{std} = \frac{\hat{\tau}_{st}}{\overline{m}_{st}} = \frac{\sum_{h=1}^{L} N_h \overline{y}_{th}}{\sum_{h=1}^{L} N_h \overline{m}_h} = \frac{45 \times 421.3 + 70 \times 358}{45 \times 13.63 + 70 \times 14.4} = 27.15$$

이다. 한편 분산추정값은 각 층별로 식(5.4)를 이용하여 s_{ch}^2을 구하고, M 대신 $\sum_{h=1}^{L} N_h \overline{m}_h$을 이용하여 구할 수 있다.

$$\hat{V}(\overline{y}_{std}) = \frac{1}{M^2}\left(\sum_{h=1}^{L} \frac{N_h(N_h - n_h)}{n_h} s_{ch}^2\right) = 257989.4$$

추정오차의 한계는 $2\sqrt{\hat{V}(\overline{y}_{dst})} = 2 \times 507.93 = 1015.85$

7 2단계 집락추출에서 총계에 대한 추정은 다음과 같다.

$$\hat{\tau}_{2d} = M\overline{y}_{2d} = \frac{N}{n}\sum_{i=1}^{n} M_i \overline{y}_i$$

(1) 장애인 총수: $\hat{\tau}_{2d} = \frac{300}{4}(18 \times 1 + 14 \times 0.67 + 9 \times 1.33 + 12 \times 0.67) = 3{,}350$

추정오차의 한계: 1,046.1

(2) 평균 장애인 수: $\overline{y}_{2d} = \frac{\sum_{i=1}^{n} M_i \overline{y}_i}{\sum_{i=1}^{n} M_i} = \frac{47.33}{53} = 0.89$

추정오차의 한계: 0.38

9 (1) $\hat{\tau}_{pps} = \frac{1}{n}\left(t_1 \frac{\tau_1}{p_1} + t_2 \frac{\tau_2}{p_2} + \cdots + t_N \frac{\tau_N}{p_N}\right) = \frac{1}{n}\sum_{i=1}^{n} t_i \frac{\tau_i}{p_i}$

여기서 t_i는 i 단위가 표본에 포함되는 횟수를 가리키는 확률변수이다. 따라서 $E(t_i) = np_i$, $V(t_i) = np_i(1-p_i)$이 성립된다.

$$E(\hat{\tau}_{pps}) = \frac{1}{n} E\left(\sum_{i=1}^{N} t_i \frac{\tau_i}{p_i}\right)$$

$$= \frac{1}{n}\sum_{i=1}^{N}(np_i)\frac{\tau_i}{p_i}$$

$$= \sum_{i=1}^{N}\tau_i$$

$$= \tau$$

(2) $V(\hat{\tau}_{pps}) = \frac{1}{n}\left(\sum_{i=1}^{N}\frac{\tau_i^2}{p_i} - \tau^2\right)$의 증명은

$$V(\hat{\tau}_{pps}) = V\left(\frac{1}{n}\sum_{i=1}^{n}t_i\frac{\tau_i}{p_i}\right)$$

$$= \frac{1}{n^2}\left[\sum_{i=1}^{N}\left(\frac{\tau_i}{p_i}\right)^2 V(t_i) + 2\sum_{i=1}^{N}\sum_{j> i}^{N}\frac{\tau_i}{p_i}\frac{\tau_j}{p_j}Cov(t_i, t_j)\right]$$

이다. 그런데 $V(t_i) = np_i(1-p_i)$

$$Cov(t_i, t_j) = E(t_it_j) - E(t_i)E(t_j)$$

$$= np_i(n-1)p_j - np_inp_j$$

$$= n^2p_ip_j - np_ip_j - n^2p_ip_j$$

$$= -np_ip_j$$

이므로

$$= \frac{1}{n}\left[\sum_{i=1}^{N}\left(\frac{\tau_i}{p_i}\right)^2 p_i(1-p_i) - 2\sum_{i=1}^{N}\sum_{j> i}^{N}\left(\frac{\tau_i}{p_i}\right)\left(\frac{\tau_j}{p_j}\right)p_ip_j\right]$$

$$= \frac{1}{n}\left[\sum_{i=1}^{N}\left(\frac{\tau_i^2}{p_i} - \tau_i^2\right) - 2\sum_{i}^{N}\sum_{j> i}^{N}\tau_i\tau_j\right]$$

$$= \frac{1}{n}\left[\sum_{i=1}^{N}\frac{\tau_i^2}{p_i} - \left(\sum_{i=1}^{N}\tau_i^2 + 2\sum_{i=1}^{N}\sum_{j> i}^{N}\tau_i\tau_j\right)\right]$$

$$= \frac{1}{n}\left[\sum_{i=1}^{N}\frac{\tau_i^2}{p_i} - \tau^2\right]$$

11 $V(\bar{y}_{2d}) = \frac{N-n}{N}\frac{1}{n\overline{M}^2}S_b^2 + \frac{1}{nN\overline{M}^2}\sum_{i=1}^{n}M_i^2\frac{M_i - m_i}{m_i}\frac{S_i^2}{m_i}$의 증명

$$S_b^2 = \frac{1}{N-1}\sum_{i=1}^{N}(\tau_i - \mu_1)^2$$

$$\bar{y}_{2d} = \frac{1}{M}\frac{N}{n}\sum_{i=1}^{n}M_i\bar{y}_i = \frac{1}{M}\frac{N}{n}\sum_{i=1}^{n}\hat{\tau}_i = \frac{1}{M}\hat{\tau}$$

$$V(\hat{\tau}) = E\left[(\hat{\tau}-\tau)^2\right]$$

$$= E\left[\left(\frac{N}{n}\sum_{i=1}^{n}\hat{\tau}_i - \tau\right)^2\right]$$

$$= E\left[\left\{\left(\frac{N}{n}\sum_{i=1}^{n}\hat{\tau}_i - \frac{N}{n}\sum_{i=1}^{n}\tau_i\right) + \left(\frac{N}{n}\sum_{i=1}^{n}\tau_i - \tau\right)\right\}^2\right]$$

$$= E\left[\left(\frac{N}{n}\sum_{i=1}^{n}\tau_i - \tau\right)^2 + 2\left(\frac{N}{n}\sum_{i=1}^{n}\tau_i - \tau\right)\left(\frac{N}{n}\sum_{i=1}^{n}\hat{\tau}_i - \frac{N}{n}\sum_{i=1}^{n}\tau_i\right) + \left(\frac{N}{n}\sum_{i=1}^{n}\hat{\tau}_i - \frac{N}{n}\sum_{i=1}^{n}\tau_i\right)^2\right]$$

$$= E\left[\left(\frac{N}{n}\sum_{i=1}^{n}\tau_i - \tau\right)^2 + 2\frac{N}{n}\left(\frac{N}{n}\sum_{i=1}^{n}\tau_i - \tau\right)\left(\sum_{i=1}^{n}\hat{\tau}_i - \sum_{i=1}^{n}\tau_i\right) + \left(\frac{N}{n}\right)^2\left(\sum_{i=1}^{n}(\hat{\tau}_i - \tau_i)\right)^2\right]$$

$$= E\left[\left(\frac{N}{n}\sum_{i=1}^{n}\tau_i - \tau\right)^2 + 2\frac{N}{n}\left(\frac{N}{n}\sum_{i=1}^{n}\tau_i - \tau\right)\sum_{i=1}^{n}(\hat{\tau}_i - \tau_i)\right.$$

$$\left. + \left(\frac{N}{n}\right)^2\sum_{i=1}^{n}(\hat{\tau}_i - \tau_i)^2 + \left(\frac{N}{n}\right)^2\sum_{i\neq j}^{n}(\hat{\tau}_i - \tau_i)(\hat{\tau}_j - \tau_j)\right]$$

$$= E_iE_j\left[\left(\frac{N}{n}\sum_{i=1}^{n}\tau_i - \tau\right)^2\right] + E_iE_j\left[2\frac{N}{n}\left(\frac{N}{n}\sum_{i=1}^{n}\tau_i - \tau\right)\sum_{i=1}^{n}(\hat{\tau}_i - \tau_i)\right]$$

$$+ E_iE_j\left[\left(\frac{N}{n}\right)^2\sum_{i=1}^{n}(\hat{\tau}_i - \tau_i)^2\right] + E_iE_j\left[\frac{N}{n}\sum_{i\neq j}^{n}(\hat{\tau}_i - \tau_i)(\hat{\tau}_j - \tau_j)\right]$$

$$= E_i\left[\left(\frac{N}{n}\sum_{i=1}^{n}\tau_i - \tau\right)^2\right] + E_i\left[2\frac{N}{n}\left(\frac{N}{n}\sum_{i=1}^{n}\tau_i - \tau\right)\sum_{i=1}^{n}\left\{E_j(\hat{\tau}_i - \tau_i)\right\}\right]$$

$$+ E_i\left[\left(\frac{N}{n}\right)^2\sum_{i=1}^{n}E_j(\hat{\tau}_i - \tau_i)^2\right] + E_i\left[\left(\frac{N}{n}\right)^2\sum_{i\neq j}^{n}E_j(\hat{\tau}_i - \tau_i)(\hat{\tau}_j - \tau_j)\right]$$

$$= E_i\left[\left(\frac{N}{n}\sum_{i=1}^{n}\tau_i - N\mu_1\right)^2\right] + E_i\left[\left(\frac{N}{n}\right)^2\sum_{i=1}^{n}E_j(\hat{\tau}_i - \tau_i)^2\right],\ \mu_1 = \frac{\tau}{N}$$

$$= E_i\left[\frac{N}{n}\left(\sum_{i=1}^{n}\tau_i - \mu_1\right)\right]^2 + E_i\left[\left(\frac{N}{n}\right)^2\sum_{i=1}^{n}M_i^2\left(\frac{M_i - m_i}{M_i}\frac{S_i^2}{m_i}\right)\right]$$

($\because$ 식(2.7)로부터)

$$= \left(\frac{N}{n}\right)^2 E_i\left[\sum_{i=1}^{n}(\tau_i - \mu_1)\right]^2 + \left(\frac{N}{n}\right)^2\frac{n}{N}\sum_{i=1}^{N}\left(M_i^2\frac{M_i - m_i}{M_i}\frac{S_i^2}{m_i}\right)$$

여기서 $E_i\left[\sum_{i=1}^{n}(\tau_i - \mu_1)\right]^2 = \sum_{i=1}^{n}E_i(\tau_i - \mu_1)^2 + \sum_{i\neq j}^{n}E(\tau_i - \mu_1)(\tau_j - \mu_1)$

$$= \frac{n}{N}\sum_{i=1}^{N}(\tau_i - \mu_1)^2 + n(n-1)\frac{1}{N}\frac{1}{N-1}\sum_{i=1}^{N}(\tau_i - \mu_1)(\tau_j - \mu_1)$$

$$= \frac{n}{N}\sum_{i=1}^{N}(\tau_i - \mu_1)^2 + \frac{n}{N}\frac{n-1}{N-1}\left\{\left(\sum_{i=1}^{N}(\tau_i - \mu_1)\right)^2 - \sum_{i=1}^{N}(\tau_i - \mu_1)^2\right\}$$

여기서 $\sum_{i=1}^{N}(\tau_i - \mu_1) = 0$이므로

$$= \frac{n}{N}\sum_{i=1}^{N}(\tau_i - \mu_1)^2 - \frac{n}{N}\frac{n-1}{N-1}\sum_{i=1}^{N}(\tau_i - \mu_1)^2$$

$$= \frac{n}{N}\left(1 - \frac{n-1}{N-1}\right)\sum_{i=1}^{N}(\tau_i - \mu_1)^2 = \frac{n}{N}\frac{N-n}{N-1}\sum_{i=1}^{N}(\tau_i - \mu_1)^2$$

따라서

$$V(\hat{\tau}) = \left(\frac{N}{n}\right)^2\frac{n}{N}\frac{N-n}{N-1}\sum_{i=1}^{N}(\tau_i - \mu_1)^2 + \left(\frac{N}{n}\right)^2\frac{n}{N}\sum_{i=1}^{N}M_i^2\frac{M_i - m_i}{M_i}\frac{S_i^2}{m_i}$$

$$= N^2\frac{N-n}{N}\frac{S_b^2}{n} + \frac{N}{n}\sum_{i=1}^{N}M_i^2\frac{M_i - m_i}{M_i}\frac{S_i^2}{m_i}$$

$V(\bar{y}_{2d}) = V\left(\frac{1}{M}\hat{\tau}\right) = \frac{1}{M^2}V(\hat{\tau})$이므로

$$= \frac{N^2}{M^2}\frac{N-n}{N}\frac{S_b^2}{n} + \frac{1}{M^2}\frac{N}{n}\sum_{i=1}^{N}M_i^2\frac{M_i - m_i}{M_i}\frac{S_i^2}{m_i}$$

$$= \frac{N-n}{N}\frac{1}{N\overline{M}^2}S_b^2 + \frac{1}{nN\overline{M}^2}\sum_{i=1}^{N}M_i^2\frac{M_i - m_i}{M_i}\frac{S_i^2}{m_i}$$

6장

1 $\bar{y}_{HT} = \frac{1}{3}\sum_{i=1}^{2}\frac{y_i}{\pi_i} = \frac{1}{3}\left(\frac{15}{2/3} + \frac{10}{2/3}\right) = 12.5$

3

```
DATA REX6;
NPOP = 6;
N = 2;
INPUT FAC $ SIZE @@;
CARDS;
A 9 B 8 C 6 D 2 E 1 F 5
RUN;

DATA REX6;
SET REX6;
```

```
DO; CUM+SIZE; END;
RUN;
PROC MEANS DATA = REX6 NOPRINT;
VAR SIZE;
OUTPUT OUT = REX SUM = TOT;
RUN;

DATA TOT1(KEEP = TOT);
SET REX REX REX REX REX REX;
RUN;

DATA REX6; MERGE REX6 TOT1;
U = CUM/TOT;
RUN;

DATA UNIFS(KEEP = U);
N = 2;
DO I = 1 TO N;
U = RANUNI(0);
OUTPUT;
END; RUN;

PROC SORT DATA = UNIFS;
BY U;
RUN;

DATA SAMPLE; SET REX6 UNIFS; BY U;
RETAIN COUNT 0;
 IF CUM = THEN COUNT = COUNT+1;
 ELSE DO;
 IF COUNT > 0 THEN DO;
          DO I = 1 TO COUNT;
          PI = SIZE/TOT; END;
          REP = I;
          OUTPUT;
          END;
      COUNT = 0;
```

```
        END;
DROP COUNT CUM U I;

DATA REXF6; SET REX6; DROP U CUM; RUN;

PROC PRINT DATA = SAMPLE;
TITLE1 "PROBABILITY PROPORTIONAL TO SIZE SAMPLE";
TITLE2 "OUTPUT DATA SET = SAMPLE";
VAR FAC REP;
RUN;
```

5
$$
\begin{aligned}
E(\overline{y}_{HH}) &= E\left(\frac{1}{nN}\sum_{i=1}^{n}\frac{y_i}{p_i}\right) \\
&= \frac{1}{nN}\sum_{i=1}^{n}E\left(\frac{y_i}{p_i}\right) \\
&= \frac{1}{nN}\sum_{i=1}^{n}\left(\sum_{i=1}^{N}\frac{y_i}{p_i}p_i\right) \\
&= \frac{1}{N}\sum_{i=1}^{N}y_i \\
&= \mu_y
\end{aligned}
$$

7장

1 표본값의 x와 y를 좌표평면 위에 표시하여 점으로 나타내면 오른쪽 그림과 같으며, 이 점들은 원점을 지나는 직선 주위에 분포하므로 비추정법을 사용하여 모집단 비 R을 추정하여 보자.

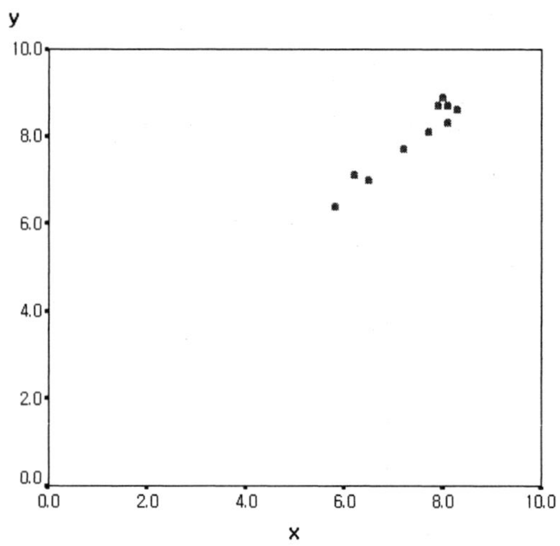

계산의 편의성을 위해 x_i^2, y_i^2, $x_i y_i$를 구하여 작성한 표는 다음과 같다.

주택	2년 전 감정가(x)	금년도 감정가(y)	x_i^2	y_i^2	$x_i y_i$
1	6.5	7.0	42.25	49.00	45.50
2	7.7	8.1	59.29	65.61	62.37
3	8.1	8.3	65.61	68.89	67.23
4	5.8	6.4	33.64	40.96	37.12
5	7.9	8.7	62.41	75.69	68.73
6	8.0	8.9	64.00	79.21	71.20
7	7.2	7.7	51.84	59.29	55.44
8	8.1	8.7	65.61	75.69	70.47
9	8.3	8.6	68.89	73.96	71.38
10	6.2	7.1	38.44	50.41	44.02
합계	73.8	79.5	551.98	638.71	593.46

이때, 모집단 비 R의 추정량은

$$r = \frac{\sum_{i=1}^{10} y_i}{\sum_{i=1}^{10} x_i} = \frac{79.5}{73.8} \approx 1.077$$

이므로 실제로 금년 주택 감정가는 2년전 감정가보다 7.7% 이상 올랐다고 볼 수 있다.

추정오차의 한계:

$$2\sqrt{\widehat{V}(r)} = 2\sqrt{\frac{N-n}{nN}\left(\frac{1}{\mu_x}\right)^2 \frac{\sum_{i=1}^{10}(y_i - rx_i)^2}{n-1}}$$

에서 μ_x가 미지이므로 x의 표본평균 $\bar{x}$로 추정하여 구한 값은 $\bar{x}=7.38$이며, 분산추정값은 $\sum_{i-1}^{10}(y_i - rx_i)^2 = 0.65477$이므로 추정오차의 한계는 $2\sqrt{\widehat{V}(r)} = 0.023$이 된다.

따라서 R의 95% 신뢰구간은 1.077 ± 0.023 또는 $(1.054,\ 1.100)$이다.

3 모집단 총계 추정값:

R의 추정값은

$$r = \frac{\sum_{i=1}^{12} y_i}{\sum_{i=1}^{12} x_i} = \frac{147.7}{7.06} \approx 20.92$$

이며, $\tau_x = 74$이므로 원목의 총체적은 $\hat{\tau}_y = r\tau_x = 20.92 \times 74 = 1{,}548.08 \approx 1{,}548$ 이다.

총계 추정에 대한 추정오차의 한계:

추정분산이 $\hat{V}(\hat{\tau}_{yr}) = \tau_x^2 \hat{V}(r) = \frac{N(N-n)}{n} s_r^2 = 44.61$이므로 $2\sqrt{\hat{V}(\hat{\tau}_{yr})} = 2\sqrt{44.61} =$ 13.36이다.

5 (1) 비 $\frac{Y_i}{X_i}$ 의 평균: $b_{(1)} = \frac{1}{n}\sum_{i=1}^{n}\frac{Y_i}{X_i} = \frac{1}{3}\left(\frac{190}{190} + \frac{420}{530} + \frac{310}{360}\right) = 0.88452 \approx 0.8845$

평균비: $b_{(2)} = \frac{\bar{y}}{\bar{x}} = \frac{\frac{920}{3}}{\frac{1{,}080}{3}} = 0.85185\cdots \approx 0.8519$

(2) 총구매량:

$\hat{\tau}_{y(1)} = 0.8845 \times 178{,}040 = 157{,}476.38$

$\hat{\tau}_{y(2)} = 0.8519 \times 178{,}040 = 151{,}672.276$

평균 구매량:

$$\bar{y}_{r(1)} = \frac{\hat{\tau}_{r(1)}}{N} = \frac{157{,}476.38}{1{,}140} = 138.1371754\cdots \approx 138.137$$

$$\bar{y}_{r(2)} = \frac{\hat{\tau}_{r(2)}}{N} = \frac{151{,}672.276}{1{,}140} = 133.0458561\cdots \approx 133.046$$

(3) $$b = \frac{\sum_{i=1}^{3} x_i y_i - n\bar{x}\bar{y}}{\sum_{i=1}^{3} x_i^2 - n\bar{x}^2}$$

$$= \frac{(190 \times 190 + 530 \times 420 + 360 \times 310) - 3 \times \frac{1{,}080}{3} \times \frac{920}{3}}{(190^2 + 530^2 + 360^2) - 3 \times \left(\frac{1{,}080}{3}\right)^2}$$

$= 0.676470\cdots \approx 0.6765$

$$a = \bar{y} - b\bar{x} = \frac{920}{3} - 0.6765 \times \frac{1{,}080}{3} \approx 63.127$$

평균 구매량에 대한 회귀추정량:

$$\bar{y}_{lr} = \bar{y} + b(\mu_x - \bar{x})$$

$$= \frac{920}{3} + 0.6765\left(\frac{178,040}{1,140} - \frac{1,080}{3}\right) = 168.779$$

총구매량에 대한 회귀추정량:

$$\hat{\tau}_{lr} = N\bar{y}_{lr}$$
$$= 1,140 \times 168.779 = 192,408,06$$

(4) 평균 구매량의 분산추정량을 직접 구해 보면 다음과 같다.

$$\widehat{V}(\bar{y}_{r(1)}) = \frac{1}{3-1}[(190-138.137)^2 + (420-138.137)^2 + (310-138.137)^2]$$

$$= 55,836.7062 \approx 55,836.71$$

$$\widehat{V}(\bar{y}_{r(2)}) = \frac{1}{3-1}[(190-133.046)^2 + (420-133.046)^2 + (310-133.046)^2]$$

$$= 58,449.53715 \approx 58,449.54$$

$$\widehat{V}(\bar{y}_{lr(3)}) = \frac{1}{3-1}[(190-168.779)^2 + (420-168.779)^2 + (310-168.779)^2]$$

$$= 41,752.8462 \approx 41,752.85$$

이처럼 평균에 대한 회귀추정량의 분산추정량 $\widehat{V}(\bar{y}_{lr})$ 값이 다른 어떤 값보다 더 작은 것을 알 수 있다. 자료의 표본값을 가지고 산점도를 실제로 그려보면 원점을 지나지 않는 직선 위에 점들이 분포하는 것을 볼 수 있다. 다음 그림을 참고하기 바란다.

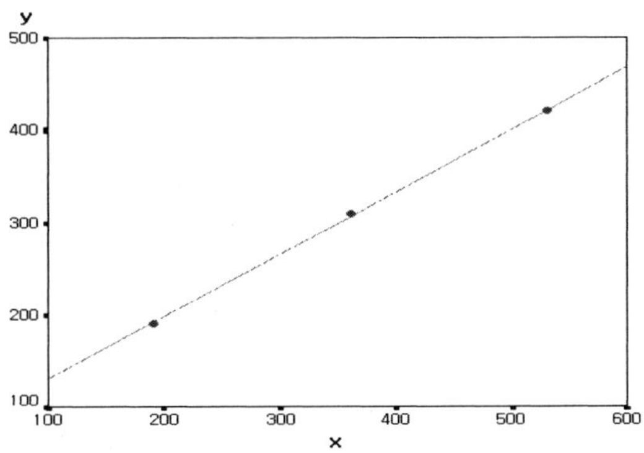


```
OPTIONS NODATE;
DATA PROB7_2;
```

```
INPUT ID X Y @@;
R1 = Y/X;
CARDS;
 119 190 190 774 530 420 649 360 310
RUN;

PROC UNIVARIATE DATA = PROB7_2 NOPRINT;
VAR X Y R1;
OUTPUT OUT = RUNI N = SAM_N
                  MEAN = MEAN_X MEAN_Y MEAN_R1
                  SUM = SUM_X SUM_Y
                  CSS = SS_X SS_Y;
RUN;

PROC REG DATA = PROB7_2 OUTEST = RR NOPRINT;
MODEL Y = X;
RUN;

DATA DN(DROP = Y);
MERGE RUNI RR;
POP_N = 1140;
TAU_X = 178040;
MU_X = TAU_X/POP_N;
R2 = MEAN_Y/MEAN_X;
TAU_Y1 = MEAN_R1*TAU_X;
TAU_Y2 = R2*TAU_X;
MU_HATY1 = TAU_Y1/POP_N;
MU_HATY2 = TAU_Y2/POP_N;
COEF = X;
CONST = INTERCEPT;
MU_HATY = MEAN_Y+COEF*(MU_X-MEAN_X);
TAU_HATY = POP_N*MU_HATY;
RUN;

DATA CN;
SET DN DN DN;
```

```
RUN;

DATA EN;
MERGE PROB7_2 CN;
RETAIN SS_Y1 SS_Y2  SS_YL 0;
SS_Y1 = SS_Y1+(Y-MU_HATY1)**2;
SS_Y2 = SS_Y2+(Y-MU_HATY2)**2;
SS_YL = SS_YL+(Y-MU_HATY)**2;
RUN;

DATA S1;
MERGE DN EN;
IF_N_ = 3;
E_V_MU1 = 1/(SAM_N-1)*SS_Y1;
E_V_MU2 = 1/(SAM_N-1)*SS_Y2;
E_V_MUY = 1/(SAM_N-1)*SS_YL;
RUN;

PROC PRINT DATA = S1 SPLIT = '*' LABEL NOOBS;
TITLE "REGRESSION ESTIMATION";
LABEL MEAN_R1 = '대응되는 X와 Y의*비의 평균'
        R2 = '평균비'
        TAU_Y1 = 'R1을 이용한*총구매량의 추정치'
        TAU_Y2 = 'R2를 이용한*총구매량의 추정치'
        MU_HATY1 = 'R1을 이용한*평균 구매량 추정치 '
        MU_HATY2 = 'R2를 이용한*평균 구매량 추정치 '
        COEF = '회귀계수'
        CONST = '회귀모형의*상수항'
        MU_HATY = '평균 구매량에 대한*회귀추정치'
        TAU_HATY = '총구매량에 대한*회귀추정치'
        E_V_MU1 = 'MU_HATY1의*추정분산'
        E_V_MU2 = 'MU_HATY2의*추정분산'
        E_V_MUY = 'MU_HATY의*추정분산';
VAR MEAN_R1 R2 TAU_Y1 TAU_Y2 MU_HATY1 MU_HATY2 COEF
      CONST MU_HATY TAU_HATY E_V_MU1 E_V_MU2 E_V_MUY;
RUN;
```

7 예비조사의 결과를 가지고 x와 y의 순서쌍 (x, y)을 만들어 좌표평면 위에 산점도를 그려보면 다음과 같다. 그림을 보면 강한 양의 상관관계를 나타낼 뿐만 아니라 원점을 지나는 직선 위에 분포하며 이상값도 발견되지 않는다. 그러므로 비추정법으로 추정할 수 있다.

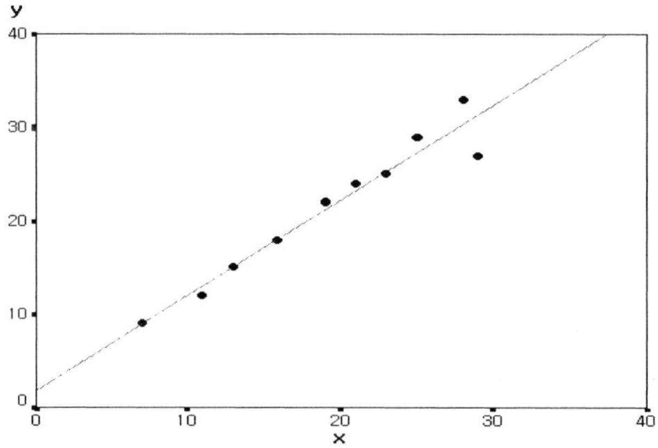

계산의 편리를 위하여 $x_i^2, y_i^2, x_i y_i$을 구하여 작성한 표는 다음과 같다.

구획	항공사진(x_i)	실제조사(y_i)	x_i^2	y_i^2	$x_i y_i$
1	21	24	441	576	504
2	13	15	169	225	195
3	19	22	361	484	418
4	23	25	529	625	575
5	11	12	121	144	132
6	16	18	256	324	288
7	28	33	784	1,089	924
8	25	29	625	841	725
9	7	9	49	81	63
10	29	27	841	729	784
합계	192	214	4,176	5,118	4,607

이 예비조사로부터 모집단 비 R의 추정량은

$$r = \frac{\sum_{i=1}^{10} y_i}{\sum_{i=1}^{10} x_i} = 1.1145833 \approx 1.11458$$

이며, $s_r^2 = \frac{\sum_{i=1}^{10}(y_i - rx_i)^2}{n-1}$ 에서 $\sum_{i=1}^{10}(y_i - rx_i)^2 = 36.06$, $s_r^2 \approx 4.007$이 된다. 따라서, 평균 원목수를 추정하는 데 필요한 표본크기는

$$n = \frac{Ns_r^2}{\frac{NB^2}{4} + s_r^2} = \frac{1{,}000 \times 4.007}{1{,}000 \times \frac{1.0^2}{4} + 4.007} = 15.77515\cdots \approx 16$$

이다. 에이커 당 평균 원목 수를 오차의 한계 $B = 1.0$ 이내가 되도록 추정하기 위해서는 16개의 조사구들이 요구된다. 이미 예비조사에서 10개의 조사구를 조사하였으므로 추가로 6개의 조사구를 더 추출하여 조사하면 된다.

9 $r = \frac{\bar{y}}{\bar{x}}$ 이므로 $r - R = \frac{\bar{y}}{\bar{x}} - R = \frac{\bar{y} - R\bar{x}}{x}$ 이다.

n이 크면 $\bar{x}$와 μ_x는 거의 같으므로

$$r - R = \frac{\bar{y} - R\bar{x}}{\mu_x}$$

$$E(r-R) = \frac{1}{\mu_x}E(\bar{y} - R\bar{x}) = \frac{1}{\mu_x}(\mu_y - R\mu_x) = 0$$

이다. 즉, n이 충분히 크고 $\bar{x} = \mu_x$의 가정하에서 r은 R의 비편향추정량이다.

$V(r) = E(r-R)^2 = \frac{1}{\mu_x^2}E(\bar{y} - R\bar{x})^2$

여기서 $d_i = y_i - Rx_i$라 하면

$$\bar{y} - R\bar{x} = \bar{d}\left(= \frac{\sum^n d_i}{n}\right)$$

$$\frac{1}{\mu_x^2}E(\bar{d}) = \frac{1}{\mu_x^2}\frac{N-n}{N}\frac{S_d^2}{n} = \frac{N-n}{nN}\left(\frac{1}{\mu_x}\right)^2\frac{\sum^n(d_i - \bar{D})^2}{N-1}$$

여기서 $\bar{D} = \mu_y - R\mu_x = 0$이므로

$$= \frac{N-n}{nN}\left(\frac{1}{\mu_x^2}\right)\frac{\sum^{N}(y_i - Rx_i)^2}{N-1}$$

$$= \frac{N-n}{nN}\frac{1}{\mu_x^2}S_r^2$$

8장

1 문제로부터 다음 사실을 알 수 있다.

$N = 2{,}500$, $n' = 600$, $n_1{}' = 450$, $n_2{}' = 150$,

$n = 25$, $n_1 = 15$, $n_2 = 10$,

$w_1 = \frac{450}{600} = 0.75$, $w_2 = \frac{150}{600} = 0.25$

(1) 전업 여성: $\bar{y}_1 = \frac{1}{n_1}\sum_{j=1}^{n_1} y_{1j} = \frac{1}{15}(6 + 5 + \cdots + 6) = 4$

(2) 직장 여성: $\bar{y}_2 = \frac{1}{n_2}\sum_{j=1}^{n_2} y_{2j} = \frac{1}{10}(3 + 2 + \cdots + 4) = 3$

(3) 모든 여성: $\bar{y}_{dst} = \sum_{i=1}^{2} w_i \bar{y}_i = 0.75 \times 4 + 0.25 \times 3 = 3.75$

(4) $\widehat{V}(\bar{y}_{dst}) = \left(\frac{1}{n'} - \frac{1}{N}\right)s^2 + \sum_{i=1}^{L}\frac{n_i{}' - n_i}{n_i}\frac{w_i s_i^2}{n'}$ 으로부터

$$s_1^2 = \frac{1}{n_1 - 1}\sum_{j=1}^{n_1}(y_{1j} - \bar{y}_1)^2 = 2, \quad s_2^2 = \frac{1}{n_2 - 1}\sum_{j=1}^{n_2}(y_{2j} - \bar{y}_2)^2 = 1.56$$

$$s^2 = \sum_{i=1}^{2}\frac{n_i - 1}{n-1}s_i^2 + \sum_{i=1}^{2}\frac{n_i}{n-1}(\bar{y}_i - \bar{y}_{dst})^2 = 2.025$$

이므로

$$\widehat{V}(\bar{y}_{dst}) = \left(\frac{1}{600} - \frac{1}{2{,}500}\right) \times 2.025$$

$$+ \frac{450 - 15}{15}\frac{0.75 \times 2}{600} + \frac{150 - 10}{10}\frac{0.25 \times 1.56}{600}$$

$$= 0.0842$$

이다. 따라서 추정오차의 한계는 $2\sqrt{\widehat{V}(\bar{y}_{dst})} = 2\sqrt{0.0842} = 0.58$ 이므로, 신뢰구간은 다음과 같다.

3.75 ± 0.58 또는 $(3.17,\ 4.33)$

(5) $\hat{\tau}_{dst} = N\sum_{i=1}^{L} w_i \bar{y}_i = 2{,}500 \times 3.75 = 9{,}375$

(6) $\sqrt{\widehat{V}(\hat{\tau}_{dst})} = 2\sqrt{N^2\widehat{V}(\hat{y}_{dst})} = 1{,}450.86$ 이므로, 신뢰구간은 다음과 같다.

$9{,}375 \pm 1{,}450.86$ 또는 $(7{,}924.14,\ 10{,}825.86)$

(7)
```
OPTIONS NODATE;
DATA PROB8_1;
INPUT TYPE $ Y @@;
CARDS;
HOME 6 EMP 3 HOME 5 EMP 2 HOME 3 EMP 2 HOME 1 EMP 4 HOME 4 EMP 5
HOME 2 EMP 2 HOME 3 EMP 1 HOME 4 EMP 4 HOME 5 EMP 3 HOME 3 EMP 4
HOME 4 HOME 4 HOME 5 HOME 5 HOME 6
RUN;

DATA DOB_S;
SET PROB8_1;
SAM_N1 = 600; SAM1_N1 = 450; SAM1_N2 = 150;
SAM_N2 = 25; SAM2_N1 = 15; SAM2_N2 = 10;
W_1 = SAM1_N1/SAM_N1; W_2 = SAM1_N2/SAM_N1;
RUN;

DATA DOB_S1;
SET DOB_S;
IF TYPE = 'HOME';
RUN;

PROC MEANS DATA = DOB_S1 N MEAN VAR NOPRINT;
VAR Y W_1 W_2;
OUTPUT OUT = DOB_A MEAN = MEAN_Y1 W_1 W_2
                        VAR = SS_Y1;
RUN;

DATA DOB_S2;
SET DOB_S;
IF TYPE = 'EMP';
RUN;
```

```
PROC MEANS DATA = DOB_S2 N MEAN VAR NOPRINT;
VAR Y W_1 W_2;
OUTPUT OUT = DOB_B MEAN = MEAN_Y2 W_1 W_2
                    VAR = SS_Y2;
RUN;

DATA DOB_W;
MERGE DOB_A DOB_B;
POP_N = 2500; SAM_N1 = 600; SAM1_N1 = 450; SAM1_N2 = 150;
SAM_N2 = 25; SAM2_N1 = 15; SAM2_N2 = 10;
Y_BAR = MEAN_Y1*W_1+MEAN_Y2*W_2;
W_1 = SAM1_N1/SAM_N1;W_2=SAM1_N2/SAM_N1;
S_1 = ((SAM2_N1-1)*SS_Y1+(SAM2_N2-1)*SS_Y2)/(SAM_N2-1);
DIF_Y1 = (MEAN_Y1-Y_BAR)**2;
DIF_Y2 = (MEAN_Y2-Y_BAR)**2;
S_2 = (SAM2_N1/(SAM_N2-1))*DIF_Y1+(SAM2_N1/(SAM_N2-1))*DIF_Y2;
SST = S_1+S_2;
E_VAR_1 = (1/SAM_N1-1/POP_N)*SST;
E_VAR_2 = (SAM1_N1-SAM2_N1)/SAM2_N1*(W_1*SS_Y1)/SAM_N1;
E_VAR_3 = (SAM1_N2-SAM2_N2)/SAM2_N2*(W_2*SS_Y2)/SAM_N1;
E_V_MU_Y = E_VAR_1+E_VAR_2+E_VAR_3;
B_MU_Y = 2*SQRT(E_V_MU_Y);
EST_TAU = POP_N*(W_1*MEAN_Y1+W_2*MEAN_Y2);
B_TAU = 2*POP_N*SQRT(E_V_MU_Y);
UP_MU_Y = Y_BAR+B_MU_Y;
LOW_MU_Y = Y_BAR-B_MU_Y;
UP_TAU_Y = EST_TAU+B_TAU;
LO_TAU_Y = EST_TAU-B_TAU;
RUN;

PROC PRINT DATA = DOB_W SPLIT = '*' LABEL NOOBS;
TITLE "DOUBLE SAMPLING";
LABEL MEAN_Y1 = '전업여성(층 1)의*모집단 평균의 추정치'
      MEAN_Y2 = '직장여성(층 2)의*모집단 평균의 추정치'
      Y_BAR = '모집단*평균의 추정치'
```

```
            SS_Y1 = '층 1에서의*표본분산'
            SS_Y2 = '층 2에서의*표본분산'
            SST = '전체*표본분산'
            E_V_MU_Y = '추정분산*(Y_BAR)'
            B_MU_Y = '추정오차의*한계'
            LOW_MU_Y = '모평균의*신뢰하한'
            UP_MU_Y = '모평균의*신뢰상한'
            EST_TAU = '모집단 총계의*추정치'
            B_TAU = '추정분산*(EST_TAU)'
            LO_TAU_Y = '모총계의*신뢰하한'
            UP_TAU_Y = '모총계의*신뢰상한';
    VAR MEAN_Y1 MEAN_Y2 Y_BAR SS_Y1 SS_Y2 SST E_V_MU_Y
          B_MU_Y LOW_MU_Y UP_MU_Y EST_TAU B_TAU LO_TAU_Y
          UP_TAU_Y;
    RUN;
```

3 (1) $\bar{y}_{dlr} = \bar{y} + b(\bar{x}' - \bar{x})$ 에서 $\bar{x}' = 190$ 이고

$$\bar{x} = \frac{1}{10}(180 + 190 + \cdots + 210) = 200$$

$$\bar{y} = \frac{1}{10}(195 + 180 + \cdots + 220) = 210$$

$$b = \frac{\sum_{i=1}^{n}(y_i - \bar{y})(x_i - \bar{x})}{\sum_{i=1}^{n}(x_i - \bar{x})^2} = 0.583 \text{이다.}$$

따라서 $\bar{y}_{dlr} = 210 + 0.58 \times (190 - 200) = 204.167 \approx 204$ 이다.

(2) $\widehat{V}(\bar{y}_{dlr}) \approx \dfrac{s_{yx}^2}{n} + \dfrac{s_y^2 - s_{yx}^2}{n'} - \dfrac{s_y^2}{N}$ 에서 $s_y^2 = 333$, $s_{yx}^2 = 247$ 로

$\widehat{V}(\bar{y}_{dlr}) \approx 24.933$ 이므로 추정오차의 한계는 다음과 같다.

$$2\sqrt{\widehat{V}(\bar{y}_{dlr})} = 2\sqrt{24.933} = 9.4143 \approx 9$$

(3) $\hat{\tau}_{dlr} = N\bar{y}_{dlr} = 500 \times 204.167 = 102{,}083.5$

(4) $2\sqrt{\widehat{V}(\hat{\tau}_{dlr})} = 2\sqrt{N^2\,\widehat{V}(\bar{y}_{dlr})} = 4{,}993$

5 $$E(\bar{y}_{dst}) = E\left[E\left(\sum_{i=1}^{L} w_i \bar{y}_i | w_i\right)\right]$$

$$= E\left(\sum_{i=1}^{L} w_i \mu_i\right)$$

$$= \sum_{i=1}^{L} W_i \mu_i = \mu$$

7 $V(\bar{y}_{dst}) = V_1 E_2(\bar{y}_{dst}) + E_1 V_2(\bar{y}_{dst})$을 이용하여 분산식을 구해보면

$$V_1 E_2(\bar{y}_{dst}) = V_1 E_2\left(\sum_{i=1}^{L} w_i \bar{y}_i\right)$$

$$= V_1\left(\sum_{i=1}^{L} w_i \bar{y}_i{}'\right)$$

$$= V_1(\bar{y}')$$

$$= \left(\frac{1}{n'} - \frac{1}{N}\right) S^2$$

이고

$$E_1 V_2(\bar{y}_{dst}) = E_1 V_2\left(\sum_{i=1}^{L} w_i \bar{y}_i\right)$$

$$= E_1 \sum_{i=1}^{L} \left(\frac{1}{n_i} - \frac{1}{n_i{}'}\right) w_i^2 S_i^2$$

$$= E_1 \sum_{i=1}^{L} \left(\frac{n_i{}'}{n_i} - 1\right) \frac{w_i S_i^2}{n'}$$

$$= \sum_{i=1}^{L} \frac{n_i{}' - n_i}{n_i} \frac{W_i S_i^2}{n'}$$

이므로 식(8.5)를 얻을 수 있다.

9 회귀추정량 식(8.25)에서 소표본의 크기 n이 어느 정도 클 때, b의 편향은 무시될 수 있으므로 b 대신에 모집단의 회귀계수 $B = \frac{S_{yx}}{S_x^2}$을 대입한 다음과 같은 회귀추정량 $\tilde{y}_{dlr} = \bar{y} + b(\bar{x}' - \bar{x})$의 분산을 구해보기로 하자. $\tilde{y}_{dlr} = \bar{y} + b(\bar{x}' - \bar{x})$이므로,

$$V(\tilde{y}_{dlr}) \approx V(\bar{y}_{dlr}) = V_1 E_2(\bar{y}_{dlr}) + E_1 V_2(\bar{y}_{dlr})$$

로부터

$$\begin{aligned} V_1 E_2(\tilde{y}_{dlr}) &= V_1 E_2\left[\bar{y} + B(\bar{x}' - \bar{x})\right] \\ &= V_1\left[\bar{y}' + B(\bar{x}' - \bar{x}')\right] \\ &= V_1(\bar{y}') \\ &= \left(\frac{1}{n'} - \frac{1}{N}\right) S_y^2 \end{aligned}$$

이고

$$\begin{aligned} E_1 V_2(\tilde{y}_{dlr}) &= E_1 V_2\left[\bar{y} + B(\bar{x}' - \bar{x})\right] \\ &= E_1\left(\frac{1}{n} - \frac{1}{n'}\right) s_{y.x}^2 \end{aligned}$$

에서, $s_{y.x}^2$ 은 2단계 표본 내에서 $y_i - Bx_i$ 의 분산이다. 또한, $E_1(s_{y.x}^2) = S_y^2(1-\rho^2)$ 이므로 $E_1 V_2(\tilde{y}_{dlr}) = \left(\frac{1}{n} - \frac{1}{n'}\right) S_y^2(1-\rho^2)$ 이다. 따라서 식(8.27)을 얻을 수 있다.

$$V(\bar{y}_{dr}) \approx \frac{S_y^2(1-\rho^2)}{n} + \frac{\rho^2 S_y^2}{n'} - \frac{S_y^2}{N}$$

여기서, S_y^2 은 Y의 모분산이고, ρ는 X와 Y의 상관계수이다.

10장

1 비표본오차: 조사대상자들로부터 자료를 수집하는 과정에서 발생되는 오차

표본오차: 모수와 표본추정치의 차이

3 ① 자료수집 절차의 개선으로 응답자에게 익명성 보장하며, 응답자가 조사에 적극적으로 협조할 수 있는 동기를 부여하고, 통지를 통해 면접시간을 조정하며, 조사원의 교육 및 면접방법 또는 측정방법의 기술을 지도한다.

② 재방문으로 응답자가 부재중일 때 무응답의 비율을 감소시키는 방법이다.

③ 무응답의 부차표본추출로 Hansen과 Hurwitz가 제안한 방법으로 처음 조사는 우편조사로 실시하고, 우편조사에 불응한 대상자에 대해서 부차표본을 추출하여 면접조사를 실시하는 방법이다.

④ 무응답의 대체 방법으로 무응답자에 대한 조사값을 다른 측정치나 과거의 정보를

이용하여 특성이 비슷한 응답자의 조사값으로 대체한다.

5 기댓값과 참값과의 차이는 총편향(total bias)이 되며, 이것은 표본편향(sampling bias)과 비표본편향(non-sampling bias)으로 구성된다.

총편향 = 표본편향 + 비표본편향

그리고 이 세 가지 확률화 과정을 통한 추정량의 분산은 표본분산, 조사원 간의 분산, 컴퓨터간의 분산, 세 가지 효과 간의 교호작용으로 분해할 수 있다. 따라서 총오차는 다음과 같이 쓸 수 있다.

총오차 = 표본분산 + 비표본분산 + 표본편향 + 비표본편향 + 교호작용

7 ① 자료수집 방법을 개선하는 데 의존하여야 한다.
② 조사자는 비표본오차의 발생원인을 이해하여야만 이를 감소시킬 수 있다.
③ 자료의 타당성을 입증하기 위하여 가능한 편향성이 없는 정보에 의존한다.
④ 동일한 질문도 형태를 달리하여 응답자료를 입수, 비교함으로써 일관성 있는 응답을 구하려 한다.
⑤ 동일한 응답자를 대상으로 시간이 경과함에 따라 응답에 일관성이 있는가의 여부를 검토할 수 있는 방안 등이 제시되고 있다.

부록

1 SAS의 기본 작동 및 언어

2 SAS의 SURVEY 프로시저

3 통계수치표

1

SAS의 기본 작동 및 언어

1. SAS의 작동

SAS(Statistical Analysis System)는 통계자료분석과 보고서 작성 등을 목적으로 하는 소프트웨어 시스템으로, 각종 자료의 입력과 편집이 용이하고 프로그램의 변경 또한 융통적이며 간단한 기술통계로부터 표본조사 등에 이르기까지 다양한 통계적 방법에 사용할 수 있다. 여기서 프로그램 작동 플랫폼은 윈도우 10을 기준을 한다.

다음은 Window용 SAS V9.4의 기본적인 작동방법을 설명하고자 한다.

❶ 먼저 윈도우 10을 가동하여 아래와 같이 바탕화면을 띄운다.

❷ 바탕화면상에 있는 SAS 단축아이콘을 더블클릭한다.

❸ 위와 같이 SAS 로고가 나타난 후 아래의 SAS 환경으로 들어간다.

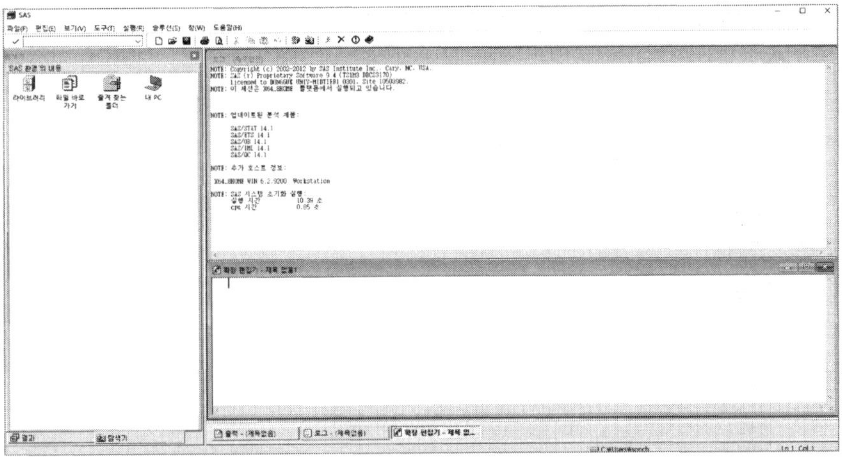

❹ 상단 부분에 있는 메뉴들 중 "파일(F)"을 선택한 후 다시 부메뉴에서 "열기(O)"를 클릭하면 아래의 그림과 같은 화면으로 들어간다. 이 대화상자를 통하여 원하는 파일을 불러올 수 있다. 또한 툴바(toolbar) 메뉴에서 를 클릭해도 동일한 대화상자를 얻을 수 있다.

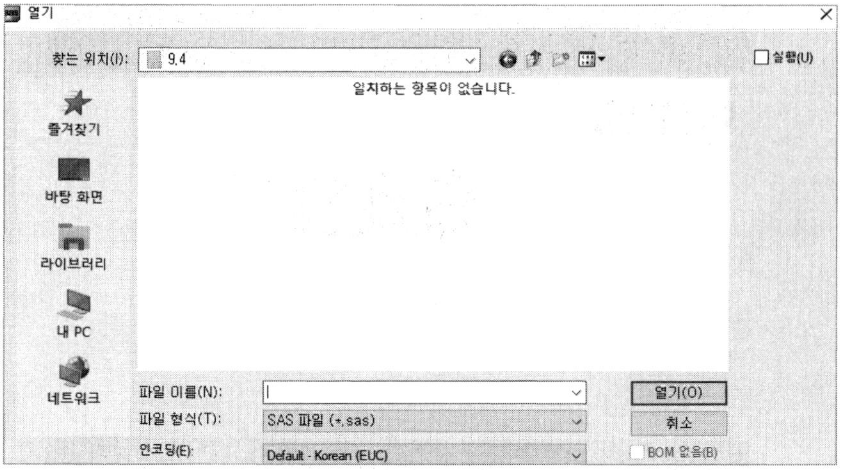

⑤ 먼저 SAS로 작성한 프로그램이 저장되어 있는 경로를 지정하고, 실행하고자 하는 프로그램 파일(확장자가 .SAS인 파일)을 선택한 후 "열기"를 클릭한다.

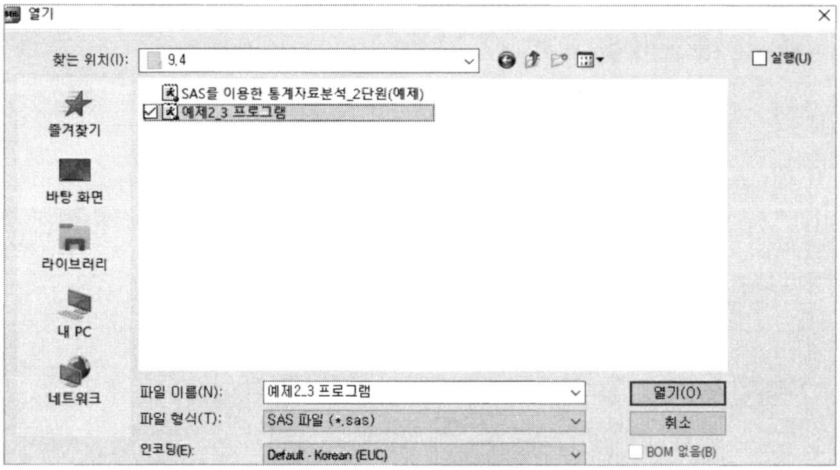

⑥ 불러온 SAS 프로그램 파일을 실행하기 위해서는 "실행(R)" 메뉴의 "실행(S)"을 선택하거나, 툴바메뉴의 을 클릭한다. 또는 기능키 중에서 F8 키를 눌러 실행한다.

❼ 프로그램이 실행된 후 다음과 같은 "출력"결과 화면이 나오며 이 결과를 저장하기 위해 "파일(F)" 메뉴 중에서 "저장(S)" 또는 "다른 이름으로 저장(A)"을 사용한다. 툴바메뉴에서는 를 클릭하면 된다.

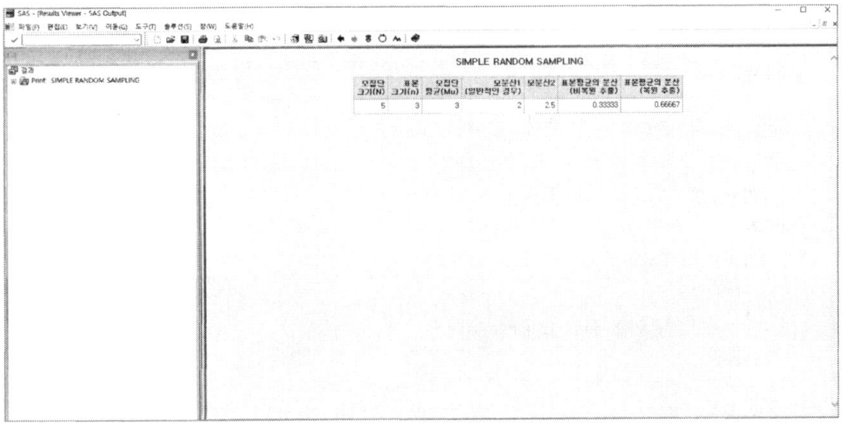

❽ SAS를 종료하기 위해서는 "파일(F)" 메뉴 중에서 "종료(X)"를 선택하면 다음 화면이 나오며 이때 "확인"을 클릭하면 된다.

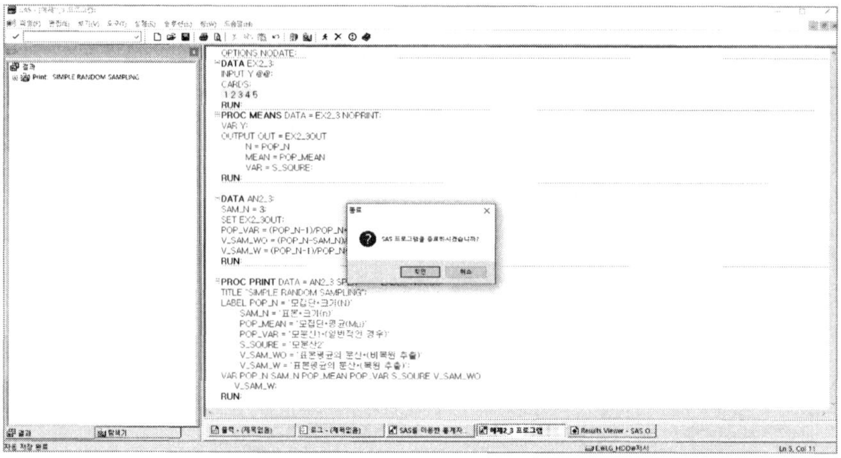

⑨ SAS 출력창은 SAS 기본화면의 “출력창”과 “HTML” 형식의 출력창 등 2개로 생성된다. HTML 출력창은 출력결과를 다른 편집기 프로그램에서 쉽게 결과를 편집할 수 있도록 지원한다. 이 기능은 “도구” 메뉴 - “우선 설정” - “결과” 탭에서 “HTML 생성”을 선택하면 된다.

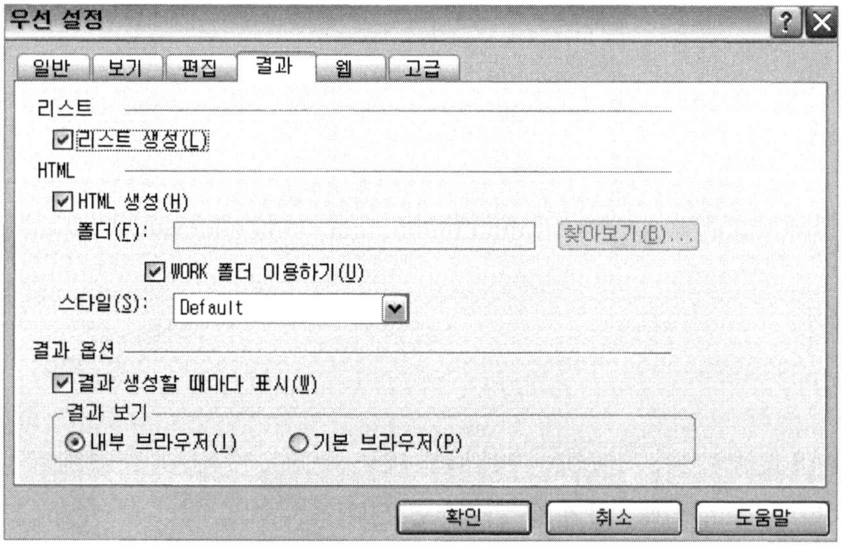

2. 기본적인 SAS 언어

이번 절에서는 앞의 SAS 프로그램에 사용된 SAS 언어들을 중심으로 설명하고자 한다.

(1) DATA 문

새로 만들고자 하는 SAS 자료의 이름을 부여한다.

형식: DATA 자료명;

(2) INPUT 문

SAS에 입력되는 자료들을 읽어 해당변수에 그 내용을 기억시킨다. INPUT 문에는 자유형식(free format)과 고정형식(fixed format)이 있다. 위치지정형식은 변수에 따른 각 자료들이 차지하고 있는 컬럼 수를 입력하면 된다.

자유형식: INPUT 변수1 변수2;
고정형식: INPUT 변수1 컬럼 수 변수2 컬럼 수;

예 INPUT AGE HEIGHT;
INPUT AGE 1-3 HEIGHT 4-6;

(3) CARDS 문 또는 DATALINES 문

자료입력의 시작을 나타내며 CARDS 문 바로 다음 줄에서부터 자료를 입력하면 된다. 그리고 자료의 입력 방법은 앞서 설명한 INPUT 문의 형식에 맞추어 입력해야 하며, 자유형식인 경우 컬럼 수를 고려할 필요가 없다. 또한 끝 부분에는 세미콜론(;)을 반드시 표시해야 한다.

```
형식: CARDS ;
        입력 자료
        ;
```

(4) PROC 문

PROC는 PROCEDURE의 약자로 주어지는 자료에 대하여 원하는 절차를 수행하게 한다.

```
형식: PROC 절차명   DATA = 자료명;
```

예 PROC MEANS DATA = KKK;
PROC PRINT DATA = MMM;

여기서 MEANS는 자료(KKK)에 대한 산술평균과 표준편차 등을 계산하며 PRINT는 자료(MMM)를 인쇄하게 한다.

(5) VAR 문

VAR은 VARIABLES를 의미하며 자료의 변수들 중 처리하고자 하는 변수를 지정할 때 사용한다.

```
형식: VAR 변수명;
```

(6) OUTPUT 문

어떤 절차를 수행하여 얻은 결과에 새로운 자료명을 부여할 때 사용하며 절차명의 키워드(keyword) 대신 다른 변수명을 사용할 수 있다.

형식: OUTPUT OUT = 새로운 자료명 키워드 = 새로운 변수명;

예
```
PROC MEANS DATA = KKK;
VAR KKK_1;
OUTPUT OUT = KKK_2 MEAN = AVERAGE STD = STANDARD;
RUN;
PROC PRINT DATA = KKK_2;
RUN;
```

위의 예시는 자료(KKK) 변수들 중 KKK_1에 대해서만 MEANS를 수행하여 산술평균(MEAN)과 표준편차(STD)를 얻되 그 자료명은 KKK_2로 하며 출력형태는 각각 AVERAGE와 STANDARD가 대신 나오도록 하여 출력시키는 것이다.

(7) TITLE 문

OUTPUT의 각 페이지에 제목을 붙이고자 할 때 사용한다.

형식: TITLE "제목";

(8) LEVEL 문

OUTPUT의 해당 변수명에 새로운 변수명을 주어 그 내용을 쉽게 파악할 수 있도록 할 때 사용한다.

형식: LEVEL 변수명 = '새변수명';

(9) SET 문

읽으려고 하는 자료의 이름을 나타낸다.

```
형식: SET 자료명;
```

또한 두 개 이상의 자료를 세로로 합치고자 할 때도 사용한다.

```
형식: SET 자료명1 자료명2;
```

(10) MERGE 문

두 개 이상의 자료를 가로로 합치고자 할 때 사용한다. 이 경우 반드시 기준이 되는 변수에 대해 두 개 이상의 데이터세트는 정렬(sort)되어야 한다.

```
형식: MERGE 자료명1 자료명2; BY 기준변수;
```

(11) IF 문

IF 다음의 표현식 부분이 성립하면 THEN 이하의 명령 또는 표현식이 수행된다.

```
형식: IF 표현식1   THEN 명령문   또는   표현식2;
```

예 IF A <= 5 THEN B = 0;

표현식1의 경우 보통 >, <, >=, <=, = 등의 부등호들이 포함된다.

또한 IF 문은 다음 형식을 취할 수도 있다. 이러한 경우 IF 다음의 표현식 부분이 성립하지 않으면 ELSE 뒤에 내용이 수행된다.

```
형식: IF  표현식1  THEN 명령문 또는 표현식2;
        ELSE 명령문 또는 표현식3;
```

(12) CALL 문

DATA 단계에서 CALL 문을 사용하는 것은 어떤 루틴(routine)을 불러오기 위한 것이다. 이러한 루틴 중에 쓰이는 것으로 균등임의표본을 뽑기 위한 난수 발생기로 "RANUNI"를 들 수 있다.

```
형식: CALL 루틴명(인자);
```

예 CALL RANUNI(10);

(13) RUN 문

DATA 문이나 PROC 문이 끝났다는 것을 시스템에 알려주는 역할을 한다.

```
형식: RUN;
```

2 SAS의 SURVEY 프로시저

2.1 PROC SURVEYMEANS

SURVEYMEANS 프로시저는 표본조사 자료에서 모집단의 평균과 총계의 추정치를 산출하는 데 이용된다. 이 프로시저는 분산추정치, 신뢰구간 이외의 다른 기술통계량을 제공한다. 이러한 추정치를 계산할 때 SURVEYMEANS 프로시저는 표본 선택 시 사용된 표본설계를 고려한다. 표본설계로는 층화추출설계, 집락추출, 불균등 가중설계 등을 들 수 있다.

SURVEYMEANS는 결과 데이터세트로 ODS(the Output Delivery System) 명령을 사용한다. 이 명령은 이전의 SAS OUTPUT 명령과 기능면에서 매우 유사하다.

1. PROC SURVEYMEANS의 문법

SURVEYMEANS 프로시저에서는 다음과 같은 명령문을 사용할 수 있다.

```
PROC SURVEYMEANS < options > < statistic-keywords >;
BY variables;
CLASS variables;
CLUSTER variables;
DOMAIN variables < variable*variable
                   variable*variable*variable ... >;
STRATA variables < / option >;
RATIO 추정변수/보조변수;
VAR variables;
WEIGHT variable;
```

(1) BY 명령문

BY 명령문에서 지정한 변수에 의해 정의된 그룹에서 관찰치들에 대해 그룹별로 분리하여 분석하고자 할 때 SURVEYMEANS에서 BY 명령문을 사용할 수 있다.

형식: BY variables;

(2) CLASS 명령문

명목변수로 분석할 변수를 호출한다.

형식: CLASS | CLASSES variables;

(3) CLUSTER 명령문

집락추출설계에서 집락을 정의한 변수들을 호출한다.

형식: CLUSTER | CLUSTERS variables;

(4) DOMAIN 명령문

부차모집단 또는 도메인들과 전체 연구모집단에 대한 분석을 요구한다.

형식: DOMAIN | SUBGROUP variables < variable*variable
variable*variable*variable...>;

(5) STRATA 명령문

층화추출설계에서 층을 형성하는 변수들을 호출한다.

형식: STRATA | STRATUM variables < / option >;

/LIST 옵션은 “Stratum Information” 테이블을 제공한다.

(6) VAR 명령문

분석을 위한 변수를 호출한다.

형식: VAR variables;

(7) WEIGHT 명령문

추출가중치를 포함한 변수를 호출한다.

형식: WEIGHT | WGT variable;

2. PROC SURVEYMEANS의 선택사항

ALPHA =

DATA = SAS-data-set

MISSING

ORDER = DATA | FORMATTED | INTERNAL

RATE = value SAS-data-set

TOTAL = value SAS-data-set
statistic-keywords

2.2 PROC SURVEYSELECT

SURVEYSELECT 프로시저는 확률에 근거한 임의표본을 선택하기 위한 다양한 방법을 제공한다. 이 프로시저는 단순임의표본, 층화, 집락, 불균등확률추출을 포함하는 복합 다단계 추출설계에 따라 표본을 선택할 수 있다.

SURVEYSELECT 프로시저는 다음과 같은 확률 추출방법을 제공한다.

① simple random sampling(비복원 단순임의추출): SRS
② unrestricted random sampling(with replacement)(복원 단순임의추출)
: URS
③ systematic random sampling(계통임의추출): SYS
④ sequential random sampling(축차임의추출): SEQ

또한 SURVEYSELECT 프로시저는 다음과 같은 확률비례추출방법을 제공한다.

① PPS sampling without replacement(비복원 확률비례추출)
② PPS sampling with replacement(복원 확률비례추출)
③ PPS systematic sampling(확률비례 계통추출)
④ PPS algorithms for selecting two units per stratum($n_h = 2$)
⑤ sequential PPS sampling with minimum replacement(최소 반복 축차확률비례추출)

1. PROC SURVEYSELECT의 문법

SURVEYSELECT 프로시저에서는 다음과 같은 명령문을 사용할 수 있다.

PROC SURVEYSELECT options;
STRATA variables;
CONTROL variables;
SIZE variable;
ID variables;

2. PROC SURVEYSELECT의 선택사항

CERTSIZE **CERTSIZE** = certain **CERTSIZE** = SAS-data-set
CERTSIZE = P = p **DATA** = SAS-data-set **JTPROBS**
MAXSIZE **MAXSIZE** = max **MAXSIZE** = SAS-data-set
METHOD = name **MINSIZE** **MINSIZE** = min
MINSIZE = SAS-data-set **NMAX** = n **NMIN** = n
NOPRINT **OUT** = SAS-data-set **OUTHITS**
OUTSIZE **OUTSORT** = SAS-data-set **REP** = nrep
SAMPRATE = r **SAMPRATE** = (values) **SAMPRATE** = SAS-data-set
SAMPSIZE = n **SAMPSIZE** = (values) **SAMPSIZE** = SAS-data-set
SEED = number SORT = NEST | SERP STATS

(1) METHOD = Option

형식: METHOD = name 또는 M = name

METHOD = Option은 표본추출방법을 지정한다. 만일 METHOD = 을 지정하지 않으면 PROC SURVEYSELECT는 SIZE 명령이 없는 이상 단순임의추출(METHOD = SRS)

을 이용하게 된다. 만일 SIZE 명령을 지정했다면, 기본적인 추출방법은 비복원 확률비례추출법이 된다.

다음은 각각의 추출방법을 호출하기 위한 적절한 값이다.

① PPS

PPS는 비복원 확률비례추출을 지정한다. 만일 METHOD = PPS로 지정하면 SIZE 명령에서 크기변수를 호출해야 한다.

② PPS_BREWER | BREWER

이 옵션 값은 Brewer 방법에 따라 표본을 추출한다. Brewer 방법은 각각의 층에서 2개의 단위($n_h = 2$)를 비복원 확률비례추출한다.

METHOD = PPS_BREWER로 지정하면, SIZE 명령에서 크기변수를 호출해야 한다. Brewer 방법이 각 층에서 2개의 단위를 추출하는 방법이므로 SAMPSIZE = 옵션으로 표본크기를 지정할 필요가 없다.

③ PPS_MURTHY | MURTHY

이 옵션은 Murthy 방법에 따라 표본을 추출한다. Murthy 방법은 각각의 층에서 비복원 확률비례추출로 2개의 단위를 추출하는 방법이다.

METHOD = PPS_MURTHY를 지정했다면, SIZE 명령에서 크기 변수를 호출해야 한다. Murthy 방법이 각 층에서 2개의 단위를 추출하는 방법이므로 SAMPSIZE = 옵션으로 표본크기를 지정할 필요가 없다.

④ PPS_SAMPFORD | SAMPFORD

이 옵션은 Sampford 방법에 따라 표본을 추출한다. Sampford 방법은 비복원 확률비례추출을 사용하여 단위를 추출하는 방법이다. METHOD = PPS_SAMPFORD을 지정하면, SIZE 명령에서 크기변수를 호출해야 한다.

⑤ PPS_SEQ | CHROMY

이 옵션은 최소 대체 확률비례추출로 축차 표본을 추출한다. 이 방법은 Chromy 방법으로 알려져 있다. 만일 METHOD=PPS_SEQ를 지정하면, SIZE 명령에서 크기변수를 호출해야 한다.

⑥ PPS_SYS

이 옵션은 확률비례 계통추출법으로 표본을 추출한다. METHOD=PPS_SYS를 지정하면, SIZE 명령에서 크기변수를 호출해야 한다.

⑦ PPS_WR

이 옵션은 확률비례 복원추출로 표본을 추출한다. METHOD=PPS_WR을 지정하면, SIZE 명령에서 크기변수를 호출해야 한다.

⑧ SEQ

SEQ 옵션은 Chromy 방법에 따라 표본을 축차추출한다. METHOD=SEQ를 지정하고, SIZE 명령에서 크기를 지정하지 않으면, PROC SURVEYSELECT는 비복원 등확률로 축차영역추출(sequential zoned selection)을 이용하게 된다. 만일 METHOD=SEQ를 지정하고 또한 SIZE 명령에서 크기변수를 호출한다면, PROC SURVEYSELECT는 METHOD=PPS_SEQ를 이용하고 이 방법은 최소 대체와 확률비례축차추출을 의미한다.

⑨ SRS

SRS는 단순임의추출을 실시하며, 비복원 등확률로 표본을 추출하게 된다. 이 방법은 "METHOD="와 "SIZE 명령"을 지정하지 않으면 기본 지정값으로 수행하게 된다.

⑩ SYS

SYS는 계통추출법을 수행한다. METHOD=SYS를 지정하고, "SIZE 명령"으로 크기변수를 지정하지 않으면, PROC SURVEYSELECT는 등확률계통추출로 표본을 추출한다.

만일 METHOD=SYS와 SIZE 명령으로 크기변수를 지정하면, PROC SURVEYSELECT는 METHOD=PPS_SYS를 이용하며, 이 방법은 확률비례 계통추출을 의미한다.

⑪ URS

URS는 복원 단순임의추출을 나타낸다.

2.3 PROC SURVEYREG

SURVEYREG 프로시저는 표본조사 데이터의 회귀분석을 수행한다. 이 프로시저는 층화, 집락, 불균등가중을 포함한 복합 표본설계를 다룰 수 있다. SURVEYREG 프로시저는 조사 데이터에 대해 선형모형을 적합시키며, 회귀계수와 이들의 분산-공분산 행렬을 계산한다. 또한 모형효과와 모형모수들의 추정 가능한 선형함수에 대하여 유의성 검정을 제공한다. 회귀모형을 이용하기 때문에 표본조사 데이터에 대한 예측값도 계산할 수 있다.

1. PROC SURVEYREG의 문법

SURVEYREG에서는 다음과 같은 명령문들을 사용할 수 있다.

```
PROC SURVEYREG < options >;
BY variables;
CLASS variables;
CLUSTER variables;
CONTRAST 'label' effect values < ... effect values > < / options >;
ESTIMATE 'label' effect values < ... effect values > < / options >;
MODEL dependent=< effects > < / options >;
STRATA variables < / options >;
WEIGHT variable;
```

(1) ESTIMATE 명령문

ESTIMATE 명령문은 임의의 행벡터에 L 모수추정치 벡터 $\hat{\beta}$을 곱하여 회귀모수의 선형함수를 추정하기 위해 사용한다.

형식: ESTIMATE 'label' effect values < / options >;
ESTIMATE 'label' effect values < ... effect values >
< / options >;

(2) MODEL 명령문

MODEL 명령문은 종속(반응)변수와 독립(회귀) 또는 효과변수를 지정한다.

형식: MODEL dependent = < effects >< / options >;

MODEL 명령문에는 아래와 같은 옵션을 슬래시(/) 다음에 지정할 수 있다.

① CLPARM: 모수추정치의 신뢰한계
② COVB: 추정된 회귀계수의 공분산 행렬
③ DEFF: 회귀계수 추정치의 설계효과
④ DF = value: 자유도
⑤ I | INVERSE: X'X 행렬의 역행렬 또는 일반화 역행렬
⑥ NOINT: 모형의 절편
⑦ SOLUTION: 정규방정식의 해
⑧ X |XPX: X'X 또는 X'WX(가중치 변수가 있을 때)

(3) CONTRAST 명령문

CONTRAST 명령문은 회귀모수의 선형 조합에 대한 가설검정을 제공한다.

```
형식: CONTRAST 'label' effect values < / options >;
      CONTRAST 'label' effect values < ... effect values >
                                     < / options >;
```

(4) STRATA 명령문

STRATA 명령은 층화표본 설계에서 층을 형성하는 변수를 지정한다.

```
형식: STRATA | STRATUM variables < / options >;
```

2. PROC SURVEYREG의 선택사항

```
형식: PROC SURVEYREG < options >;
```

① ALPHA =

② DATA = SAS-data-set

③ NOPRINT

④ RATE = value SAS-data-set

⑤ TOTAL = value SAS-data-set

3

통계수치표

난수표

00000	61469	98124	95583	17716	47134	82299	69817	20510	71819	77217
00001	50035	77591	87910	77165	62862	53809	17682	40137	49345	62984
00002	11248	78421	96258	85122	72252	68212	72153	29559	37983	29130
00003	00505	83395	58753	38772	02835	37752	48437	85435	58913	71205
00004	65644	20097	47767	89052	12123	54440	89019	24981	43007	98502
00005	74010	26710	77401	86212	76124	85207	31134	64067	27511	83316
00006	21760	47218	89648	56677	24543	12855	61418	43755	46616	30566
00007	56970	30403	20058	48822	96773	23545	85691	15317	80380	64587
00008	88269	20135	93378	78880	69861	88293	03640	18526	28886	03444
00009	48722	74611	97530	86559	50400	60470	09302	34057	41017	90631
00010	55298	03032	09990	93205	73636	84900	96090	77822	10665	09828
00011	91059	53790	06061	80135	85145	23697	72355	50864	06066	54642
00012	21093	59099	37069	45301	03788	83809	75169	79451	71041	44757
00013	35003	42701	70919	35910	45386	03529	73108	74753	94861	94847
00014	76891	91271	33515	69575	94386	11845	16702	49388	30996	15843
00015	67543	79216	59509	92335	98073	89983	41041	23134	26301	16926
00016	56703	73833	96037	86006	06187	42774	63467	79921	15256	45266
00017	04845	67119	03184	77787	25168	27409	89995	97920	15245	80397
00018	60367	60564	90013	88505	40405	21306	44945	51241	63530	53484
00019	22247	76763	57280	95273	77266	81369	49877	48168	50489	07344
00020	23870	67656	40868	02261	11080	16447	90244	18083	33313	15638
00021	28350	56707	63975	70651	42440	29670	67698	52353	27345	95907
00022	57283	25181	94892	23049	47910	84091	78164	10443	24332	16714
00023	98103	50658	61660	30379	62397	97493	20970	46891	27208	68837
00024	04219	04024	17745	82805	56449	10303	01505	60995	66630	80767
00025	58464	36235	91043	23465	37518	12285	45996	41319	03823	54991
00026	60980	69533	87743	05186	76660	84979	01398	78802	45360	23849
00027	36973	09395	90264	04319	23408	07514	75057	89519	81309	42627
00028	12989	96700	71255	34027	33737	34718	50465	82370	15029	07567
00029	83374	11490	75304	37932	40619	68717	55044	41959	90640	45592
00030	37966	43123	10117	72629	73769	96843	41611	69802	45628	89238
00031	52957	28482	70158	69502	48324	47797	86235	87283	76720	64838
00032	95285	14163	94360	42880	45669	17992	96885	63053	90666	11559
00033	81275	09358	69559	44132	73156	57075	87878	14790	77840	07524
00034	77335	66616	26682	62034	46771	72642	34078	30331	41696	57971
00035	91599	03365	19071	17525	35497	57179	72950	86492	69762	71004
00036	95410	40577	75840	17214	87354	37066	01848	11655	93306	68607
00037	97198	63700	21829	78370	92556	43490	91210	91511	68144	19675
00038	32154	33713	00641	57268	61830	94946	03369	77601	75768	57908
00039	97694	46388	91263	73812	42371	65785	73348	13061	06050	95317
00040	04113	63958	21778	93705	73411	89222	73500	49502	60347	45495
00041	91554	99109	39084	22559	46261	71139	77465	67593	59216	84183
00042	00002	91210	60941	96098	55303	01989	50349	94232	54591	98779
00043	79538	38244	55250	06864	68653	85541	21044	79888	49890	14762
00044	60792	46026	27618	74856	55494	09247	77013	71408	10247	20209
00045	44933	52957	45975	26574	00804	50244	87307	57928	21693	81859

00046	92866	57276	80230	24164	03545	58647	07147	40029	20986	01995
00047	85323	17268	64296	90001	83946	14031	44428	89157	75553	48080
00048	97355	86742	67660	12123	62981	16132	66199	31846	49402	75694
00049	89808	02219	91624	60963	81262	39212	98528	48227	46029	81346
00050	56551	42977	95456	27689	54381	99720	69476	69666	84174	97377
00051	13795	11261	84038	00018	39951	39382	10761	87980	99752	15026
00052	28601	73934	01581	62550	26503	48473	35410	40402	62291	00962
00053	62045	24721	22074	64183	30389	86313	03188	59721	16856	48594
00054	25034	11405	32264	49567	64386	72520	92109	80614	72702	27303
00055	21223	95187	37329	87432	80123	59010	67020	27174	27405	79835
00056	59851	24288	95903	66570	91676	62972	33081	44348	60721	81085
00057	21926	13137	48154	45331	85001	62676	24097	82194	53567	76351
00058	78407	35254	83909	45147	56164	54327	68311	25436	73382	79147
00059	06141	53881	13824	96148	26845	63768	04252	76706	25758	49064
00060	85636	92127	21563	85951	37287	91263	45731	01489	53643	10386
00061	26792	71879	76622	08278	24646	86308	01823	92112	13945	04405
00062	16788	95463	02869	98891	27341	58258	48338	93706	25857	20119
00063	86576	12019	84134	52744	67734	19226	12223	01128	20193	94660
00064	91276	80292	82068	22827	09281	17058	09481	84916	63625	31365
00065	90228	07011	11059	81780	16875	96364	69251	54219	49324	62560
00066	14230	08890	15452	93643	50462	86628	12431	32869	01506	89190
00067	59951	92038	04106	36166	29303	03346	26008	25469	66169	25159
00068	50546	11925	27598	73498	21965	32605	97681	53918	51342	43386
00069	35237	10352	63627	57772	54675	52998	89459	87410	66717	45034
00070	56856	45878	97054	41719	21154	72391	41277	64028	18019	63698
00071	43174	02380	00567	29191	89888	80275	68820	55963	30383	33995
00072	17727	81597	42890	21287	10782	83160	44451	27547	61160	83678
00073	08657	34708	64930	44023	37726	42005	13605	94762	77011	93543
00074	51256	67313	75084	10441	48755	20608	35862	90107	60242	69474
00075	62273	74184	88986	93574	93439	18752	18616	24122	91829	23920
00076	15854	78309	39532	53729	76645	67104	59817	53287	03328	37657
00077	60433	39665	94035	39117	84785	44610	45657	62623	90531	32042
00078	85622	52530	66127	24218	86534	89702	24367	72499	37279	66466
00079	71931	13081	84474	52731	00716	14586	75237	23980	05987	21765
00080	12877	14380	22308	96588	67099	19564	11081	69128	43855	31339
00081	34352	16644	50242	84457	04187	88554	28530	11423	49203	78370
00082	88285	57409	76613	73817	18362	23449	53083	98902	99486	64969
00083	69244	19314	69177	98075	95148	03847	75378	50400	18475	30238
00084	90340	93373	29919	02018	53613	32154	18104	84386	00794	15389
00085	26500	06662	32022	19097	73689	38918	12959	38098	02911	20545
00086	37954	67346	29187	16207	98826	51560	93972	98116	39772	56297
00087	44184	72184	19302	50713	05770	00240	26382	95727	90513	62524
00088	78016	15656	61396	58474	78517	21040	15556	68832	38078	99452
00089	54875	58194	08280	54968	19218	13515	49187	75878	49551	81737
00090	38604	62433	52259	95698	68992	55359	75303	08755	08596	01089
00091	19016	03498	29449	85666	72043	56894	10237	28513	71923	54689
00092	90286	11498	23021	84188	42231	77312	92677	33494	03686	24097
00093	26526	04026	53036	10274	71401	43476	94366	97917	15316	71130
00094	09756	85450	98615	67198	09627	44864	33981	21196	58975	48822
00095	38267	63539	65928	71117	00076	28239	48684	64550	19485	37958
00096	62146	76471	63655	90400	18649	43889	02780	01937	52699	39660
00097	79664	89859	55089	22095	37521	05337	88212	66781	11066	87056
00098	04237	49550	73850	58768	13726	98045	79087	20803	52482	54902
00099	20989	53043	99205	76981	92172	91460	79626	09082	92205	34931

표준정규분포표

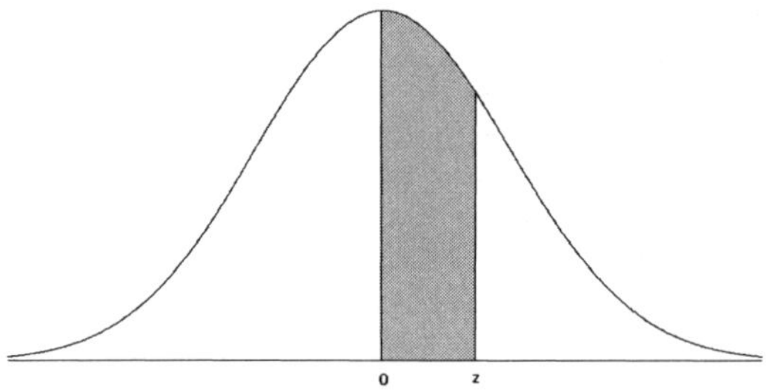

z	0.00	0.01	0.02	0.03	0.04	0.05	0.06	0.07	0.08	0.09
0.0	0.0000	0.0040	0.0080	0.0120	0.0160	0.0199	0.0239	0.0279	0.0319	0.0359
0.1	0.0398	0.0438	0.0478	0.0517	0.0557	0.0596	0.0636	0.0675	0.0714	0.0753
0.2	0.0793	0.0832	0.0871	0.0910	0.0948	0.0987	0.1026	0.1064	0.1103	0.1141
0.3	0.1179	0.1217	0.1255	0.1293	0.1331	0.1368	0.1406	0.1443	0.1480	0.1517
0.4	0.1554	0.1591	0.1628	0.1664	0.1700	0.1736	0.1772	0.1808	0.1844	0.1879
0.5	0.1915	0.1950	0.1985	0.2019	0.2054	0.2088	0.2123	0.2157	0.2190	0.2224
0.6	0.2257	0.2291	0.2324	0.2357	0.2389	0.2422	0.2454	0.2486	0.2517	0.2549
0.7	0.2580	0.2611	0.2642	0.2673	0.2704	0.2734	0.2764	0.2794	0.2823	0.2852
0.8	0.2881	0.2910	0.2939	0.2967	0.2995	0.3023	0.3051	0.3078	0.3106	0.3133
0.9	0.3159	0.3186	0.3212	0.3238	0.3264	0.3289	0.3315	0.3340	0.3365	0.3389
1.0	0.3413	0.3438	0.3461	0.3485	0.3508	0.3531	0.3554	0.3577	0.3599	0.3621
1.1	0.3643	0.3665	0.3686	0.3708	0.3729	0.3749	0.3770	0.3790	0.3810	0.3830
1.2	0.3849	0.3869	0.3888	0.3907	0.3925	0.3944	0.3962	0.3980	0.3997	0.4015
1.3	0.4032	0.4049	0.4066	0.4082	0.4099	0.4115	0.4131	0.4147	0.4162	0.4177
1.4	0.4192	0.4207	0.4222	0.4236	0.4251	0.4265	0.4279	0.4292	0.4306	0.4319
1.5	0.4332	0.4345	0.4357	0.4370	0.4382	0.4394	0.4406	0.4418	0.4429	0.4441
1.6	0.4452	0.4463	0.4474	0.4484	0.4495	0.4505	0.4515	0.4525	0.4535	0.4545
1.7	0.4554	0.4564	0.4573	0.4582	0.4591	0.4599	0.4608	0.4616	0.4625	0.4633
1.8	0.4641	0.4649	0.4656	0.4664	0.4671	0.4678	0.4686	0.4693	0.4699	0.4706
1.9	0.4713	0.4719	0.4726	0.4732	0.4738	0.4744	0.4750	0.4756	0.4761	0.4767
2.0	0.4772	0.4778	0.4783	0.4788	0.4793	0.4798	0.4803	0.4808	0.4812	0.4817
2.1	0.4821	0.4826	0.4830	0.4834	0.4838	0.4842	0.4846	0.4850	0.4854	0.4857
2.2	0.4861	0.4864	0.4868	0.4871	0.4875	0.4878	0.4881	0.4884	0.4887	0.4890
2.3	0.4893	0.4896	0.4898	0.4901	0.4904	0.4906	0.4909	0.4911	0.4913	0.4916
2.4	0.4918	0.4920	0.4922	0.4925	0.4927	0.4929	0.4931	0.4932	0.4934	0.4936
2.5	0.4938	0.4940	0.4941	0.4943	0.4945	0.4946	0.4948	0.4949	0.4951	0.4952
2.6	0.4953	0.4955	0.4956	0.4957	0.4959	0.4960	0.4961	0.4962	0.4963	0.4964
2.7	0.4965	0.4966	0.4967	0.4968	0.4969	0.4970	0.4971	0.4972	0.4973	0.4974
2.8	0.4974	0.4975	0.4976	0.4977	0.4977	0.4978	0.4979	0.4979	0.4980	0.4981
2.9	0.4981	0.4982	0.4982	0.4983	0.4984	0.4984	0.4985	0.4985	0.4986	0.4986
3.0	0.4987	0.4987	0.4987	0.4988	0.4988	0.4989	0.4989	0.4989	0.4990	0.4990

참고문헌

- 김영원, 류제복, 박진우, 홍기학(1998), 표본조사의 이해와 활용, 자유아카데미.
- 김종호(1992), 표본조사법, 자유아카데미.
- 박홍래(1989), 통계조사론, 영지문화사.
- Cochran, W. G.(1977), Sampling Techniques, 3rd Ed., John Wiley & Son.
- 이계오, 박진우(1995), 표본조사론, 한국방송통신대학교 출판부.
- Foreman, E. K.(1991), Survey Sampling Principles, Marcel Dekker, Inc.
- Lehtonen, R. and Pahkinen, E. J.(1994), Practical Methods for Design and Analysis of Complex Surveys.
- Levy, P. S. and Lemeshow, S.(1991), Sampling of Populations - Methods and Applications, John Wiley & Son.
- Politz. A. and Simons, W. (1949), An Attempt to get the "Not at Homes" into the sample without Callbacks, Journal of the American Statistical Association, Vol. 44. pp. 9-16.
- Scheaffer, R. L., Mendenhall, W., and Ott, R. L.(1996), Elementary Survey Sampling, 5th ed. Duxbury Press.
- Som, Rajan, K.(1996), Practical Sampling Techniques, Marcel Dekker.
- Sukhatme, P. V. , Sukhatme, B. V., Sukhatme, S., and Asok, C.(1984), Sampling Theory of Surveys with Applications.
- Thompson, S. K.(1992), Sampling, John Wiley & Son.
- Tryfos, P.(1996), Sampling methods for Applied Research, John Wiley & Sons.
- Yamane, T.(1967), Elementary Sampling Theory, Prentice-Hall, Inc.
- SAS User's Guide Ver 9.4.

찾아보기

국문

영문

저자 소개

류제복 청주대학교 통계학과 교수
홍기학 동신대학교 컴퓨터학과 교수
이기성 우석대학교 아동복지학과 교수
손창균 동국대학교 빅데이터응용통계학과 교수
김선웅 동국대학교 통계학과 교수

표본조사 제4판
-SAS를 이용한 예제 풀이-

저 자 류제복 · 홍기학 · 이기성 · 손창균 · 김선웅
발 행 인 김지영
발 행 처 자유아카데미
주 소 경기도 파주시 회동길 37-42 파주출판도시
전 화 031-955-1321
팩 스 031-955-1322
홈페이지 www.freeaca.com
전자우편 main@freeaca.com (대표)
editor@freeaca.com (편집)
crm@freeaca.com (영업)
등 록 제406-2003-017호, 1980. 7. 12
제4판1쇄 2021년 11월 30일 발행
제4판2쇄 2023년 6월 20일 발행

저자와의 협의하에 인지생략

ISBN 979-11-5808-332-8 93310